Soupçons

HEATHER GRAHAM

Soupçons

> Si vous achetez ce livre privé de tout ou partie de sa couverture, nous vous signalons qu'il est en vente irrégulière. Il est considéré comme « invendu » et l'éditeur comme l'auteur n'ont reçu aucun paiement pour ce livre « détérioré ».

Cet ouvrage a été publié en langue anglaise sous le titre :
SLOW BURN

Traduction française de
FRANÇOISE HENRY

Ce roman a déjà été publié dans la même collection en mai 1995

HARLEQUIN®

est une marque déposée du Groupe Harlequin
et Les Best-Sellers® est une marque déposée d'Harlequin S.A.

Photos de couverture :
Brise de glace et ombre : © ROBERT WALKER / PHOTONICA
Couple : © ROY McMAHON / CORBIS

Toute représentation ou reproduction, par quelque procédé que ce soit, constituerait une contrefaçon sanctionnée par les articles 425 et suivants du Code pénal.
© 1994, Heather Graham Pozzessere.
© 1995, 2003, Traduction française : Harlequin S.A.
83-85, boulevard Vincent-Auriol, 75013 PARIS — Tél. : 01 42 16 63 63
Service Lectrices — Tél. : 01 45 82 47 47
ISBN 2-280-16649-6 — ISSN 1248-511X

1.

— Danny, attends !

Danny Huntington s'immobilisa en bas de l'escalier. Sa femme, Spencer, se tenait sur le palier de marbre, les mains agrippées à la balustrade d'acajou. Elle portait une chemise de nuit de soie bleu cobalt, et ses cheveux encore tout ébouriffés de sommeil auréolaient son visage.

Derrière elle, dans le vestibule, trônait une causeuse victorienne recouverte d'une tapisserie de brocart et surmontée d'un miroir au cadre élégamment sculpté. Sous ses pieds nus aux ongles manucurés, courait un chemin de couloir d'un brun chaud rappelant les nuances du tissu de la causeuse. Dans le décor de cette ancienne maison méditerranéenne à laquelle elle avait rendu sa splendeur passée, la jeune femme avait une allure à couper le souffle.

Danny pensait parfois qu'elle était née parfaite. Elle possédait des yeux d'un bleu limpide comme du cristal, des cheveux couleur de blé mûr et de remarquables traits d'une délicatesse classique. Danny la connaissait de toute éternité et avait presque toujours été amoureux d'elle. L'annonce de leur mariage n'avait sans doute pas surpris les gens, mais pour lui, ç'avait été un choc. Un choc doublé d'une surprise, car non seulement Spencer avait accepté de l'épouser, mais de plus elle avait compris son refus de se plier à ce que l'on attendait de lui et sa volonté d'entrer dans la police plutôt que de reprendre l'affaire familiale. Aussi, quand les dés avaient été jetés, elle avait affronté la situation avec le sourire et avait fait son possible pour qu'il n'éprouvât aucun remords. Quelquefois, quand il mesurait ce que Spencer avait enduré pour lui, il sentait ses paumes se couvrir de sueur et il tremblait intérieurement en songeant à quel point il l'aimait et combien elle avait transformé sa vie.

— Danny, je suis au bleu! s'écria-t-elle, tout excitée.

Il leva un sourcil interloqué.

— Comment?

— Le test qui indique l'ovulation, Danny... Le trait a viré au bleu! répondit-elle, souriant de son air égaré.

— Ah, bleu...

Il la considéra, un instant songeur. Il était attendu chez David Delgado, avec lequel il devait échanger des tuyaux sur l'affaire Vichy. Mais évidemment, si Spencer était *au bleu*...

Il désirait tellement des enfants. Spencer et lui avaient été enfants uniques, issus de familles parmi les plus riches de Miami. Encore que, à vrai dire, du côté de Danny, une part de l'argent ne fût pas si ancienne. Cependant, il s'était passé assez de temps pour effacer le souvenir des origines d'une fortune bâtie sur le commerce illicite d'alcool à l'époque de la prohibition.

Tous deux avaient grandi à Miami, à Coconut Grove plus précisément, dans ce quartier où les héritiers de la distinction sudiste de l'ancien temps cohabitaient avec les miséreux, les exclus et les vagabonds fuyant les rigueurs climatiques du Nord. Danny avait eu une enfance particulièrement privilégiée; rien n'était trop beau pour lui. Pourtant, il avait cruellement souffert de manque d'affection, et, en observant les relations qu'entretenaient ses amis avec leurs frères et sœurs, il avait très tôt compris que le bonheur n'est pas une denrée qui s'achète. Il s'était donc fait la promesse de ne pas avoir d'enfant unique mais d'en élever une douzaine si les circonstances le permettaient. Par la suite, sans pour autant renoncer à fonder une famille, il avait modéré ses ambitions. Ils auraient deux à quatre enfants, selon ce que Spencer jugerait bon.

Dès les premiers temps de leur mariage, ils avaient donc essayé d'en avoir; cependant, comme au bout de deux ans, Spencer n'était toujours pas enceinte, elle avait suggéré qu'ils aillent consulter un spécialiste. Et elle s'était sereinement soumise à tous les examens possibles et imaginables sans se préoccuper du fait que certains se révélaient douloureux et humiliants. Sachant qu'il devait en passer par là, Danny avait lui-même accepté de s'asseoir dans une étroite cabine, et avait enduré les effets néfastes de telles situations sur sa virilité. De tout cela était néanmoins sorti du bon : on les avait déclaré tous deux parfaitement aptes à la procréation. Quant à la stérilité qui les frappait en l'occurrence, le médecin avait avancé l'hypothèse d'un surmenage qui les empêchait d'être disponibles l'un à l'autre. Depuis que Sly, le grand-père de Spencer, avait pris sa retraite, la jeune femme dirigeait seule l'entreprise Montgomery, ce qui lui laissait effectivement peu de loisirs. Et Danny, lui, avait un emploi du temps encore plus chargé que le sien. Il était donc fort possible qu'il s'agît en effet d'un problème de disponibilité.

— Peux-tu te libérer? demanda Danny.

— Tu peux y compter! Et toi? ajouta-t-elle après une fugitive hésitation. Tu as rendez-vous avec David Delgado, il me semble?

— Effectivement. Mais je vais annuler.

— Ça ne posera pas de problème ?

Danny lui sourit.

— Je n'ai qu'à lui dire la vérité, à savoir que nous nous efforçons de croître et de nous multiplier !

— Danny...

— Je plaisantais, voyons ! Je vais me débrouiller, ne t'inquiète pas.

Danny aurait préféré qu'elle ne rougisse pas comme une pivoine ; encore que, en réalité, cela l'amusât plutôt. Autrefois, sa femme et son meilleur ami avaient été amants ; mais, bon sang ! ça remontait à l'époque du collège ! Même à l'article de la mort, Spencer refuserait d'évoquer cette période, et David, de son côté, demeurait muet comme une carpe sur le sujet. Récemment encore, Danny et David étaient collègues tout autant qu'amis de longue date. Et puis David avait quitté la police après avoir mis suffisamment d'argent de côté pour ouvrir sa propre agence de détective ; entreprise dans laquelle, fort de son expérience passée, il réussissait à merveille. Ils continuaient toutefois de se voir car il arrivait fréquemment qu'ils aient besoin d'échanger des renseignements.

Danny n'ignorait pas que Spencer et David, craignant d'éveiller chez lui une jalousie rétrospective, s'évitaient autant que possible. Quand ils étaient amenés malgré eux à se rencontrer, ils se montraient l'un envers l'autre d'une politesse glacée. Et ce souci d'honnêteté poussé à l'extrême finissait par mettre Danny mal à l'aise.

Ils n'avaient rien à se reprocher, Danny le savait, et il les en aimait davantage. Cependant, quand ils se trouvaient dans la même pièce, l'atmosphère devenait aussi torride et oppressante que l'humidité de la région de Miami en plein mois d'août ; et Danny devait bien admettre que, dans un coin de son cœur, il savait que s'ils n'avaient été tous les deux si vertueux, ils se seraient déshabillés et, sans autre forme de procès, jetés dans les bras l'un de l'autre. Et peu importait qu'ils n'aient plus rien à se dire, qu'ils aient rompu de manière explosive des années auparavant, et que, déjà à l'époque, ils aient été aussi différents que le jour et la nuit. Spencer si claire, David si sombre. Spencer, fine fleur de la société, issue d'ancêtres débarqués tout droit du *Mayflower*; David, petit réfugié cubain. Cela n'avait pas empêché ce qui s'était passé l'année de leur douzième grade...

Cette année-là, David partageait les bancs de leur classe; oui, ils se connaissaient depuis lors. Et, à présent, Spencer était sa femme, David, son meilleur ami, et il espérait bien qu'un jour il parviendrait à les réconcilier. Si Spencer et lui menaient à bien leur rêve de devenir parents, l'occasion se présenterait peut-être...

Danny avait déjà enfilé short, T-shirt et tennis. Il était très désireux de collaborer avec David sur l'affaire Vichy; pourtant, rien ne comptait davantage à ses yeux que de partager cette matinée avec Spencer.

— Nous avions projeté de nous retrouver sur Main Street, David et moi, et de courir jusque chez lui pour étudier le dossier tout en déjeunant. Je vais me rendre au rendez-vous comme prévu et lui fournir une excuse quelconque. Peu importe, de toute façon; il ne cherchera pas à en savoir plus. Je serai de retour dans trente-cinq minutes. Ça te va?

— Je t'attendrai, dit solennellement Spencer.

Danny lui sourit, leva ses deux poings fermés, pouce en l'air, puis se dirigea vers la porte. Il ne l'avait pas atteinte qu'il courait déjà.

Trente-cinq minutes! Spencer s'arracha à la balustrade pour se ruer vers leur chambre. En un instant, elle arrangea les couvertures et les oreillers du lit, après quoi, elle songea à prendre une douche. C'était le jour de Danny, et elle allait faire en sorte que ce soit le plus beau de son existence.

Soudain, s'avisant qu'elle avait oublié de prévenir sa secrétaire de son absence, elle se précipita vers le téléphone. Une fois en ligne avec Audrey, elle lui expliqua qu'elle souffrait d'un début de grippe mais qu'elle serait là dès le lendemain matin. Comme la secrétaire compatissait et lui présentait ses vœux de prompt rétablissement, Spencer se sentit rougir. Ironie du sort! Elle était mariée, directrice de l'entreprise Montgomery, Audrey était une amie, et pourtant, elle ne pouvait lui dire la vérité. De quoi aurait-elle eu l'air si elle lui avait expliqué : « Tu comprends, Danny et moi voulons un enfant ; seulement nos emplois du temps sont si chargés que, les nuits où ça pourrait marcher, Danny est à son travail et moi-même en déplacement » ?

— As-tu besoin de quelque chose, Spencer ? demanda Audrey d'une voix pleine de sympathie.

— Non. Danny revient après son jogging. Tout ira très bien, merci.

Sous la fermeté du ton pointait une touche de culpabilité. « Je suis le patron ! » dut-elle se rappeler. Elle travaillait beaucoup et sans répit ; elle avait bien mérité ces quelques heures en tête à tête avec son mari.

— Reste au lit, surtout, conseilla Audrey.
— Je... Oui, bien sûr.

Spencer considéra un moment le combiné avant de raccrocher. Quelle explication Danny allait-il fournir à David ? Une onde de chaleur la parcourut. Elle refusait d'y penser, refusait d'évoquer David. Elle s'y appliquait très fort la plupart du temps.

Elle ouvrit à fond le robinet mélangeur.

— J'aime Danny Huntington ! proclama-t-elle à haute voix.

Et c'était vrai. Elle l'aimait. Beaucoup. Il semblait simplement qu'il existât plusieurs formes d'amour. Sly le lui avait déjà expliqué, et il avait raison.

— J'aime Danny !

Elle l'aimait, oui. Ils menaient une vie agréable. Ils parlaient et riaient ensemble. Danny était gentil, doux, attentionné, merveilleux. Elle avait de la chance, vraiment beaucoup de chance.

Elle se glissa sous la douche.

Danny voulait un enfant. Cette fois, ils feraient en sorte d'en avoir un.

L'eau ruissela doucement sur son corps, et elle s'abandonna à cette délicieuse sensation.

Danny sortit de la maison par la porte arrière et inspira une bouffée d'air matinal. La journée s'annonçait torride, mais la température restait encore supportable. Danny aimait les petits matins, les soirées tardives aussi, quand le soleil relâche son étreinte sur la ville. Il aimait courir alors que les oiseaux ne montraient pas encore le bout de leur bec, et que la rosée embuait l'herbe et rafraîchissait le feuillage des arbres au tronc noueux qui bordaient la rue.

Il sourit. Qu'allait-il bien pouvoir raconter à David ? Dire la vérité serait encore le plus simple, mais il avait promis à Spencer de se taire. Et comment se montrer convaincant alors que la perspective de la journée à venir lui étirait les lèvres d'un large sourire ? A bien y réfléchir, Spencer et lui n'avaient pas eu l'occasion de se retrouver ensemble depuis leur lune de miel. Depuis ce jour où, à Paris, ils avaient regardé le soleil se lever sur les gargouilles et éclabousser de ses feux la Ville lumière.

Impatient d'en avoir fini pour rentrer plus tôt, Danny accéléra le pas.

Il quitta l'allée desservant leur demeure et tourna le coin de la rue. A sa grande surprise, il aperçut une silhouette familière courant à sa rencontre. Etrange. C'était bien la dernière personne qu'il se fût attendu à voir ici...

David Delgado courut jusqu'au panneau indicateur puis exécuta quelques allers-retours sur la piste de jogging longeant la rue. Un mètre quatre-vingt-cinq, les cheveux bruns et les yeux d'un bleu si sombre qu'ils en paraissaient parfois noirs, David possédait un physique qui retenait l'attention. A Coconut Grove, des amateurs de course à pied en tout genre venaient se livrer à leur sport favori ; le trapu et le svelte, le musclé et le chétif. Pourtant, même au milieu des jeunes gens en bonne santé, bronzés et presque nus, qui couraient dans ce quartier de Miami, ancien et néanmoins dans le vent, David ne passait pas inaperçu. De la rencontre inattendue de ses deux ascendances, il avait tiré le meilleur, héritant du côté de sa mère la haute taille et la largeur d'épaules des montagnards des Highlands, et de ses aïeux espagnols les cheveux noirs et les traits fermement dessinés. Grâce à son héritage méditerranéen, il bronzait rapidement au soleil, et, du fait d'avoir vécu la majeure partie de son existence sous ce même soleil, il ne se laissait pas incommoder par la chaleur.

David fit un nouveau circuit, puis, après avoir consulté sa montre, songea à rentrer chez lui pour passer un coup de fil à Danny. Cela ne lui ressemblait pas d'être en retard ; surtout quand il avait si peu à parcourir pour le rejoindre.

※※

Bien sûr, on ne pouvait comparer la maison de David avec le manoir des années 20 que Spencer et Danny avaient acheté et aménagé. Quoiqu'il se débrouillât dans son nouvel emploi — si bien, en réalité, que cela l'effrayait parfois —, David ne jouissait pas de revenus lui permettant d'acquérir une telle propriété, et encore moins de l'entretenir. Il devait reconnaître la supériorité des Huntington en ce domaine.

Leur maison n'avait d'ailleurs rien d'ostentatoire. Située dans un voisinage paisiblement opulent, elle possédait un certain caractère plus qu'elle n'éblouissait. C'était une maison accueillante ; elle ressemblait juste un peu trop à Spencer Anne Montgomery — enfin, Spencer Anne Huntington —, rectifia-t-il en pensée. Il était étonné de toujours évoquer Spencer sous son nom de jeune fille, alors qu'il ne s'était rien passé entre eux depuis plus de dix ans. Comment une quelconque intimité eût-elle d'ailleurs été envisageable, quand Danny était le meilleur ami qu'il ait jamais eu, un homme formidable que le luxe n'avait guère perverti ? Et puis, Spencer elle-même se montrait désormais glaciale avec lui. Enfin, tout ça, c'était de l'histoire ancienne. Quels que soient les sentiments que lui et Spencer avaient autrefois partagés, le passé était mort, et chacun avait construit sa vie de son côté. Ils auraient même pu rire de cette ancienne relation, sauf qu'ils n'en riaient jamais. Peut-être parce que, tout jeunes, ils avaient appris à connaître leurs faiblesses, et que, sans doute, ces faiblesses étaient toujours là. Après toutes ces années, Spencer et lui se méfiaient encore l'un de l'autre, tout en essayant, pour l'amour de Danny, de se montrer courtois et réservés.

Pour la même raison, David s'efforçait de ne pas

laisser deviner à son ami combien demeuraient vivaces en lui les souvenirs qu'il conservait de Spencer Anne Montgomery.

Enfin, Spencer Anne *Huntington*.

David fit un autre tour de piste tout en scrutant la rue. Les choses n'avaient pas tellement changé à Coconut Grove depuis l'époque de son enfance. De la verdure poussait toujours au bord de la route en lacets, et les anciennes demeures étaient toujours visibles au sommet de la colline, à l'exception des villas que le commun des mortels devinait seulement, au bout des interminables allées. Dès l'instant où, à quatre ans à peine, David avait débarqué là, il avait aimé ces lieux, en dépit d'une existence qui ne lui avait pas été facile. Au début des années 60, le Grove était un quartier paisible; l'explosion démographique qui allait secouer Miami n'avait pas encore transformé cette petite ville du Sud en une métropole de renommée internationale. C'était plus tard que les vagabonds s'étaient mis à affluer, venant du Nord, dont ils fuyaient les rigueurs hivernales. Il en arrivait toujours, d'ailleurs, même si aujourd'hui, ils préféraient se diriger vers Naples, Palm Beach, les Keys, plus au sud, ou encore Disney, au centre de l'Etat. Malgré tout, la ville de Miami séduisait toujours, et le Grove avait grandi en même temps qu'elle.

Vers la fin des années 60, début des années 70, David avait connu le mouvement hippie. Les boutiques vendaient alors des vestes indiennes et de l'encens. Les artistes qui s'y pressaient fumaient de la marijuana dans les arrière-salles et l'air vibrait des accords de la musique psychédélique. Ensuite, ç'avait été au tour des yuppies, jeunes cadres ambitieux, d'investir le terrain, et à présent les boutiques à la mode vendaient bijoux et luxueux objets tandis que les cartes des restaurants affichaient ce qu'on peut déguster de mieux en matière de nouvelle cuisine. Avec une indulgence affectueuse, David comparait Coconut Grove à une aimable prostituée sachant toujours se tourner du côté d'où venait le vent — ou plutôt l'argent —, et s'arrangeant pour survivre.

Ce quartier, situé au bord de la baie, comptait au nombre des plus anciens de Miami, et il se trouvait toujours une poignée de nostalgiques pour vous raconter la vie d'autrefois. Sly, notamment, savait parler de ces temps reculés avec la virtuosité d'un conteur-né, et David regrettait les heures passées à l'écouter presque autant que la présence de Spencer.

Il jura entre ses dents. Qui prétendait que Spencer lui manquait? Comment aurait-elle pu lui manquer quand elle n'avait jamais vraiment fait partie de sa vie? Il regrettait les sentiments qu'elle éveillait alors en lui, c'est tout. Il la regrettait comme on regrette l'époque de sa jeunesse, une certaine musique, la splendeur des bougainvillées, la senteur salée de la mer par une belle journée embaumée. C'était par un hasard malheureux qu'ils avaient continué de se fréquenter.

Tout en courant, David s'était sensiblement éloigné du lieu du rendez-vous, et il se retrouva dans la rue qu'il avait d'abord habitée lors de son installation à Coconut Grove. Dieu, quelle épouvantable année il avait passée là! Avec pour langue maternelle l'espagnol, il ne se rappelait pas avoir été gratifié pendant des années d'autre nom que celui de « réfugié ». Il n'était pas un enfant comme les autres, seulement un « réfugié ». Il s'en était néanmoins tiré à bon compte. Son père avait été emprisonné dans les geôles cubaines, où il devait mourir; sa mère était décédée peu après la naissance de Reva. Par chance, son grand-père maternel, le vieux Michael MacCloud, avait manifesté le désir de les aider. Il avait enseigné la langue de leur pays d'adoption à ses deux petits-enfants. Aussi, en dépit d'un anglais fortement teinté d'accent écossais, David avait-il été capable de comprendre les « Americanos » qui le considéraient avec tant de mépris. Orphelin, jeté dans un monde qui refusait le changement, il avait commencé à se battre pour sa survie. C'était à cette époque qu'il avait rencontré Danny Huntington. Sortant de son école pour gosses de riches, ce dernier s'apprêtait à rejoindre ses parents au club nautique quand il avait été pris à partie par une bande de voyous. Du parc où il se trouvait, David avait aperçu la scène ; et quelque chose dans le comportement de Danny l'avait ému. C'était un enfant plutôt chétif, qui se doutait bien qu'il allait au-devant d'ennuis en résistant. Pourtant, il n'avait pas fui. David s'était alors jeté dans la mêlée. Au prix de multiples plaies et bosses, il avait réussi à mettre les autres en fuite et à clore la bagarre. Le genre de bagarre qui vous vaut de la part des gens une mine consternée et qui vous donne envie de répliquer : « Vous auriez dû voir l'état des autres ! » Quand tout avait été terminé, Danny le tenait ni plus ni moins pour un héros.

Il l'avait chaleureusement remercié ; David avait haussé les épaules, bien décidé à ne pas laisser deviner à quel point il souffrait des coups reçus.

— Tu n'es qu'un pauvre petit gosse de riche ; j'ai tout de suite deviné que tu avais besoin d'un coup de main !

— Ouh, pour un œil au beurre noir, c'en est un ! avait répliqué Danny, nullement offensé par les commentaires de son sauveur. Viens avec moi qu'on soigne ça.

Et, pour la première fois, David avait pénétré dans l'univers de Danny. Avec un sentiment de totale étrangeté, en sang, dépenaillé, il s'était retrouvé au club nautique, dont les fenêtres cristallines donnaient sur la baie et ses interminables rangées de bateaux reluisants de propreté. Tous les regards convergeaient sur lui. Les femmes en blanc immaculé, les hommes en complet de sport décontracté. Il s'était senti incapable d'affronter ces gens et leurs beaux discours sur la canaille et les réfugiés qui colonisaient leur ville.

Il avait contemplé les bateaux et avait su avec certitude que son désir d'en posséder un dépassait de loin celui de se régaler des mets délicieux qu'il voyait servir autour de lui, ou de jouer au tennis sur les courts en parfait état, ou encore de piquer une tête dans la piscine. Un bateau, c'était tout ce qu'il demandait pour être heureux. Il n'avait pas tellement apprécié les parents de Danny, mais c'était ce jour-là qu'il avait rencontré Sly. Et s'il tenait en piètre estime les autres membres du club, il avait tout de suite aimé Sly, de la même manière qu'il avait su qu'un jour il posséderait un bateau.

Sly professait des opinions politiques différentes de celles généralement en usage dans son milieu. Le vieil homme savait que le père de David était mort pour ses idées, et il connaissait également son grand-père. Il avait offert un repas à David, et quand il avait vu ses yeux s'ouvrir comme des soucoupes devant tant de bonnes choses, il avait déclaré : « C'est ça l'Amérique, mon garçon ! Ici, tu peux obtenir ce que tu veux. La seule différence entre toi et ces gens, c'est que ce sont leurs parents qui ont fait le boulot pour eux ! » Et il avait accompagné ces mots d'un clin d'œil.

Quand David les avait quittés ce jour-là, il pensait ne jamais revoir Danny ou Sly. Cependant, quinze jours plus tard, de façon miraculeuse, on lui avait alloué une bourse d'études pour la prestigieuse école fréquentée par Danny. Michael MacCloud ayant insisté pour qu'il l'accepte, il avait finalement obtempéré. Et quand David s'était retrouvé l'objet de risée de ces gosses confortablement nantis, il avait pu compter sur le soutien de Danny. Ils étaient devenus inséparables. Par chance, David était un athlète accompli, un atout incroyable pour un enfant déshérité, de surcroît un « réfugié ». Peu après que l'étrange manne de la bourse lui fut tombée du ciel, sa sœur Reva avait connu le même bonheur. Et Danny s'était montré tout aussi chic avec elle qu'avec lui.

Spencer n'était entrée en scène que plus tard.

Après avoir consulté une nouvelle fois sa montre, David songea qu'il pourrait courir jusque chez Danny. Finalement, il décida de rentrer l'appeler de chez lui. Ce serait plus simple de parler à Spencer au téléphone que de la voir chez elle. D'ailleurs, ce serait peut-être Danny, bloqué là-bas pour une quelconque raison, qui répondrait. Ou encore la femme de ménage.

La situation ne manquait pas de piquant. Danny, l'enfant issu d'un milieu privilégié, avait choisi de devenir flic. Enquêteur à la brigade criminelle, plus précisément. C'était là qu'ils s'étaient retrouvés après avoir été séparés durant leurs années d'université. Danny ambitionnait de devenir procureur. En réalité, il visait même une position plus importante. Cependant, il préférait entrer en politique par le chemin le plus long car il tenait à connaître le milieu de la rue afin d'attaquer le système à la base. Selon lui, il ne servait à rien d'enfermer les criminels, il fallait les empêcher de nuire. Spencer avait tout d'abord été bouleversée en apprenant que Danny allait s'occuper d'affaires de meurtre ; mais il l'avait promptement rassurée. « C'est sans danger, Spence. Que pourrais-je craindre ? Les personnes dont je m'occupe sont déjà mortes ! »

Spencer lui avait rappelé que, si ces gens avaient été tués, c'était précisément du fait d'autres personnes, bien vivantes celles-là. Cependant, elle devait vraiment aimer son mari et le soutenir puisque Danny travaillait toujours à la brigade criminelle. Et parfois, l'idée qu'elle manifestait autant d'amour et de compréhension à un autre qu'à lui-même emplissait d'amertume le cœur de David. Lui en voulait-elle parce qu'il avait commis des erreurs dans le passé ? Ou avait-elle tout simplement changé ? De toute façon, ça n'avait plus d'importance. Elle était désormais la femme de Danny, et leur mariage se révélait heureux. Danny et elle appartenaient au même milieu ; ils savaient y évoluer, et aussi le combattre, faire taire les sombres prévisions. Les gens escomptaient probablement leur séparation, tout comme ils avaient hoché la tête en voyant Spencer Montgomery et David Delgado se quitter.

Mais tout ça, c'était le passé, de l'histoire ancienne. David avait sa propre vie. Parfois, cependant, il lui semblait qu'il aurait beau fuir ses souvenirs, ceux-ci finiraient tout de même par le rattraper.

Où donc était passé Danny ? Le soleil commençait à devenir impitoyablement chaud. David jeta un dernier regard alentour puis reprit le chemin de sa maison.

Sa maison. Belle. Moderne. Trois chambres donnant sur la mer, et son bateau amarré derrière. Il poussa la porte et se dirigea vers le téléphone.

— Que se passe-t-il ? demanda Danny. Que fabriques-tu ici ?

La réponse lui parvint sous la forme de trois balles. L'une lui effleura l'oreille, les deux autres échouèrent dans sa poitrine. La silhouette s'éloigna en courant au moment où Danny ouvrait la bouche pour protester. Aucun son ne sortit de sa gorge ; il s'écroula au sol.

Toutefois, il ne perdit pas conscience. Non. Pas maintenant. Il se mit à ramper, et le sang coulant de ses blessures maculait la terre sombre, les racines des arbres, les feuilles tombées. Puis le trottoir crasseux.

Il rampait toujours. La maison de David se tenait devant lui, la porte grande ouverte. Mais, doux Jésus, ce qu'il souffrait. Oh! Seigneur! comment pouvait-on perdre autant de sang? Sa vie s'écoulait par ses blessures. Oh! non. Pas maintenant! Il ne pouvait pas mourir alors que...

Spencer...

— Danny!

David laissa retomber le combiné qu'il venait de soulever et se précipita vers l'entrée. Couvert de sang, Danny se contorsionnait pitoyablement sur le seuil de la porte. David se pencha sur lui, enregistrant machinalement le fait qu'on avait tiré sur son meilleur ami. Grâce à des années d'entraînement, il put courir jusqu'au téléphone et composer le numéro de police secours.

— Venez vite. Danny Huntington a été abattu! Il perd son sang...

Il donna son adresse et ajouta :

— Dépêchez-vous, pour l'amour du ciel!

Ça suffisait. David savait qu'ils se précipiteraient au secours de n'importe quel policier, et plus encore de Danny. Dans le secret de son cœur, il ne cessait d'implorer le ciel. « Oh! mon Dieu! S'il vous plaît, faites qu'ils arrivent! Il va mal, très mal. »

Il avait pris son ami dans ses bras, essayant de déterminer la gravité des blessures. Blessé par balles. « Oh! merde. » Il compta deux impacts. Le cœur battait, les poumons accomplissaient leur tâche. Si seulement les services de secours pouvaient arriver! On le transporterait à Jackson. Ils réalisaient des miracles là-bas.

— Étanche le sang, espèce d'imbécile ! se morigéna-t-il. Étanche le sang... Tu dois le garder en vie !

Hélas, malgré tous les efforts qu'il déployait, le sang coulait toujours. Soudain, les paupières de Danny se soulevèrent. Il tendit une main ensanglantée et la passa au cou de David. Des mots se formèrent maladroitement sur ses lèvres.

— Du calme, Danny. Reste tranquille. Les secours arrivent. Tu connais les flics, tu sais comme ils agissent vite pour sauver un des leurs.

— Spen... cer, balbutia Danny.

— Oui, oui. Je la préviens. Danny, écoute-moi, il faut que tu nous mettes sur la piste ! Allons, vieux frère, dis-moi : qui est-ce ? Qui...

— Spencer ! réussit à articuler Danny.

Une écume sanglante suintait de ses lèvres. Il essaya de nouveau de parler.

— Spencer ! cria-t-il.

Cependant, son regard se ternissait.

— Tiens bon, Danny ! Tu ne peux pas mourir comme ça ! Je t'aime, espèce de pauvre petit gosse de riche ! Danny !

Les sirènes hululaient. On entendit les pales d'un hélicoptère brasser l'air. David avait demandé le service d'urgence, on l'avait cru sur parole. Dans quelques secondes, Danny serait pris en charge.

Les médecins se penchaient sur lui, tirant des pansements de leur enveloppe, plaçant une perfusion. Des mains se posèrent sur les épaules de David, qui se retourna. Le supérieur de Danny en personne, le lieutenant Oppenheim, se tenait derrière lui.

— Laissez-les faire leur travail, mon vieux. Si

quelqu'un peut sauver Danny, c'est bien eux. Que s'est-il passé ? Qui a tiré ?

Oppenheim était un vieux de la vieille, le cheveu blanchi, la taille haute, solide comme un roc.

— Je l'ignore. Nous devions nous retrouver dans la rue. Comme il était en retard, je rentrais l'appeler...

Son regard se tourna vers Danny, son ami, allongé sur un brancard. Quelqu'un se mettait en liaison avec l'hélicoptère, discutant de l'endroit où atterrir.

— Qu'est-ce qui a bien pu se passer ? Danny le sait-il ? reprit Oppenheim.

David secoua négativement la tête. Son regard ne quittait pas Danny, comme s'il pouvait, par la seule force de sa volonté, le maintenir en vie.

— Nous avions rendez-vous. Il était en retard. Je revenais téléphoner et je l'ai trouvé là, à ma porte.

— A-t-il dit quelque chose ?

David fit signe que non.

— Il a juste prononcé le prénom de sa femme.

Dix minutes ! Il ne lui restait plus que dix minutes ! Spencer bondit hors de la douche et s'essuya vigoureusement, le sourire aux lèvres. Ensuite, elle laissa tomber la serviette et, s'emparant d'une brosse et d'un séchoir à cheveux, fit bouffer la lourde masse blonde du mieux qu'elle pouvait en si peu de temps. Il fallait que tout soit parfait, se disait-elle. Et elle avait sa petite idée sur la manière de procéder pour qu'il en soit ainsi.

Quelques secondes plus tard, elle enfilait un porte-jarretelles noir, des bas noirs et des chaussures à talon de la même couleur. Dans la penderie, elle dénicha la cravate de soie noire de Danny et la noua lâchement à son cou. Elle contempla son reflet dans le miroir. Danny lui avait confié une fois qu'il l'aimait en noir, et l'aimerait encore davantage avec pour seul vêtement une cravate noire. Eh bien, aujourd'hui, elle lui donnerait satisfaction. Parce que aujourd'hui était un jour à marquer d'une pierre blanche.

Elle se détourna promptement du miroir et courut vers l'escalier, qu'elle dévala, ne marquant une pause que pour s'assurer que les rideaux étaient tirés.

Ils l'étaient.

Dans la cuisine, elle sortit le seau à champagne, qu'elle remplit de glace, et fit main basse sur une bouteille de Dom Pérignon réservé aux grandes occasions. Enfin, elle se précipita dans la salle de séjour, jeta une nappe de dentelle sur la table basse, y déposa sans ménagement le seau et courut à la cuisine remplir deux belles coupes de raisin, l'un blanc, l'autre noir. Un coup d'œil à sa montre lui apprit que Danny serait là dans moins de cinq minutes.

Elle s'installa sur la table entre les deux coupes de cristal, le seau à champagne derrière elle. Puis elle se releva d'un bond, consulta une fois de plus sa montre et se rua vers la porte d'entrée afin de s'assurer qu'elle était bien ouverte. Tout l'effet de sa mise en scène serait gâté si elle devait se lever pour ouvrir à Danny, qui n'emportait jamais de clé quand il partait faire du jogging.

En hâte, elle retourna prendre place sur la table basse. Jambes croisées dans la position du lotus, elle attendit, le cœur battant furieusement. De quoi avait-elle l'air ? D'une fille sexy ou bien d'une cinglée ? Elle sourit et décida que cela n'avait aucune importance. D'une manière ou d'une autre, Danny et elle finiraient par en plaisanter. Et puis, tous les moyens étaient bons pour parvenir au but qu'ils s'étaient fixé ! Danny désirait tellement des enfants. Il avait été un petit garçon solitaire et incompris, et Spencer se sentait coupable de ne pas être à la hauteur de son attente. Et pourtant, ce que désirait Danny, elle le désirait avec la même ferveur.

Avec un brin de malaise, elle regarda en direction de la porte. Et si le facteur entrait ? Impossible, il ne passait jamais avant midi. Jamais. Les livreurs de journaux ? Non, ils sonnaient et n'entraient jamais à l'improviste.

Alors, un cambrioleur ? Un tueur psychopathe ?

« Spencer ! » se morigéna-t-elle. Ce n'était qu'une question de minutes ; Danny allait arriver. Il buvait sans doute une tasse de café avec David. Le connaissant comme elle le connaissait, elle l'imaginait fort bien ennuyé de devoir annuler son rendez-vous. Ou alors, en dépit de sa promesse, il était en train de raconter la vérité à David. Ils étaient restés les meilleurs amis du monde ; personne n'avait pu s'immiscer dans leur intimité. Pas même elle.

De toute façon, elle ne voulait briser l'amitié de personne. Elle avait réellement cru dur comme fer David Delgado sorti de sa vie, son chagrin dissipé, et la tempête définitivement apaisée. Lorsqu'elle était tombée amoureuse de David, elle était si jeune encore. Elle ignorait tout de la passion, et n'aurait jamais imaginé une relation si tumultueuse.

— Assez ! cria-t-elle, fermant pathétiquement les yeux.

Assise, quasiment nue, sur une table basse, elle attendait que son mari rentre pour qu'ils puissent concevoir l'enfant que tous deux désiraient. Elle attendait un mari qui comptait parmi les meilleurs hommes que la Terre ait jamais portés.

Elle attendait Danny ; seulement, si elle ne se reprenait pas, elle repenserait à la première fois qu'elle avait fait l'amour. Avec le meilleur ami de Danny.

Avec David Delgado.

— Si c'est une fille, j'aimerais l'appeler Kyra, dit-elle tout haut. Je me demande ce que Danny en pensera. De toute façon, il n'émettra aucune objection. La perspective d'avoir un enfant le transporte tellement de joie qu'il ne se soucie pas de lui trouver un nom.

Cela s'était passé chez Sly. Elle avait seize ans, David guère plus. Et, comme toujours entre eux, c'était Spencer qui avait pris l'initiative. Il ne voulait pas la toucher ; elle était la petite-fille de Sly, un homme qu'il aimait autant qu'il le respectait. Seulement, Spencer ne pouvait plus supporter de voir Terry-Sue courir après David. Et pendant tout le temps où ils s'étaient chamaillés, elle avait su ce qu'elle voulait. Elle savait ce qu'elle voulait, certes, mais elle n'était pas préparée à ce qu'elle avait obtenu. Ou à ce qui avait suivi.

— Si c'est un garçon, nous l'appellerons Daniel, évidemment.

A ce moment, on frappa à la porte. Spencer sourit. Danny était de retour, et elle l'aimait. Ensemble, ils allaient chasser les ombres du passé. Avec un peu de chance, les éloigner définitivement.

— Entre ! C'est ouvert ! cria-t-elle.

La porte s'ouvrit, et la silhouette d'un homme de haute taille apparut dans l'encadrement. Il avança d'un pas, et, avant même qu'elle distingue ses traits, Spencer sut qu'il ne s'agissait pas de Danny. Il était trop grand pour cela, trop large d'épaules, trop musclé, trop nerveux et trop sombre. Cet homme avait des cheveux d'ébène, des traits énergiques, un teint hâlé.

— David ! s'exclama Spencer.

Elle eut la sensation que son cœur s'arrêtait de battre. Elle se sentait tellement idiote, assise nue sur une table, les jambes croisées, avec une cravate parfaitement en place.

Bondissant sur ses pieds, elle traversa en coup de vent la pièce pour s'emparer du plaid afghan du canapé, dont elle se ceignit. Alors, seulement, elle considéra le visiteur qui lui-même la dévisageait. Si seulement elle avait pu se cacher *sous* la table basse. Elle balbutia :

— Je... J'attendais le retour de Danny. Il devait t'en parler. Ne l'as-tu pas vu ? Il y a du café dans la cuisine. Si tu veux bien m'excuser un instant, je vais m'habiller...

— Spencer...

Le ton, égal, n'en recelait pas moins tout le chagrin du monde. David n'ironisait pas, n'émettait aucun commentaire. Il la regardait simplement, et soudain, Spencer sentit l'angoisse l'étreindre. Et elle sut. A cause du son âpre de sa voix, de son regard.

— Danny ? murmura-t-elle.

Et tout se mit en place. Des traînées sanglantes souillaient le débardeur de David, et aussi la bordure blanche de son short de jogging noir. Et puis, il y avait des larmes dans ses yeux. Des larmes. La seule fois où elle avait vu pleurer David, c'était le jour de l'enterrement de Michael MacCloud.

— Danny. Oh ! mon Dieu, Danny !

De sa vie, Spencer n'avait été si affolée. Elle allait se trouver mal ; autour d'elle, l'univers se mit à tanguer, tout devenait noir.

— Spencer, il faut que tu m'accompagnes. Vite !

Elle entendit les paroles prononcées par David, mais indistinctement. Elle voulait lutter contre ces ténèbres grandissantes, lui obéir, en vain. Chaussures noires, bas, cravate, plaid afghan, elle glissa à terre, et tout s'éteignit comme si on avait actionné le commutateur...

※

Elle arriva à l'hôpital juste à temps.

Peu avant, David l'avait ranimée avec une compresse froide et quelques bonnes secousses, et elle avait immédiatement souhaité sombrer de nouveau dans l'inconscience. Comment une telle tragédie avait-elle pu se produire ? Danny n'était même pas en service ! Il ne portait pas son uniforme, pas même des vêtements de policier en civil...

— Il est vivant, Spencer. Dépêche-toi.

La nouvelle lui avait donné un coup de fouet. Elle avait recouvré un peu de courage et de dignité, et il ne lui avait fallu que quelques instants pour s'habiller. Une escorte policière leur avait permis de gagner Jackson Memorial en moins de dix minutes.

Danny se trouvait déjà en chirurgie. Pendant des heures, David et elle arpentèrent les couloirs de l'hôpital, buvant du mauvais café dans des gobelets de carton et se rongeant les sangs.

Par miracle, Danny survécut à l'opération. Hélas, la liste des organes lésés par les balles s'allongeait : pancréas, foie, poumons, intestins se trouvaient atteints à des degrés divers.

Il tenait pourtant bon. Pendant des jours et des jours, il s'accrocha à la vie. Et pendant des jours et des jours, Spencer lui tint la main tandis qu'il gisait sur son lit, au service des soins intensifs.

Et puis, trois semaines après l'attentat, les médecins apprirent à Spencer qu'il était tombé dans le coma. David se tenait debout derrière elle avec Sly tandis qu'ils lui expliquaient ce qui s'était produit et qu'elle se refusait à admettre. Aucune des blessures de Danny n'était en cause, mais quelque part, un foyer infectieux s'était déclaré et avait gagné le cerveau, causant des lésions irréversibles. Ainsi, Danny ne vivait-il plus qu'en apparence. Cliniquement, il était mort, et on demandait à Spencer la permission de débrancher les appareils.

Spencer signa les papiers et retourna s'asseoir au chevet de son mari. Elle lui tint la main. Avec ses longs doigts encore bronzés, ses ongles coupés court, celle-ci paraissait si forte, si familière! Ces mains l'avaient caressée, l'avaient aimée. Elle croyait encore sentir sur son visage leur contour. Ce n'était pas juste, non, pas juste, qu'il soit demeuré le même...

Quatre semaines après le drame, Danny poussait son dernier soupir. Une fois encore, David était présent. Il ne disait rien. Il observait et attendait. Tout au long de cette période, il l'avait soutenue. Et les collègues de Danny avaient également afflué, attendant, priant, montant la garde. David avait tout abandonné pour pouvoir demeurer près de Danny et de Spencer. La plupart du temps, il restait silencieux. Mais il lui offrait un soutien permanent par sa présence. Le passé ne resurgissait pas; un pacte silencieux les empêchait de l'évoquer. Tous deux aimaient Danny et, pour l'amour de lui, ils tenaient à écarter tout autre sujet de préoccupation que son état. La famille de Spencer se déplaça, de même que ses amis. Ils la plaignirent, hasardèrent des paroles qui, en dépit des bonnes intentions qui les animaient, n'offraient que peu de réconfort. Seule comptait aux yeux de Spencer la présence silencieuse de David. Elle l'entendait parfois échanger quelques mots avec les policiers qui se présentaient et cherchaient encore une piste vers laquelle orienter leurs recherches.

Spencer ne comprenait pas encore nettement que Danny allait mourir, qu'il avait d'ores et déjà quitté le monde des vivants de la seule manière qui comptât. Elle espérait encore qu'il allait remuer, se tourner, prêter l'oreille à ses propos. Les médecins prétendaient que son cerveau était mort, mais son cœur continuait de battre. Et David n'interrompait pas sa garde vigilante à son côté.

Puis, quand tout fut fini, David était là pour soutenir Spencer tandis qu'ils emportaient le corps. Et aussi quand elle se mit à hurler, incapable d'admettre que Danny l'avait quittée pour toujours.

Ce fut David qui prononça l'éloge de Danny devant les centaines de personnes rassemblées pour les funérailles. Il évoqua Danny enfant, Danny adulte, et tout ce qu'il avait représenté pour ceux qui l'aimaient. Il dit aussi combien Danny avait été dévoué à son métier, toujours disponible, l'homme le plus honnête, le plus intègre, le meilleur.

Quand David eut terminé, il laissa le micro à l'ordonnateur de la cérémonie.

— Le détective Danny Huntington est désormais *oh-six*, dit-elle doucement.

Policier hors service, hors combat. Vingt et une salves déchirèrent l'air.

Et puis ce fut fini. Danny se reposait, enfin.

cerveau (lan1 'bier), ainsi son cœur continuait de battre. Et David n'interrompait pas sa garde vigilante à son chef. Puis, quand sont far nuit, David eut la peur soudain. Sacre ai radait qu'il endormirait le corps. Et c'est quand elle se mit à bouder, tout en saisissant que Ogma l'avait ramée pour toujour.

Ce fut David qui procéda à l'éloge de Ogma devant les combrats, les sabrisans, prochaines-nous. En finissant, il évoqua Ogma comme Dame noble, et tous ce qu'il avait appris de pour ceux qu'il l'aimaient. Il est aussi continu Danny avait été évacué à son malheur, toujours disposable. L'armée le plus fonrète la plus intègre, le meilleur.

Quand David eut terminé, il passa le bras à l'épaule, tutait de se reprendre.

— Le capitaine Damy Huntington est décoré, dit-il, de celle donnemain.

Pourquoi pas? service, baracontée, Vicat et me valons, tu plié, s'elle les.

Il passa le lit, et Damy se mit à sangloter.

2.

Il étudiait un dossier quand elle fit irruption en coup de vent dans son bureau. Ou plutôt comme une bourrasque. Elle jeta le journal du matin sur son bureau, et ses beaux yeux de cristal bleu, accusateurs, le transpercèrent tels des poignards.

David haussa un sourcil.

— Ravi de te voir, Spencer.

Et ravi, il l'était réellement; même si elle ressemblait à une tigresse prête à bondir sur sa proie. Elle était si belle. L'année passée l'avait marquée de son empreinte, son visage était plus étroit, ses joues plus creuses; cependant, le malheur aussi allait à Spencer Montgomery. Enfin, Spencer *Huntington*, rectifia une fois de plus David.

Il était conscient de l'avoir évitée après le décès de Danny. Elle lui avait d'abord facilité la tâche quand, immédiatement après l'enterrement, elle s'était rendue dans une propriété familiale de Newport. Et lorsqu'elle en était revenue, elle avait travaillé longtemps dans ses bureaux de West Palm. Il la savait de retour à Miami depuis près de deux mois; et maintenant, elle se tenait devant lui, le contemplant avec une fureur à peine dissimulée.

— J'ai acheté le *Miami Herald*, dit-il.

33

— Ce qui ne signifie pas que tu l'aies lu !

De sa main aux longs doigts souples et manucurés, elle lui tendit le journal, et il le prit, persuadé que s'il ne s'en était pas emparé, elle le lui aurait jeté à la figure. Il connaissait la teneur de l'article ; il l'avait lu et en concevait une profonde amertume.

Durant l'année qui avait suivi le meurtre de Danny, la police n'avait procédé à aucune arrestation. Elle ne tenait même pas un suspect sérieux. Tous avaient travaillé sans répit sur cette affaire, et David y avait consacré une énergie folle, traquant l'information, écumant les rues. Aucun mobile n'avait pu être retenu ; plusieurs avaient été invoqués mais finalement rejetés. David lui-même avait pourtant été interrogé. Et Spencer également. Chacun sait que les veuves font les suspects numéro un, et que les meilleurs amis viennent en second. A moins, évidemment, que des ex-femmes ou des maîtresses gravitent dans les parages.

— Assieds-toi, dit David, indiquant de la tête le fauteuil de cuir qui faisait face à son bureau. Tu ne vas tout de même pas passer ton temps debout à me regarder.

— Je veux que tu fasses quelque chose, David !

A ce moment, Reva parut sur le seuil de la porte.

— Spencer est ici, annonça-t-elle aimablement.

Oui, elle était même déjà dans son bureau, renchérit intérieurement David. C'était bien de Spencer d'avoir su ainsi déjouer la vigilance de Reva. Nul mieux que sa sœur ne savait écarter les intrus. Les intrus, mais pas Spencer. Il avait presque envie de sourire. C'était déjà pareil lorsqu'ils étaient adolescents.

— Merci, Reva. Ne peux-tu suggérer à Mme Huntington de prendre un siège ?

— Spencer...

— Reva, as-tu pris connaissance de cet article ?

Reva et Spencer avaient sensiblement le même âge, et elles étaient toutes les deux fort belles, songea en les observant David, un instant distrait de ses préoccupations. Elles ressemblaient à deux modernes princesses de conte de fées, Blanche-Neige et Rose-Rouge : Spencer, avec une chevelure dorée balayant ses épaules et des yeux d'azur, et Reva, une masse de cheveux sombres et bouclés lui encadrant le visage, sa peau hâlée par le soleil, et ses yeux qui, bien que d'un bleu très profond, comme ceux de David, paraissaient souvent presque noirs. Elles s'étaient toujours appréciées ; cependant, la relation que chacune entretenait avec David les avait empêchées de devenir intimes.

— Je l'ai lu, dit Reva. Pourtant, il faut que tu saches, Spencer, que David a fait son possible pour...

— C'est insuffisant !

— Mais, Spencer...

Cette dernière se tourna vers David.

— C'était ton ami, comment as-tu pu l'oublier aussi vite ? Lis cet article ! Le journaliste fait des gorges chaudes de l'incompétence de la police. Il prétend que tout le monde se fiche pas mal de Danny !

David se leva.

— Ecoute, Spencer, j'ai lu ce maudit article. Et au cas où tu ne l'aurais pas remarqué, ce journaliste insinue aussi que tu aurais dû être plus longuement interrogée.

— Et pendant ce temps, le meurtrier se balade en toute impunité, au nez et à la barbe de tout le monde !

— Spencer, intervint Reva, prenant le parti de son frère, ces derniers temps, David a frôlé la catastrophe, tant il négligeait son travail ; et cela, parce qu'il souhaitait désespérément retrouver l'assassin de Danny. Tu...

— Dans ce cas, je loue les services de David et de l'agence tout entière. Comme ça, plus personne ne se souciera de faillite.

David se leva. C'était à lui de poursuivre cette discussion. Du diable s'il allait laisser le soin à sa petite sœur de le défendre, fût-ce contre Spencer.

— Je ne travaillerai pas pour toi, Spencer, dit-il posément. Et puis je te laisse le choix : ou tu t'assois, auquel cas nous discutons, ou bien tu prends la porte.

— Si tu crois m'impressionner... Je ne partirai pas.

— Tu partiras, même si je dois utiliser la force pour te jeter dehors. Et puis j'appellerai les flics et je t'accuserai de me harceler au point de me gêner dans l'exercice de mes fonctions.

Comme elle continuait de le regarder, si tendue qu'elle paraissait sur le point d'exploser, David poussa un soupir d'exaspération.

— Assieds-toi, s'il te plaît !

Spencer s'assit. Reva intercepta le regard de son frère.

— Je vais préparer du café, annonça-t-elle.

— Pour Spencer, un déca fera l'affaire. Elle n'a certainement pas besoin de remontant ! persifla David.

Spencer ne releva pas. Quand David reprit place derrière son bureau, il ne se sentait pas très fier de lui et la tristesse l'envahit. Elle était si pâle, si frêle. Elle avait toujours recherché une élégance discrète pour ses tenues, et là-dessus, elle n'avait pas changé. Elle portait une robe sans manches qui s'arrêtait au genou. La coupe en était parfaite ; quoique Spencer eût toujours mis un point d'honneur à n'acheter que ce qui lui plaisait, sans égard pour les marques, cette robe devait sortir de chez un grand couturier. On n'aurait pas cru, devant tant de sobriété vestimentaire, que Spencer venait d'un monde où l'argent régnait en maître, mais ses origines sociales l'avaient tout de même marquée de leur sceau. Encore que, se disait David, il fût difficile de déterminer qui, d'elle ou de lui-même, avait le plus succombé à la pression familiale.

Quoi qu'il en soit, la robe lui allait à ravir. L'instant d'avant, on aurait pris Spencer pour une furie, mais à présent, elle semblait plutôt éthérée. Elle aurait eu besoin de se remplumer, de reprendre un peu de couleurs, de quitter cet air égaré. Oh! mais son propre visage devait avoir la même expression, se dit David. Cela avait été si dur d'apprendre à vivre sans Danny.

— Un an déjà, David, dit Spencer d'une voix blanche.
— N'es-tu pas allée à la police?
— Des tas de fois. Ils se montrent toujours charmants. Sauf évidemment quand il leur prend l'idée de me soumettre à un interrogatoire.
— C'est leur devoir, Spencer.
— Comment aurais-je pu tuer Danny?

David hésita.

— Etant donné qu'ils n'ont aucune piste, il leur faut tout envisager. Tu aurais pu sortir en courant, tirer sur Danny, rentrer chez toi et attendre tranquillement qu'on vienne t'annoncer la nouvelle.
— Tu sais bien que...
— Je t'explique simplement le possible point de vue du procureur. Après tout, en tant qu'épouse du défunt, tu hérites d'une jolie fortune.
— Mais tu m'as trouvée...
— Toute nue. Quel meilleur stratagème pour dissimuler des vêtements tachés de sang?

Spencer se leva et le fusilla du regard.

— Tu n'es qu'un salaud! Et toi alors? Après tout, il est mort dans tes bras!
— Assieds-toi, Spencer. Sinon, je peux te jurer que je saurai trouver le moyen de t'y contraindre!

Elle n'obtempéra pas. David se leva, le juron aux lèvres. Elle s'assit, les mâchoires crispées.

— Bon sang, Spencer, tu sais très bien qu'ils m'ont

cuisiné. Des types avec qui je travaille depuis des années ! Ils explorent toutes les pistes, c'est normal.

Les larmes qu'elle avait apparemment essayé de refouler perlèrent aux paupières de Spencer.

— J'aimais Danny.

Il se crispa comme s'il avait été atteint en plein cœur.

— Tu crois que je l'ignore ?

Lui aussi avait aimé Danny. Tous ceux qui l'avaient approché l'aimaient. Tous, sauf son meurtrier. Ou bien fallait-il dire *ses* meurtriers ?

— Te rappelles-tu ce crime commis à Bayshore Drive, il y a quelques années ? reprit-il. La femme nous avait appelés, son mari venait d'être tué. Elle prétendait que des hommes surgis de nulle part avaient tiré sur lui. L'enquête permit de découvrir qu'elle avait loué les services de tueurs à gages. Elle les avait laissés accomplir leur sale besogne et avait attendu qu'ils s'évanouissent dans la nature pour prévenir la police. Tu te souviens ?

— Oui, je me souviens, répliqua Spencer, agacée. La femme était aussi beaucoup plus jeune que son époux, et elle convoitait sa fortune. Les deux affaires n'ont rien de commun.

— La police n'y peut rien si beaucoup de crimes sont commis par les proches des victimes, et si les veuves détiennent le record.

— Ecoute, David, je ne suis pas venue jusqu'ici pour t'entendre justifier les agissements de tes collègues. Cela fait maintenant un an que Danny est mort. Un flic, David, un flic assassiné, et aucun suspect en vue. Et toi, tu restes tranquillement assis là à m'expliquer pourquoi la police m'a interrogée ! Je voudrais bien savoir qui d'autre ils ont appréhendé ! Tout ce qu'on a su me dire, c'est qu'ils possédaient quelques pistes qu'ils suivaient au gré du moment. La vérité, c'est qu'ils voulaient me faire plaisir ; leur enquête n'a abouti à rien !

— Ils ont essayé d'obtenir des résultats. Il faut du temps pour...

— Dis-moi où t'a mené ton enquête.

— Rentre chez toi, Spencer. Occupe-toi. Va reconstruire je ne sais quelle demeure.

« Reconstruire » était-il le terme adéquat ? Pas sûr. En réalité, l'entreprise Montgomery ne s'occupait pas plus de reconstruction que de décoration, mais plutôt de restauration. Sly s'était lancé dans cette affaire au tout début de l'existence de la cité. Puis, très vite, travaillant avec les meilleurs architectes et entrepreneurs, il s'était spécialisé dans le détail : corniches, moulures, manteaux de cheminée. Il aimait à évoquer l'époque où la moderne cité bourdonnante d'activité n'était qu'une petite ville du Sud, à peine sortie de son marécage. La tendance actuelle était de restaurer l'ancien en lui conservant les qualités du neuf. Et l'on réaménageait de vieilles constructions avec un souci poussé du détail. David avait du mal à croire qu'il y eût suffisamment de travail dans cette branche ; pourtant, il était étonnant de constater la quantité de pièces d'architecture auxquelles Sly trouvait un réel intérêt historique. Durant la dernière décade surtout, avec l'engouement pour le style Arts-Déco, le réaménagement des plages et de certains quartiers du grand Miami, l'ancien était redevenu à la mode et l'entreprise Montgomery connaissait la prospérité.

— Rentre chez toi, va restaurer une antique salle de bains, ou je ne sais quoi, insista David en se frottant les tempes.

Spencer plissa les yeux.

— Je suis rentrée chez moi, David. Cela fait un an que j'ai quitté cette ville, laissant à la police et à toi-même, l'enfant de la ville capable de débrouiller n'importe quelle affaire, le soin de découvrir l'assassin de Danny.

Et à présent, j'ai vraiment l'impression d'être la seule à me soucier de sa mémoire. Si vraiment je veux obtenir la lumière sur cette affaire, je dois rester ici. Son éloge était certes émouvant, la cérémonie des funérailles magistralement organisée, les vingt et un coups de fusil grandioses. Seulement ce n'était qu'une manière de mieux les enterrer, lui et son affaire. J'exige maintenant que l'on agisse ! Je veux savoir où en est ton enquête. C'était un policier : sur quelle affaire travaillait-il ? Qui devait-il rencontrer ce matin-là ?

Sur le seuil de la porte, Reva s'éclaircit la gorge.

— Voilà le café ! annonça-t-elle avec entrain.

David se réjouit de l'interruption qui lui laissait un peu de répit. Il fut aussitôt distrait de ses réflexions par la vue du plateau que Reva posait sur le bureau. On gardait en permanence des tasses dans les locaux, de bonnes vieilles tasses bien solides. Aujourd'hui, cependant, deux tasses de porcelaine fine trônaient sur un plateau d'argent. Et la cafetière était en argent, elle aussi, de même que le pot à crème et le sucrier.

David regarda Reva, qui jeta un coup d'œil à Spencer et haussa les épaules. Il sourit et hocha la tête.

— Merci, Reva, dit Spencer en se levant pour approcher du plateau.

— Ne t'agite pas, je t'en prie, lui dit David.

— Je ne peux tout simplement pas rester en place ! s'exclama la jeune femme.

Puis elle considéra Reva.

— Je ne voudrais pas faire d'histoires, mais possédez-vous toujours ces bonnes grosses tasses de faïence ?

— Je..., commença Reva.

Elle glissa un regard vers David et répondit :

— Oui, bien sûr.

En une seconde, elle était sortie. David se renversa

contre le dossier de son fauteuil, ne sachant s'il devait se contenter de sourire ou bien prendre Spencer par le bras et la jeter dehors. Il se pencha sur son bureau, les mains croisées.

— Si tu ne mesures pas vraiment mon attachement à Danny, tu dois bien te douter que je fais mon possible pour élucider son meurtre. De toute façon, ce n'est un secret pour personne que les flics font toujours le maximum pour mettre la main sur l'assassin d'un autre flic...

— De quoi deviez-vous parler ce matin-là ? demanda abruptement Spencer.

— De l'affaire Vichy.

— Je veux tout savoir dessus.

Reva était de retour avec les tasses. Spencer lui sourit avec gratitude.

— Merci. Je ne sais pas pourquoi, mais le café me paraît toujours meilleur dans une grosse tasse.

— Pour un café pris sur le pouce, cela ne devrait pas avoir d'importance, fit remarquer David.

— Rien ne m'oblige à le boire à toute vitesse, objecta Spencer d'un ton de défi.

Comment diable se débarrasser d'elle ? se demandait David. Il se leva.

— Je sers le café.

— Pas pour moi ! s'écria Reva. Mon travail marche bien, je ne veux pas me laisser distraire.

Sur ces mots, elle s'éclipsa.

— Pour l'amour du ciel, Spencer, si tu restes, assieds-toi !

La voix de David vibrait d'exaspération. Spencer s'assit ; il versa du café dans deux tasses.

— Toujours noir avec un sucre ?

— Oui, s'il te plaît.

Toujours noir, avec un sucre. Certaines choses ne

changeaient pas. Comme ses sentiments à l'égard de Spencer.

Il posa sans douceur une tasse devant elle avant de retourner s'asseoir à son bureau. Là, il ouvrit un tiroir et en tira une pile de dossiers.

— Voilà sur quoi j'ai travaillé cette année, Spencer. Il y a là environ deux cents comptes rendus d'interrogatoires, et puis des notes sur des filatures, des surveillances de repaires de malfaiteurs. Cinq des dossiers sont clos ; ils concernent des meurtres sur lesquels Danny travaillait, qui ont été élucidés et ne peuvent en aucun cas présenter de rapport avec sa mort. Le dossier Vichy reste ouvert, et risque de le demeurer encore longtemps.

— Pourquoi ?
— Tu connais Eugene Vichy.
— Je devrais le connaître ?
— Il est membre de ton club nautique.

Spencer fronça les sourcils. David songea qu'elle n'avait pas dû se rendre à ce club depuis longtemps.

— Il a dans les cinquante ans, les cheveux blancs, l'air distingué ; on dirait qu'il sort d'un plateau de cinéma. Sa femme, la défunte Mme Vichy, était âgée d'une soixantaine d'années, et si elle présentait moins bien que lui, elle était fort riche. Elle est morte assommée. La maison avait été mise sens dessus dessous, des diamants manquaient. Vichy a prétendu avoir trouvé sa demeure dans cet état en rentrant, et il affirmait que la mort tragique de sa chère Vickie lui avait brisé le cœur.

— Vickie ? Vickie Vichy ?
— Tu la connais ?

Spencer haussa les épaules.

— Le nom me paraît vaguement familier, et absurde. Danny m'avait peut-être raconté l'affaire, je ne me souviens plus. Mais pourquoi penses-tu que l'enquête ne mènera à rien ?

— Parce que Vichy est passé au détecteur de mensonge et qu'il ne démord pas de ses affirmations.

— Il est peut-être innocent.

David secoua la tête.

— Je ne crois pas un mot de son histoire. Et Danny n'y croyait pas non plus.

Une expression de profond intérêt se peignit sur le visage de Spencer. Elle se rassit.

— Danny harcelait donc Vichy, murmura-t-elle. Et ce dernier se doutait bien qu'il ne le lâcherait pas avant d'avoir obtenu la vérité. Or, Vichy a déjà prouvé qu'il était capable de tuer...

— Prudence, Spencer. On n'a jamais réuni suffisamment de preuves contre lui pour le faire arrêter.

— Hum. Continue.

— Que veux-tu dire ?

— Qui d'autre comptes-tu au rang des suspects ?

— Spencer, tu devrais rentrer chez toi...

— Je ne rentrerai pas avant que tu m'aies dit exactement où tu en es de ton enquête.

— Je ne te dois rien ! Je ne travaille pas pour toi, que je sache.

— Eh bien, songe à le faire.

— Pas question.

— Je peux financièrement soutenir la comparaison avec n'importe lequel de tes clients. Je veux...

— Bon sang, Spencer !

David avait projeté de rester calme. Compréhensif. Ils n'étaient plus des enfants, tout de même ; et la vie ne les avait pas épargnés. Seulement, il y avait quelque chose en elle qui le faisait osciller entre le désir de la prendre dans ses bras, et celui de la battre. La dernière solution étant certainement la moins dangereuse.

— On ne m'achète pas, Spencer. Tu le sais.

— Tout de suite les grands mots ! Je ne vois pas où il y aurait corruption ! s'écria Spencer, tentant malgré tout de garder son sang-froid. Danny était ton meilleur ami. Il...

— Sors.

— Je ne partirai pas avant que tu m'aies tout dit.

— Si tu continues, Spencer, c'est moi qui vais te mettre dehors !

Les yeux de la jeune femme se rétrécirent.

— Je sortirai quand j'en aurai envie. Je veux seulement savoir ce que tu fais, qui tu surveilles.

David gémit.

— Ils t'ont virée du commissariat, et maintenant, c'est moi que tu viens torturer.

— David...

— Il est possible que Vichy se soit lassé de l'acharnement de Danny à prouver sa culpabilité, déclara froidement David.

Il observait le jardin à travers les immenses baies vitrées. Une barrière composée de lattes de bois isolait l'espace vert, lui conférant paix et tranquillité. Des bougainvillées rouge pourpre grimpaient le long de la clôture ; un tapis d'écorces d'arbres recouvrait la terre nue entre les massifs de fougères vert foncé et les impatientes. La vue était agréable et reposante. Pourtant, David ne se sentait ni réjoui ni apaisé.

— Il n'y a que deux autres personnes sur lesquelles Danny enquêtait et qui auraient pu le tuer. Le premier est Ricky Garcia, celui...

Spencer poussa un cri.

— Je le connais ! Danny m'a parlé de lui, j'en suis sûre. C'est un grand nom du crime, le chef d'un gang de mafiosi cubains. Il contrôle des réseaux entiers de drogue, prostitution et jeu.

— C'est cela ! Et sa spécialité est de glisser comme

une anguille entre les mailles du filet. Il suffit à cet homme de claquer des doigts pour réunir une dizaine de comparses prêts à tout.

— Oui, c'est bien lui, murmura Spencer qui considérait David sans ciller. Il existe certainement un moyen de mettre la main sur lui.

— S'il en existe un, Spencer, la police ou moi-même le découvrirons. En outre, il n'est pas du tout certain que Danny ait eu des informations sur Ricky Garcia, ni que ce dernier en ait voulu à Danny. En réalité, il aimait bien Danny.

— Comment est-ce possible ?

— Les criminels apprécient parfois les flics qui leur donnent la chasse. Cela arrive plus souvent qu'on ne le croit.

— Pourtant...

— Ensuite, il y a Trey Delia. Le nom doit certainement te dire quelque chose.

Spencer acquiesça d'un signe de tête.

— Il dirige une secte, non ?

— Pas exactement.

— C'est bien celui qu'on a accusé d'exhumer des cadavres pour ses cérémonies rituelles !

— Il a été accusé de piller des tombes, mais la police n'était pas certaine que Delia cherchait à se procurer des cadavres. On a avancé l'hypothèse qu'il tentait d'effacer des preuves. Plusieurs des membres de sa congrégation sont mystérieusement décédés. Il s'est arrangé pour que la plupart soient incinérés. Danny le soupçonnait d'être à l'origine d'actes de vandalisme dans plusieurs cimetières. Bref, il aurait déterré les corps de ses ouailles afin que la police ne puisse rien découvrir au cas où elle déciderait de les exhumer. Voilà, Spencer, je t'ai livré le résultat de mes recherches. Tu vois que je ne suis pas resté assis à me tourner les pouces. Maintenant, je voudrais que tu rentres chez toi et oublies tout ceci.

Spencer se leva et, s'appuyant des deux mains sur le bureau, plongea son regard dans celui de David.

— Comment pourrais-je oublier ?
— Il le faut pourtant.

David serra les dents. Pourvu, oh ! pourvu qu'il ne se retrouve pas une nouvelle fois déchiré entre le désir de frapper Spencer et celui de la serrer dans ses bras. Cette dernière éventualité équivaudrait à un suicide ; Spencer accueillerait son initiative avec la chaleur et la douceur d'un porc-épic. Rien n'irait plus jamais comme avant pour elle et lui ; la mort de Danny avait dressé entre eux un mur infranchissable. Il devait la tenir éloignée de lui, car la tentation était trop forte quand il la sentait proche. Et il avait appris à ses dépens qu'il n'existait pire torture que de désirer Spencer, et rien de comparable à la souffrance infligée par le vide qu'elle laissait dans sa vie. Il la mettait sur un piédestal. Déesse blonde à la peau de pêche ; déesse anglo-saxonne aux prestigieux ancêtres. Qui d'autre que Danny aurait pu lui convenir ?

— Dehors maintenant, ordonna-t-il.
— Va au diable, David !
— Je te préviens dès que j'ai du nouveau. Et si tu peux te rendre utile, je te le ferai savoir. Mais en attendant mon coup de téléphone, je te prie de me laisser travailler en paix.
— David...

Spencer se tut, tandis qu'il s'approchait d'elle avec un air menaçant. Tout en s'efforçant de garder le contrôle de la situation, il la prit par les bras et, sans ménagement, la poussa hors du bureau. Une bouffée de son odeur lui monta aux narines et il regretta amèrement son geste. Il n'aurait pu préciser quel parfum elle portait ; il savait seulement qu'il le respirait sur elle depuis l'adolescence. Il s'agissait d'une senteur subtile qui, se mêlant à l'émanation même de son corps, le troublait infiniment. Telle une marée brûlante, la culpabilité déferla sur lui. Son attirance restait la même qu'à l'époque où Danny vivait, la même que lorsque Spencer et lui, adolescents exaltés, découvraient avec ivresse la puissance de leur jeune et ardente sexualité. David désirait Spencer ; il l'avait toujours désirée, même mariée à son meilleur ami. Cependant, pour rien au monde, il n'aurait touché la femme de Danny, et sa veuve lui semblait encore deux fois plus taboue.

— Enfin, David ! protesta-t-elle comme il l'escortait vers la réception.

— Dis au revoir à Spencer, Reva. Elle va rentrer tranquillement chez elle.

Reva leva sur la jeune femme un regard empreint de tristesse. D'un coup sec, Spencer se dégagea.

— Merci, Reva, dit-elle, et puis...

Elle posa sur lui un regard glacial.

— ... merci à toi, David, de ton aide inconditionnelle et de ton soutien !

— Combien de fois devrai-je te répéter que je fais de mon mieux ? répliqua-t-il.

— Je te l'ai déjà dit : ce n'est pas assez !

Sur ce dernier trait, Spencer sortit. David la regarda se diriger vers le petit parking qui donnait sur Main Street, ses talons cliquetant sur le trottoir.

Peut-être aurait-il dû installer ses bureaux à Miami Springs, ou à Key Biscayne. Enfin, ailleurs que dans le quartier natal de Spencer. Seulement, le raisonnement ne tenait pas. Lui aussi avait toujours vécu ici. Et d'ailleurs, dût-il déménager de l'autre côté de la Terre, son existence et celle de Spencer demeureraient inextricablement enchevêtrées.

Il se détourna. Sous le regard inquisiteur de Reva, il eut la sensation qu'une main de glace lui broyait le cœur.

— Qu'y a-t-il ? gronda-t-il. Tu partages son point de vue, c'est ça ? Tu crois que je ne me suis pas suffisamment démené ?

Reva secoua tristement la tête.

— Je sais que tu as consacré ton temps et ton énergie à traquer l'assassin de Danny. Simplement, son chagrin m'attriste.

— Incroyable ! Elle fait irruption dans mon bureau comme une furie, et toi, tu la plains.

— Personne n'arrive à croire au meurtre de Danny, dit Reva, ignorant la remarque. Tout le monde semblait l'aimer. Et Spencer était sa femme. Aussi terrible que cela puisse paraître, nous pouvons accepter qu'on ne mette jamais la main sur le meurtrier de Danny. Elle, non. Elle ne trouvera pas de repos avant que l'affaire soit élucidée.

David jura, puis il se détourna et se dirigea vers la porte.

— Où vas-tu ?

— Chercher le calme. Je vais rendre visite à Danny...

David conduisait une Mustang turbo ni vraiment ostentatoire ni trop délabrée. Un modèle juste assez rapide pour ne pas se laisser semer lors d'une poursuite. D'ailleurs, Michael MacCloud n'avait-il pas toujours prôné d'acheter américain ?

Le cimetière n'était pas très éloigné. Il fallait traverser Coconut Grove avant de se diriger vers Coral Gables au nord, puis enfin obliquer sur la droite, de nouveau vers Miami.

Sous un ange de marbre, Danny reposait presque au

centre du cimetière. David se pencha sur sa tombe. L'herbe avait repoussé, et un bouquet de fleurs fraîches s'épanouissait dans un vase de cuivre devant la pierre qui portait le nom de Danny, son grade et les inscriptions que Spencer et lui y avaient fait graver et qui rappelaient l'attachement que tous deux lui portaient.

Parfois, David avait du mal à croire à la triste réalité de sa mort.

— Pourquoi n'avoir rien dit du meurtrier, vieux frère ? Pourquoi a-t-il fallu qu'à la place tu murmures le nom de Spencer ? Oh ! je suppose que j'aurais agi comme toi. Mais cela m'aurait tellement aidé que tu me donnes ne serait-ce qu'une indication.

Il y eut un mouvement derrière lui. Bien que David portât un revolver sous sa veste, son instinct lui souffla qu'il ne courait aucun danger. Il se retourna lentement.

Sly Montgomery. David ne savait plus au juste quel âge avait Sly, mais il était vieux, très vieux. Il avait gagné le Sud avec les premiers pionniers, peu après que Julia Tuttle avait expédié une fleur d'oranger à Henry Flager pour le convaincre de prolonger la construction de sa ligne de chemin de fer vers le sud. Sly devait approcher les quatre-vingt-dix ans, à moins qu'il n'eût atteint les cent. Et pourtant, l'âge ne semblait pas avoir prise sur lui. Il restait mince et droit comme un arbre. Ses cheveux étaient blancs mais abondants, et il possédait des yeux du bleu le plus intense que David ait jamais vu ; s'il ne les comparait pas à ceux de Spencer, naturellement. Sly avait gagné suffisamment d'argent pour prendre sa retraite où bon lui semblait, mais Miami était son foyer. Il aimait travailler de ses mains, et, quand David était plus jeune, Sly lui avait confié qu'il avait l'intention de mourir à la tâche. Apparemment, il semblait décidé à tenir sa promesse.

Un sourire détendit ses lèvres flétries.
— David ! Heureux de te rencontrer.
David leva un sourcil.
— Est-ce par pur hasard que nous nous retrouvons ici, au même moment ?
— Bien sûr que non.
— Alors ?
— Reva m'a appris que tu venais ici.
— Pourquoi me cherchiez-vous ? demanda David.
Puis il soupira, tourna son regard vers la tombe et parla avant que Sly ait eu le temps de formuler une réponse.
— J'ai vu Spencer, et je vous dirai la même chose qu'à elle. Je refuse de travailler pour vous. J'ai fait le maximum, il faut me croire. Danny était mon ami. Je n'ai pas besoin d'argent pour avoir le souhait de venger sa mort.
— Oh ! je te crois, mon garçon. Je ne suis pas venu te demander d'enquêter sur la mort de Danny.
David haussa les sourcils.
— L'endroit n'est pas particulièrement propice à une simple rencontre amicale.
Sly sourit. « Impossible que ce soient ses vraies dents », songea David. Quoi qu'il en soit, elles étaient parfaites.
— Je ne venais pas te parler de Danny, mais de Spencer.
— Quoi !
— Je voudrais que tu veilles sur elle.
— Mais pourquoi ?
— Je crois, non, plutôt, je suis sûr que quelqu'un en veut à sa vie.

***

Jerry Fried avait été le dernier associé de Danny. Ses doigts tambourinaient sur la table, tandis qu'il considérait d'un air mécontent la une du *Miami Herald*.

« Plus d'un an après le drame, le tueur du policier au grand cœur court toujours », proclamait le titre.

Oh, le journaliste pouvait être content de lui. Il avait réussi à jeter le discrédit sur un tas de gens, dont l'intouchable Mme Huntington, David Delgado, une partie des bandits de la ville et la moitié des forces de police.

Avec un soupir à fendre l'âme, Jerry tendit la main vers un flacon contenant des cachets parfumés à la cerise et destinés à lutter contre l'acidité à l'estomac. Comme s'il se fût agi de bonbons, il en avala une pleine poignée.

Le retour de Spencer avait jeté le trouble dans le panier de crabes. Ne pouvait-on laisser reposer Danny en paix ? Hélas, il était de notoriété publique que les flics détestaient laisser impuni l'assassinat d'un des leurs !

Tout comme on savait, par ailleurs, qu'il existait des crimes destinés à garder leur mystère. Et si les gens l'ignoraient, il faudrait qu'ils se fassent à cette idée. Surtout dans une grande ville comme Miami.

Une crampe tordit de nouveau l'estomac de Jerry, et il avala une nouvelle poignée de cachets. Sacrée Spencer. Pourquoi n'était-elle pas restée dans le Rhode Island ? Ç'aurait été bien mieux pour tout le monde.

Ce fut en prenant son petit déjeuner, devant une vue imprenable sur la mer et les bateaux de son club, que Gene Vichy parcourut le titre de la une. En souriant, il hocha la tête. Il fallait rendre hommage au courage de ce journaliste ! Il était vrai que la police ne comptait que des incompétents notoires. Son sourire s'élargit. Les gens ne comprennent pas toujours la loi. Il n'y avait qu'à prendre le cas de sa propre femme, sa pauvre chère Vicky. Les flics étaient persuadés qu'il avait commis le crime, mais comme ils ne possédaient pas l'ombre d'une preuve, les services du procureur ne pouvaient rien contre lui. Maintenant, pour ce qui était de Danny...

Les pauvres enquêteurs ! Ils ne tenaient même pas leur mobile. Il était bien placé pour savoir que, dans le cas de gens mariés, on se tourne toujours vers le survivant. Spencer avait hérité la fortune de son mari, soit. Pourtant, qu'est-ce que ça représentait, au regard des millions de dollars qu'elle possédait déjà ? Il restait toujours la jalousie. Existait-il quelque part une maîtresse ?

Seulement, une fois encore, pas de chance pour les flics ! Spencer Huntington semblait innocente comme l'agneau qui vient de naître. Dès lors, vers qui diriger les soupçons ? Vers le meilleur ami de la victime ? Vers ces bandits que Danny pourchassait ?

Ami, ennemi, mouchard ?

Gene Vichy éclata de rire. Il croyait sentir dans l'air l'odeur de la bagarre. Une chose était certaine : les coups n'avaient pas fini de pleuvoir !

Ricky Garcia jura violemment dans son espagnol natal avant de jeter le journal à terre.

Et merde ! Après ça, il allait de nouveau avoir la flicaille aux trousses... Ils allaient fourrer leur nez dans ses affaires !

Tout ça parce que cette bonne femme était revenue semer sa pagaille en ville !

Ce matin-là, Jared Monteith n'avait pas lu le journal. Il ne découvrit donc l'article qu'en s'installant à son bureau. Il était à peine assis que le téléphone sonna.

Sa femme.

En grimaçant, il souleva le combiné.

— As-tu lu ce torchon ? cria-t-elle de cette voix d'orfraie qu'elle prenait parfois.

— Je m'apprêtais à le lire.

— J'ai toujours dit que Spencer était une source de tracas.

— Voyons, Cecily. Elle a ce journaliste sur le dos maintenant !

— Si tu crois que ça va la gêner !

— Sly doit m'appeler, dit en soupirant Jared. Cecily, n'en fais pas toute une histoire, d'accord ? Ça va aller.

Trey Delia lisait le journal dans sa chambre à l'atmosphère chargée d'une lourde odeur d'encens. Il était assis nu, jambes croisées, à même le sol. Les deux jeunes femmes qu'il venait de convoquer pour satisfaire ses désirs riaient en sourdine derrière lui. Il buvait un thé d'herbes, relevé de sang de bœuf. Devant lui, sur un plateau, on avait disposé des cœurs de poulet crus.

Des cœurs humains auraient été préférables, bien sûr.

Les anciens savaient. En mangeant son ennemi, on acquiert sa force. Le cœur procure courage et sagesse, d'autres organes rendent puissant. La moelle des os donne des pouvoirs physiques et mentaux.

Ah, et maintenant, ceci...

Trey imaginait tout le monde sur le pied de guerre.

Les flics en deviendraient cinglés. Ce devait être la veuve qui avait déclenché ce remue-ménage. Il avait vu sa photo. Une belle blonde, élégante, qui vous mettait l'eau à la bouche.

Il avala tout rond un cœur de poulet et tira une longue bouffée de la pipe à haschich qui se trouvait près de lui ; les filles riaient toujours sottement.

Spencer...
Une sacrée emmerdeuse, celle-là ! Si belle. Tellement emmerdeuse. Si pâle, mince, élégante.
Il se demanda quel goût elle avait.

Dans son bureau, Sly se lamentait, le journal déplié devant lui.

Tout en buvant son café, Audrey lisait le *Miami Herald*. Pauvre Spencer. La blessure causée par la mort de Danny allait se rouvrir. Evidemment, c'était elle qui avait tout déclenché. N'empêche. C'était triste.
Tant de gens s'affoleraient. Et des gens dangereux. Pourtant, impossible d'arrêter Spencer, et Audrey ne se sentait pas le cœur de l'en blâmer.
Tout en se mordillant la lèvre, elle poursuivit la lecture du journal.

Jon Monteith, père de Jared et oncle de Spencer, appuya lourdement sa tête sur l'oreiller.
Si seulement ils avaient pu laisser dormir l'affaire !
Après tout, il n'y avait pas eu de fusillade, et n'importe quel idiot savait que Spencer n'était pas coupable. Il ne s'agissait pas non plus d'un crime crapuleux.
Alors, pourquoi était-on amené à tuer un flic ?
Une seule réponse venait à l'esprit : parce que ce flic en savait trop.
Un flic apprend beaucoup de choses dans la rue. Danny enquêtait sur le terrain. Il faisait des découvertes qu'il hésitait peut-être à révéler, même à ses collègues. Danny avait été un sujet brillant. Il s'était occupé de multiples affaires.

Avec Spencer qui menait un tel tapage et les journalistes en mal de sensationnel, il était donc à prévoir que la marmite explose.

Oui. C'était une véritable boîte de Pandore qu'on risquait d'ouvrir.

Jon maugréa.

Spencer était de retour, et elle refusait de laisser s'apaiser les tensions. Décidément, elle ne comprenait pas où était son intérêt.

Une empêcheuse de tourner en rond, voilà ce qu'elle était.

Il décrocha le téléphone, composa un numéro et attendit.

— As-tu lu le journal ? s'enquit-il en entendant la voix de son interlocuteur.

— Oui, répondit ce dernier. Je m'en occupe. Bon Dieu ! tu sais que tu peux me faire confiance !

— Assure-toi que tu t'en occupes bien. Parce que dans le cas contraire...

Un silence suivit son ton chargé de menace, et Jon reposa le combiné.

Le monde dans lequel on vivait était si dangereux. Oui, vraiment, un accident était vite arrivé...

3.

Il existait au moins cent bonnes raisons pour lesquelles elle n'aurait pas dû se trouver dans ce cimetière en pleine nuit, se disait Spencer. Et plus le temps passait, plus la liste s'allongeait et plus la folie de son équipée lui apparaissait.

Cela avait été plus fort qu'elle; le besoin d'agir la torturait. Il fallait que *quelqu'un* agisse. Durant un bon moment, elle avait rongé son frein, laissant la police faire son travail. Elle s'était même montrée compréhensive quand ils avaient mené avec elle un interrogatoire serré, puis avaient relâché la pression, avant d'opter de nouveau pour des méthodes musclées. Elle avait applaudi à leurs efforts, songeant qu'ils exploraient au moins toutes les pistes possibles.

Elle admettait même — non, elle était certaine — que David Delgado avait déployé une énergie considérable pour retrouver l'assassin.

Seulement, tous autant qu'ils étaient, ils n'en faisaient pas assez.

Elle s'était éloignée, avait cessé de travailler; et l'oisiveté n'avait fait qu'ajouter à sa détresse. Rien ne ramènerait Danny, bien sûr; toutefois, Spencer savait qu'elle ne pourrait envisager de prendre un nouveau départ tant que son meurtre demeurerait impuni.

D'accord, mais cette traque dans le cimetière... N'était-ce pas un acte de stupidité pure ? Il se pouvait qu'elle ne découvre rien, mais elle risquait tout aussi bien de se retrouver victime d'une agression quelconque. Sans compter que celle-ci pouvait être planifiée. Dans le sud de la Floride, les meurtres commis avec préméditation étaient aussi fréquents que les crimes fortuits.

Sly s'inquiétait à son sujet, Spencer le sentait. Surtout depuis l'histoire de la poutre. La semaine précédente, alors qu'elle effectuait des travaux dans une maison ancienne, une énorme pièce de charpente s'était abattue sur le sol, la manquant d'un cheveu. La demeure était interdite d'accès ; elle n'avait accepté d'y travailler que parce que son cousin Jared avait réuni sur l'affaire un prestigieux architecte et l'un des meilleurs entrepreneurs de la ville. Œuvre de DeGarmo, la maison possédait un charme fou avec ses énormes poutres, ses tuiles d'origine et ses décorations au pochoir — autant de merveilles qui ne demandaient qu'à être rendues à la vie. Bref, la poutre aurait pu tomber sur n'importe qui. D'ailleurs, elle ne l'avait pas atteinte. Spencer s'était considérée quitte pour une belle frayeur et elle n'aurait pas accordé plus d'importance à l'événement si Sly ne s'était mis des idées en tête.

Un nuage passa devant la lune et les ténèbres s'épaissirent. Une soudaine brise souffla, dispersant la chaleur humide de l'atmosphère, et Spencer sentit le froid la pénétrer jusqu'aux os.

Le quotidien du jour avait apporté son lot d'informations. Les profanateurs de sépultures sévissaient de nouveau, et la police reportait ses soupçons sur l'Eglise de Santeria, que dirigeait Trey Delia. A la connaissance de

Spencer, Santeria se présentait comme une étrange religion, mélange de catholicisme et de croyances vaudoues. Ses rituels faisaient souvent appel à des sacrifices, de poulets ou de chèvres, généralement. Pourtant, les organes humains semblaient appréciés par certains groupes dissidents. Des cadavres mutilés avaient déjà été retrouvés dans des cimetières.

Ce matin, au bureau, Audrey avait souligné un fait intéressant, à savoir que les profanateurs n'agissaient pas au hasard, mais qu'ils écumaient d'abord la périphérie de la ville avant de frapper au centre. Et il semblait bien que, cette fois encore, ils suivissent le même plan.

Etait-ce cette constatation qui avait attiré Spencer dans ce cimetière ?

Elle avait un contact, un personnage inconnu de tous, y compris de la police, qui se nommait Willie Harper et vagabondait dans les rues de Miami. Bien qu'il ne fût pas alcoolique, il ne dédaignait pas à l'occasion une bonne bouteille de scotch. Spencer avait autrefois reproché à Danny de pousser Willie au vice en le rétribuant pour ses renseignements, mais Willie n'était pas un mauvais bougre. Quand il recevait de l'argent, avant d'avoir tout bu, il achetait de la nourriture et des couvertures pour ses amis. Parfois même, il leur offrait une nuit dans un hôtel bon marché. Willie aimait vivre dans les rues ; et il aimait également l'argent. Quand il avait pris contact avec Spencer, cette dernière lui avait promis une récompense pour toute information susceptible d'aider à l'arrestation du meurtrier de Danny.

Et il l'avait appelée dans l'après-midi parce qu'il s'était fait la même réflexion qu'Audrey.

Poussant un soupir, Spencer s'appuya contre un mausolée familial qui la dissimulait à la vue d'éventuels automobilistes. La pierre lui glaçait le dos, et sa présence en ce lieu lui paraissait de plus en plus dénuée de sens. Elle ne portait même pas d'arme et, en eût-elle porté, elle n'aurait su comment s'en servir. Elle possédait en tout et pour tout une bombe antiagression achetée sur les instances de Danny et qui était restée dans la voiture. Evidemment, elle n'avait aucune intention d'accoster qui que ce soit. Elle venait en spectatrice, pour en apprendre davantage sur les procédés des profanateurs et s'assurer que personne ne s'attaquerait à la tombe de Danny.

Elle frissonna.

Son raisonnement ne tenait pas debout. Et si un de ces violeurs de sépultures pointait le bout de son nez dans ce cimetière obscur, comment réagirait-elle ? Se figurait-elle qu'il lui suffirait de crier pour le mettre en fuite ?

Surtout qu'il pouvait s'agir d'un meurtrier. Celui de son mari, par exemple.

Elle regarda autour d'elle, mal à l'aise. C'était un cimetière à l'ancienne mode, envahi par les arbres et la verdure. Elle tenta de se rassurer en se disant que sa voiture, garée près du marchand de beignets, de l'autre côté de la Huitième Rue, n'était pas trop éloignée ; que, en dépit de l'heure tardive, les rues fourmillaient encore de monde et que des policiers patrouillaient certainement dans le coin. Rien n'y faisait, le cimetière n'en demeurait pas moins incroyablement sombre, immobile, silencieux. A des années-lumière de toute civilisation.

Une chouette lança son cri, et les feuilles d'un arbre proche frémirent avec un bruissement. Spencer sursauta si fort qu'elle faillit tomber à reculons dans le mausolée. S'exhortant au calme, elle regarda en direction de l'arbre. Des visions de cauchemar lui vinrent aussitôt à l'esprit : Dracula, créatures sorties de leurs tombes, zombies de *La Nuit des morts vivants*, loups-garous, momies...

Mais l'Egypte était loin, et ce n'était pas un soir de

pleine lune. Spencer eut honte d'elle-même. Le bruit avait été causé par un écureuil escaladant le tronc de l'arbre : elle apercevait à présent l'animal qui sautait à terre puis passait d'un monument funéraire à un autre arbre. Aucun monstre ne la guettait. A une époque, au plus fort de son deuil, alors qu'elle restait des heures les yeux ouverts dans le noir, elle avait prié pour que Danny revienne. Sous forme d'ectoplasme, de voix, de courant d'air, peu importait. Pourvu qu'il se manifeste. Danny avait fait la sourde oreille. Et Spencer s'était souvenue des paroles de son père : « Les morts sont les créatures les moins redoutables de la Terre. »

Non, décidément, ce n'étaient pas les morts qu'elle devait craindre, mais les vivants.

Soudain, le vent balaya les nuages et une lumière argentée se répandit sur le cimetière. Il était grand temps de rentrer. Un léger brouillard montait du sol et, d'instant en instant, l'air devenait plus froid et plus humide. Rien ne se produirait ce soir. Au mieux, elle se ferait arrêter pour avoir rôdé en vêtements noirs dans un cimetière la nuit. Non, en réalité, même s'ils la surprenaient là, les flics ne l'arrêteraient pas. Ils suggéreraient simplement à ses proches que la douleur lui avait dérangé l'esprit et que, aussi triste que cela puisse paraître, il valait mieux l'éloigner, et vite.

Spencer s'apprêtait à partir quand, pour une cause mystérieuse, elle s'immobilisa, frissonnante. Le brouillard ajoutait maintenant sa note lugubre à l'atmosphère oppressante du cimetière. Il allait s'épaississant, et tourbillonnait entre les christs de marbre et les anges en prière. De nouveau, un bruissement lui parvint, différent cette fois. Un bruit que n'aurait pu produire un écureuil et qui provenait d'un des chênes centenaires ornant l'allée.

Sa respiration s'accéléra, son cœur se mit à battre

follement. Puis un bruit de pas résonna dans la nuit. Une silhouette se profila, puis une autre, et encore une autre. Entièrement vêtus de noir, portant pelles et pioches, ils émergeaient en silence du brouillard. Ils marchaient droit devant eux et se dirigeaient vers elle comme s'ils la distinguaient dans l'ombre du mausolée.

Ils ne pouvaient pas la voir ; seul le hasard faisait qu'ils regardaient dans sa direction. Spencer se glaça pourtant. Son cœur battait si fort qu'elle supposa qu'ils ne pouvaient manquer de l'entendre. Elle s'accroupit contre son abri.

— Où ? interrogea quelqu'un dans un souffle.
— Là, en plein milieu, chuchota-t-on en réponse.

Toujours accroupie, Spencer risqua un coup d'œil vers eux et vit qu'ils se dirigeaient vers une tombe fraîchement creusée qu'elle n'avait pas remarquée auparavant. « Quelle folie ! » songea-t-elle. On était en plein XXe siècle, on ne se contentait plus d'enfouir sommairement les morts sous une couche de terre ! Mais apparemment, ces violeurs de sépultures connaissaient leur métier. Spencer en dénombra six qui se déplaçaient furtivement mais rapidement. Six hommes munis d'outils destinés à fouiller la terre et à forcer un cercueil.

Le groupe ne comptait-il donc que des hommes ? Portant cape et masque, ils se ressemblaient tous. Spencer sentit monter en elle une peur panique. Si elle ne voulait pas être surprise, il lui fallait chercher refuge derrière le mausolée. Quand elle eut passé le coin du mur, elle s'assit par terre, le dos calé contre la pierre, et son regard se perdit dans l'obscurité. Impossible de s'enfuir maintenant, ils l'apercevraient tout de suite. Il ne lui restait plus qu'à demeurer là, à retenir son souffle, l'oreille aux aguets.

Le bruit des pelles heurtant la terre la fit presque

défaillir. Elle tendit le cou pour regarder, mais en bougeant, son pied toucha une pierre.

Le choc produisit un bruit infime, impossible à repérer, surtout avec celui des pelles. Et pourtant...

Un des hommes en noir leva la tête et regarda dans sa direction.

— Qu'est-ce que c'est? demanda une voix voilée.
— Je ne sais pas...

Osant à peine respirer, Spencer se recroquevilla contre le mur. Il fallait pourtant qu'elle voie. De nouveau, elle risqua un coup d'œil vers le groupe. Un des profanateurs était resté parfaitement immobile, regardant dans sa direction. Il faisait noir, Spencer se tenait dans l'ombre, il ne pouvait la distinguer.

Pourtant, il la distingua.

Ils se dévisagèrent. Spencer sentit l'aiguillon du danger la transpercer. Sans réfléchir, elle n'en avait de toute façon plus le temps, elle se redressa et se mit à courir follement le long de l'allée principale, consciente que sa seule chance était d'atteindre la rue. Elle courait à toute vitesse — elle avait été championne de course à pied et connaissait bien la configuration du cimetière. Hélas, les silhouettes lancées à sa poursuite se mouvaient aussi avec une incroyable vélocité.

Spencer obliqua au niveau de l'énorme mausolée central et emprunta une allée menant à une grille, qu'elle trouva fermée. Derrière elle, les pas se rapprochaient, furtifs mais agiles. Elle se rua alors au milieu des anges et des vierges flottant dans le brouillard, et plongea derrière une statue. Les pas la dépassèrent. Se maudissant pour la millième fois de sa folie, Spencer tentait de se fondre dans l'obscurité. Comme s'il n'existait pas suffisamment de dangers dans le comté de Dade, il avait fallu qu'elle aille se jeter dans les bras de ces amateurs de cadavres!

Ils semblaient les préférer récents. Plus c'est frais, meilleur c'est, tout le monde sait ça.

Et ses restes seraient vraiment très, très frais...

Elle se sentit frôler la crise de nerfs. Une ombre se déplaçait le long d'une allée, elle prit son élan pour courir de l'autre côté.

C'est alors que des doigts se refermèrent sur sa cheville.

Folle de terreur, Spencer ouvrit la bouche pour hurler. Seul un son étranglé en sortit. Elle tomba, et glissa dans une sorte de trou noir et profond. Avec la sensation de plonger en plein cauchemar, elle atterrit contre un corps. L'épouvante l'étreignit, mais elle ne parvenait toujours pas à crier.

Une main se pressa alors contre sa bouche, et une vision infernale de zombies lui traversa l'esprit. L'odeur humide de la terre fraîchement retournée monta à ses narines, et il lui sembla que c'était l'odeur même de la mort.

Elle se sentit soulevée, puis une voix impérative chuchota à son oreille :

— C'est moi, David. Ne crie surtout pas.

Spencer tremblait de tous ses membres. Jamais de sa vie elle n'avait éprouvé pareille terreur. Le fait que David se trouve à son côté ne parvenait que lentement à sa conscience. Ainsi, en plein cœur de la nuit, elle se cachait avec David dans une tombe récemment creusée, au beau milieu d'un cimetière ?

— Baisse-toi, intima-t-il.

Facile. Ses genoux ne la portaient plus. Elle parvenait à peine à respirer et luttait désespérément pour ne pas s'évanouir.

— Que fais-tu là ? demanda-t-elle d'une voix hachée.

Tout le sang s'était retiré de ses veines. Demain, elle

découvrirait sans doute que ses cheveux avaient soudainement blanchi. Elle crispa les poings.

— Pour l'amour du ciel, David !
— Chut !

Son esprit recommençait doucement à fonctionner. David aussi était vêtu de noir. Elle eut le sentiment que, sous son blouson, il portait un revolver.

— Que fais-tu là ? répéta-t-elle, articulant à peine.
— Je pourrais te retourner la question.
— Je guettais les violeurs de sépultures.
— Eh bien, maintenant, ce sont eux qui te guettent. Alors, s'il te plaît, remettons les explications à plus tard.

En serrant les dents, Spencer se laissa aller en arrière. Son dos rencontra un pan de mur humide. Elle leva les yeux et s'aperçut qu'elle se trouvait à près de deux mètres sous terre !

Dans l'obscurité, elle distinguait à peine David, mais elle le sentait remuer. Il fouillait dans son blouson. « A la recherche de son revolver », pensa-t-elle. Immédiatement après, elle l'entendit prononcer d'une voix presque inaudible le nom du cimetière et localiser l'emplacement où ils se trouvaient.

Distinguant alors dans ses mains un téléphone portable, elle le considéra avec incrédulité.

— Comment ? Tu ne portes pas d'arme ?

Il rangea l'appareil et exhiba un revolver.

— A six contre un, c'est préférable. Tu ne me prendrais pas pour un idiot, par hasard ?

Elle s'apprêtait à répliquer quand un bruissement de feuilles se fit entendre non loin d'eux. La terre vibra, de petites particules se détachèrent de la paroi. De nouveau, Spencer eut l'impression que son sang se retirait de ses veines.

David l'obligea à se baisser. Elle se fit toute petite

contre la terre humide. Quelqu'un approchait, inexorablement, se penchait sur la tombe béante.

Soudain David bondit et, ainsi qu'il l'avait fait avec Spencer, agrippa la cheville de l'intrus, qui perdit l'équilibre et s'affala au fond du trou. Il atterrit avec un bruit mou, projetant de la boue jusque sur le visage de Spencer. A la faveur du clair de lune, elle le vit lever la tête. Son regard luisait sous son masque. Il ouvrit la bouche, mais avant qu'il ait pu proférer un son, Spencer entendit le déclic du revolver qu'armait David.

— Levez-vous doucement. Pas de gestes inutiles, ordonna ce dernier.

Tandis que l'inconnu obtempérait, les sirènes de la police se mirent à hululer dans la nuit. Elles se rapprochaient, bien sûr ; il n'empêchait que Spencer ne se sentait pas très fière au fond de sa tombe avec pour toute compagnie David et un profanateur de sépultures. Il lui semblait que, d'instant en instant, les murs de terre se refermaient sur eux.

Elle entendit l'homme crier en anglais pour prévenir un comparse ; l'autre lui répondit en espagnol. Des projecteurs s'allumèrent. D'autres appels fendirent l'air. Sous les faisceaux entrecroisés des projecteurs, le cimetière semblait soudain en proie à l'incendie.

— Je veux sortir d'ici ! cria Spencer.

Sans quitter des yeux le troisième occupant de la tombe, David haussa les épaules.

— Les policiers viennent d'annoncer qu'ils ouvriront le feu sur tout ce qui bouge ; alors, nous avons peut-être intérêt à nous tenir tranquilles.

Les secondes, les minutes s'écoulèrent. Une éternité. Enfin, une voix appela :

— Delgado ! Où êtes-vous ?
— Ici ! cria David.

Quelques instants plus tard, un policier en uniforme se penchait, perplexe, sur eux. Spencer le connaissait : il se nommait Tim Winfield ; elle avait dansé une année avec lui au grand bal de la police.

— Madame Huntington ? interrogea-t-il d'une voix remplie d'incrédulité.

— Si vous aidiez madame à sortir, agent Winfield ? suggéra David.

— Oh ! oui, naturellement.

Tim Winfield était jeune mais musclé. Il saisit Spencer par les mains et l'aida sans difficulté à sortir de son antre. Il ne pouvait s'empêcher de la considérer d'un œil rond tandis qu'elle se tenait debout près de lui.

— A vous, maintenant, intima David à son prisonnier.

Il regarda le jeune policier.

— Il aimerait peut-être que vous lui donniez aussi un coup de main. Ayez-le à l'œil.

David s'extirpa de la tombe en même temps que Winfield hissait le captif hors de son trou. Un policier en civil que Spencer n'avait jamais rencontré auparavant s'approcha alors du groupe.

— Lieutenant..., fit David.

L'autre lui serra la main tout en dévisageant Spencer. Il était grand et mince, avec des cheveux châtains qui commençaient à se clairsemer et un sourire engageant.

— Monsieur Delgado, nous traquons ces types depuis un moment déjà. Merci de nous avoir appelés.

De nouveau, il jaugea Spencer, son regard s'attardant sur ses vêtements noirs. Il sourit.

— Vous avez engagé un nouveau détective, à ce que je vois.

L'agent Winfield sursauta, étouffant un cri qu'il tenta de faire passer pour une toux.

— Non, lieutenant Anderson, répliqua David. Il s'agit de Mme Daniel Huntington.

— Oh! s'exclama le lieutenant.

Il dévisagea aussitôt Spencer avec d'autres yeux. Elle voyait bien qu'il se demandait ce qu'elle fabriquait dans ce cimetière, déguisée en détrousseuse de morts.

— Spencer adore se promener la nuit, dans les endroits les plus saugrenus, expliqua complaisamment David.

— Des endroits dangereux, rétorqua Anderson, le regard à présent grave.

Mû par une impulsion subite, il se tourna vers David.

— Comment avez-vous su qu'il se tramait quelque chose ici?

— Je l'ignorais, répondit David, rengainant son arme.

Un policier en uniforme venait en effet se charger du prisonnier, auquel il expliqua immédiatement ses droits.

— Mais alors..., commença le lieutenant.

— Je filais Mme Huntington, expliqua David, guettant du coin de l'œil la réaction de Spencer. Il semble qu'elle mette en doute les compétences des plus fins limiers de Miami.

— Madame Huntington, dit Anderson, brusquement rembruni, vous ne pouvez prendre cette affaire en main.

— Il n'est pas question pour moi de...

— Que faisiez-vous ici? coupa brutalement Anderson.

— Je suis venue parce que...

Elle ne leur parlerait pas de Willie. Sous aucun prétexte. Aucune importance de toute façon; si Audrey était parvenue aux mêmes conclusions que lui, d'autres devaient en être capables.

— Je suis venue parce que j'avais de bonnes raisons de penser que ces bandits agiraient ici cette nuit. Et je ne voulais pas qu'ils exhument Danny.

— Serait-il indiscret de vous demander par quels moyens vous comptiez les en dissuader?

Spencer ouvrit la bouche puis la referma. Les deux hommes la considéraient avec intérêt, et David semblait fort satisfait de voir Anderson se charger du sale boulot de la cuisiner.

— Oui, Spencer, comment comptais-tu t'y prendre ? s'enquit-il innocemment.

Elle regarda Anderson.

— Je...

— Détenir par-devers soi des informations concernant la police est puni par la loi, madame Huntington, vous ne l'ignorez sûrement pas. D'où tenez-vous le tuyau ?

Spencer inspira une profonde bouffée d'air.

— Je n'ai pas de contact dans le milieu, lieutenant. Simplement ma secrétaire a remarqué que la dernière vague de profanations dessinait un cercle autour de la ville. Elle n'a fait que lire le journal. La police serait peut-être bien inspirée d'en faire autant, quelquefois !

— Je suis désolé, madame Huntington, mais je me vois dans l'obligation de vous demander de me suivre.

— Ce ne sera pas nécessaire, Anderson, intervint David. Spencer n'a rien de plus à vous apprendre. En revanche, vous avez ces pilleurs à vous mettre sous la dent. Peut-être même vos hommes en ont-ils capturé d'autres. Je me charge de raccompagner Mme Huntington jusqu'à son domicile.

— Vous vous connaissez, hein ?

— Depuis toujours.

Anderson sourit.

— Hum, je vois que vous avez adopté le même style vestimentaire. Eh bien, ce sera tout pour cette nuit. Je sais où vous joindre, Delgado. Quant à vous, madame Huntington...

— J'habite toujours à la même adresse, lieutenant ; et mon numéro de téléphone n'a pas changé. Et comme je

69

connais par cœur le chemin du commissariat, je saurai m'y rendre si vous décidez finalement de m'interroger.

— Je tiens juste à ce que vous nous laissiez faire notre travail, madame Huntington, dit Anderson en lui prenant la main.

L'espace d'un instant, Spencer eut l'impression qu'il allait la lui embrasser, et elle se dégagea un peu brusquement.

— Rentrons, Spencer, suggéra David.

Ils s'éloignèrent. Spencer était consciente du contact chaud de la main de David sur sa taille ; cependant, elle l'était davantage encore du regard du lieutenant Anderson dans son dos. Ils n'avaient pas fait trois pas qu'il l'interpellait.

— Et n'oubliez pas, madame Huntington : il est illégal de pénétrer en fraude dans les cimetières, la nuit. Essayez de ne pas en faire une habitude.

Elle se retourna.

— Cette petite escapade ne vous a-t-elle pas permis de mettre la main sur ces individus avant qu'ils ne découpent de nouveaux cadavres ? fit-elle remarquer d'une voix suave.

Anderson parut soudain à court d'arguments. Suivie de David, Spencer s'éloigna. Ils longeaient le mur et la rangée de cars de police garée de l'autre côté, quand il lui prit le bras.

— Spencer...

Elle se dégagea. La lumière des phares illuminait la scène comme un décor de théâtre.

— J'ai peut-être eu tort, David, mais quelque chose s'est produit, au moins...

— Tu peux le dire. On a même failli retrouver des morceaux de ton cadavre dispersés dans tout le cimetière.

— C'est fini, David. Maintenant, je voudrais rentrer chez moi.

Elle se remit en marche, David toujours sur ses talons. Les policiers ayant emprunté le même chemin qu'eux pour entrer, toutes les grilles étaient fermées. Il ne lui restait donc plus qu'à réitérer son exploit en sens inverse.

D'une poussée sur son postérieur, David l'aida à grimper sur le faîte du mur, qu'il escalada à son tour. Puis il sauta sur le trottoir, et, avant qu'elle ait pu protester, il la saisit par la taille pour l'aider à descendre.

— Ma voiture est garée par là, dit-elle en tendant la main.

— Je te raccompagne.

— C'est inutile.

— Il est 2 heures passées, Spencer !

— Je peux rentrer saine et sauve chez moi. De toute façon, ma route ne croise pas de cimetières.

— Tu te trompes. Il en existe un petit dans le Grove. Je te suis.

— Puisque je te dis...

— Bon sang, Spencer, j'étais l'ami de Danny ! Au nom de cette amitié, laisse-moi te raccompagner !

Très raide, la jeune femme se dirigea vers la boutique du marchand de beignets. La rue grouillait de policiers qui la dévisageaient et lançaient à Danny des « bonsoir » intrigués. Ceux qui la connaissaient la saluaient gauchement.

La voiture de David se trouvait garée juste derrière la sienne. Elle l'ignora superbement et prit place au volant. Cependant, elle n'avait pas roulé cent mètres qu'elle apercevait les phares de David dans le rétroviseur. Il ne serait pas facile de le semer. Et au fond, ça la rassurait plutôt. On pouvait faire de mauvaises rencontres, la nuit, dans une ville comme Miami.

Parvenue devant chez elle, Spencer se gara. Puis elle descendit de voiture et se dirigea d'un pas ferme vers le véhicule de David, stationné derrière le sien. Il baissa sa vitre.

— Rentre dans la maison, Spencer. Je ne partirai pas avant que tu sois à l'abri.

— Pourquoi me suivais-tu ce soir ?

— Je t'ai dit que je ne partirai pas tant que...

— Très bien. Nous resterons donc dehors toute la nuit.

Il ouvrit brusquement sa portière, et Spencer fit un bond en arrière.

— Donne-moi les clés, ordonna-t-il.

— David !

Les lui prenant des mains, il gagna la porte, qu'il déverrouilla et poussa. A l'intérieur, il examina le hall et l'escalier. Devant son petit sourire, Spencer se demanda s'il se gaussait de la fortune des Montgomery. Aucune prétention pourtant dans cette maison. Elle était chaleureuse, confortable, accueillante.

Elle tendit la main vers lui.

— Les clés, s'il te plaît.

Il les lui remit.

— N'oublie surtout pas de brancher l'alarme après mon départ, lui recommanda-t-il.

— Ecoute, ça fait un an maintenant que je vis seule ; tes conseils, tu peux les garder pour toi !

David hocha la tête et, sans répliquer, se tourna vers la sortie. Ce fut plus fort qu'elle : Spencer étendit le bras et son poing alla s'abattre sur le dos de David. Il fit volte-face, surpris.

Elle avala sa salive, un peu effrayée par son geste mais résolue à aller jusqu'au bout.

— Que faisais-tu dans ce cimetière ?

— Je l'ai déjà dit. Je te suivais.

— Pourquoi ?

Résigné à la scène qui n'allait pas manquer de suivre, il haussa les épaules.

— Sly m'en a prié.
— Tu... tu travailles pour Sly ?
Il hésita, puis haussa de nouveau les épaules.
— Je travaille pour Sly.
— Depuis quand ?
— Depuis cet après-midi.
— Je t'interdis de me suivre !
— Arrange-toi avec lui. Il pense que tu cours un danger.
— C'est idiot !
— Après ce que j'ai vu ce soir, je partage son avis. Tu n'as pas besoin d'ennemi pour te fourrer dans des situations impossibles. N'oublie pas l'alarme.
— Je te dis que...
— Ce n'est pas avec moi qu'il faut t'expliquer, mais avec Sly.
— Va au diable, Delgado ! hurla-t-elle.
Il tirait déjà la porte sur lui. Spencer la claqua sans douceur.
— L'alarme, Spencer ! lui rappela-t-il à travers le panneau.
En termes fort peu gracieux, elle l'envoya promener.
— L'alarme ! insista-t-il.
Avant de se rendre à la cuisine, Spencer brancha le maudit système. Il devait rester du cognac quelque part, songea-t-elle avec espoir. Si jamais elle avait eu besoin de boire, c'était bien ce soir !
Bientôt, elle en avalait une rasade, qui dispensa très vite en elle une chaleur réconfortante. Dieu, quelle nuit ! Elle avait vraiment risqué sa vie, mais du moins avait-elle permis l'arrestation de fous dangereux.
Bien sûr, ils ne s'en étaient pas pris à la sépulture de Danny, mais on ne connaissait pas leurs réelles intentions. Qui savait si leur interrogatoire ne fournirait pas une piste sérieuse ?

Elle se resservit un verre de cognac, qu'elle but d'un trait.

David la suivait. Sly avait loué ses services ; il le payait pour qu'il la surveille jour et nuit et épie ses moindres faits et gestes. Oh ! Seigneur, être prise en filature par David était bien la dernière chose au monde que Spencer souhaitât !

Elle vida un autre verre.

Il était plus de 3 heures du matin, d'accord. Et un peu tard pour boire. Mais en de telles circonstances, Spencer n'envisageait pas d'autre moyen pour trouver le sommeil.

4.

A certains moments, le passé semblait définitivement mort, mais à d'autres, dans ses rêves surtout, il revenait, plus présent que jamais.

Alors, elle était projetée des années en arrière. Elle revoyait ce jour où ils s'étaient tous retrouvés près du lac surplombé de falaises, à la fin des classes. Elle avait seize ans, David presque dix-huit. La scène était si présente à son esprit qu'elle sentait alors sur sa peau la brûlure du soleil...

On ne devait guère les surveiller, car on les eût mis en garde. L'endroit présentait un danger certain. Entre les rochers, l'eau scintillait, si limpide qu'en plongeant on apercevait les carcasses des voitures qui s'y trouvaient immergées. Les garçons adoraient raconter aux filles que des corps étaient restés prisonniers des épaves et que des squelettes étaient assis derrière les volants...

— Ça ne marche pas avec nous ! déclarait dignement Cecily. Tout le monde sait que les garçons cherchent à effrayer les filles parce que c'est plus facile de les peloter quand elles ont peur ! Enfin, c'est ce qu'ils se figurent.

Le groupe qu'ils formaient s'était lié au tout début de

l'adolescence. Danny Huntington en était le chef incontesté, secondé par Jared, le cousin de Spencer. Ensuite, venaient Ansel Rhodes et George Manger. Enfin, avec un statut à part, il y avait David Delgado, qui faisait partie de la bande sans en faire partie. Non qu'ils le rejetassent le moins du monde. Bien sûr, quand, quelques années plus tôt, Danny l'avait attiré parmi eux, la plupart avaient manifesté une certaine réticence parce qu'il n'appartenait pas au même milieu qu'eux. Il parlait aussi couramment l'espagnol que l'anglais, sa peau était sombre ainsi que ses cheveux, et, en dépit de leur couleur bleue, même ses yeux paraissaient noirs. Et puis, ses vêtements étaient rapiécés et, très souvent, il ne pouvait prendre part à leurs activités parce qu'il devait aider son grand-père. Et pourtant, jamais il ne manifestait amertume ou rancœur.

Et puis ils l'avaient retrouvé assis sur les bancs de la même école qu'eux. Il travaillait dur ; presque tous les soirs, Spencer le voyait rester après les cours pour étudier. L'école supérieure qu'ils fréquentaient dispensait des cours d'un niveau élevé, et les adolescents devaient passer trois bonnes heures chaque jour à leurs devoirs. Sauf Jared et quelques petits malins qui payaient d'autres gosses pour faire le travail à leur place.

Cependant, ce n'étaient pas les matières d'enseignement général qui avaient valu à David Delgado de s'intégrer, mais ses qualités d'athlète. Dans cette école aux effectifs restreints, jamais on n'avait réussi à former une équipe de base-ball ou de football réellement compétitive. Avec David dans leurs rangs, ils se mirent à gagner des matchs. A l'époque où se situait la fameuse journée qui hantait Spencer, David était probablement devenu le garçon le plus populaire de l'école. Il acceptait les compliments sans jamais les rechercher et n'en continuait pas moins de travailler pour son grand-père. De toute façon, il conservait son indépendance vis-à-vis d'eux, partageant leurs loisirs quand bon lui semblait. Il ne les accompagnait jamais aux bals de leurs clubs sportifs, pas plus qu'aux soirées organisées par leurs parents.

Rien de tout cela n'importait pourtant, et même son originalité le servait, car, aux yeux des filles de la bande, Cecily, Terry-Sue et Gina Davis, cette différence ne le rendait que plus fascinant. C'était le genre de garçon que leurs familles ne pouvaient réellement accepter à cause de son appartenance sociale. Qu'il ne se droguât pas, qu'il ne cambriolât pas les magasins et possédât un sens moral plus élevé que la plupart des autres ne changeait rien à l'affaire. Seul comptait aux yeux de ces pharisiens le fait qu'il n'appartenait pas à la vieille garde pionnière qui avait fondé le pays. En résumé, il n'était qu'un réfugié.

Spencer s'en moquait pas mal. Elle le trouvait incroyablement romantique, et *érotique* — mot auquel elle commençait à trouver une saveur particulièrement piquante. Sans doute éprouvait-elle même pour lui un sentiment plus profond. Elle savait que Sly appréciait beaucoup David, au mépris de toute considération sociale. Il l'aimait pour lui-même, sans restriction, et il lui était bien égal que les parents de David vinssent de Cuba ou de la lune. Or, de tout temps, Sly avait été la personne que Spencer admirait le plus au monde. Alors, si David plaisait à Sly...

En réalité, ce jour-là, la raison n'intervenait en rien dans l'affaire. L'été flamboyait. Il régnait une chaleur suffocante; aussi avaient-ils décidé d'organiser un pique-nique. En cadeau d'anniversaire, Spencer avait reçu une jeep rouge flambant neuve; Jared utilisait la Volvo dernier modèle de sa mère; Ansel Rhodes possédait une Firebird récente et David une splendide Chevy modèle 57, achetée avec l'argent qu'il avait économisé en travaillant dans un labo photo le samedi et quelques après-midi par semaine.

Spencer regrettait presque qu'on lui eût offert cette satanée jeep, car elle avait passé son après-midi à conduire pendant que Terry-Sue se prélassait sur la banquette avant de la voiture de David.

Ce jour-là, Reva les accompagnait. Elle se trouvait dans la classe de Spencer, mais sa présence dans la bande était due essentiellement à celle de son frère. Grâce à la même bourse tombée du ciel dont avait bénéficié David, elle avait pu s'inscrire dans son école. Sly avait toujours nié être pour quelque chose dans ce miracle, et, au fond de son cœur, Spencer devinait pourquoi il agissait ainsi. Pour rien au monde il n'aurait voulu humilier le grand-père si travailleur des deux enfants, en le mettant devant le fait qu'il ne pouvait leur payer des études d'un bon niveau. Dans ce genre de situation, Sly était formidable. Jamais il n'acceptait de remerciements pour ce qu'il estimait être juste.

Reva était charmante, et tous appréciaient sa compagnie. Elle possédait un heureux caractère et riait des plaisanteries de chacun. Elle était de surcroît très jolie, ce qui ne gâtait rien. Pourtant pas un des garçons n'aurait songé à la toucher ni même à plaisanter à son sujet comme il leur arrivait de le faire avec les autres filles. Bien qu'élevé par un vieil Ecossais original, David faisait preuve, quand il s'agissait de sa sœur, du machisme méditerranéen le plus pur. Il veillait sur elle comme sur la prunelle de ses yeux, ce qui ne se révélait par ailleurs nullement nécessaire puisqu'ils formaient une bande de copains qui ne songeaient qu'à rire et à s'amuser.

Enfin, tous sauf Terry-Sue, qui se montrait terriblement provocante à l'égard de David.

Et ce jour-là, une fois les voitures garées, les couvertures étalées et les paniers de victuailles sortis des coffres, elle continua de s'accrocher à lui comme une sangsue.

En bikini écarlate, toute luisante d'huile solaire, Spencer lézardait sur une des couvertures. Allongée moitié à l'ombre, moitié au soleil, elle sentait la chaleur lui mordre la peau, sauf lorsqu'un nuage masquait le soleil et que les pins encerclant le trou d'eau se mettaient à se balancer ; alors, une délicieuse brise la rafraîchissait. Le dos exposé, le visage dans ses bras repliés, elle feignait de s'absorber dans son bronzage.

Ce qui était faux, car elle ne perdait pas une miette du spectacle qui se déroulait à quelques mètres, et la colère bouillonnait en elle.

Terry-Sue s'amusait énormément.

C'était une jolie fille coiffée d'un casque de cheveux auburn et dotée d'une poitrine disproportionnée par rapport à sa petite taille. En fait, pensait méchamment Spencer, cette Terry-Sue n'était qu'une gigantesque paire de nichons.

Son bikini n'était pourtant pas plus indécent qu'un autre, non, mais... elle en débordait littéralement. Et à chaque instant, il fallait qu'elle aille fourrer cette poitrine avantageuse sous le nez de David.

Un gloussement très féminin traversa l'air, faisant courir un frisson le long de l'échine de Spencer.

— David, non ! protestait Terry-Sue en gigotant.

Il la tenait en l'air comme un fétu de paille et, tout en riant gaiement, menaçait de la jeter à l'eau. Aucun garçon ne pouvait rivaliser de force et de séduction avec David. Un jour, peut-être. Mais pour le moment, avec ses épaules larges, sa peau hâlée, son ventre plat et dur, la sombre toison qui se dessinait sur sa poitrine, il semblait infiniment plus viril que ses compagnons. Tous approchaient de l'âge adulte, et pourtant David seul possédait ce charme capable de troubler sexuellement les adolescentes.

Spencer, qui l'avait toujours beaucoup aimé, supposait la réciproque vraie. Souvent, à cause de la grammaire, qu'il maîtrisait mal, elle l'avait aidé à faire ses devoirs d'anglais; et, comme ils avaient tous choisi d'étudier l'espagnol, il lui avait en retour rendu le même service dans cette dernière langue. Alors, si quelqu'un devait être proche de David, ce ne pouvait être qu'elle. Oh! bien sûr, il ne lui consacrait pas la totalité de son temps. Il sortait quelquefois avec d'autres filles, Spencer le savait. Elle avait même passé des nuits à contempler le plafond, en essayant d'imaginer ce qu'il pouvait faire avec ces filles. Non, ces femmes, puisqu'on disait que les filles mûrissent plus vite que les garçons...

Comme Terry-Sue, qui était définitivement mûre. Si mûre même qu'elle donnait l'impression de risquer à chaque seconde de choir à terre.

— Ils ne font que s'amuser, tu sais, fit une voix près d'elle.

Interloquée, Spencer redressa la tête. Elle s'imaginait cacher son manège, pourtant Reva n'avait pas été dupe. Encore un peu timide, cette petite, mais drôlement fine mouche.

— Je ne comprends pas ce que tu veux dire, répliqua Spencer d'un ton indifférent.

Puis elle s'étira et s'assit en bâillant. Plutôt mourir que d'admettre qu'elle épiait son frère!

— Tu peux me passer un Coca, s'il te plaît?

A genoux sur la couverture, Reva tira une bouteille de la glacière et la lui tendit.

— Il t'a toujours beaucoup aimée, tu sais, reprit-elle sans se laisser duper.

— Normal, puisque nous sommes amis.

Incapable de rester en place, Spencer se leva brusquement.

— Oh! et puis je n'ai plus envie de boire. Je vais me rafraîchir dans l'eau.

Elle nageait et plongeait bien — la moindre des choses après les coûteuses leçons de natation que lui avait fait donner sa mère. En tout cas, le moment était venu de montrer ses talents. Une avancée rocheuse surplombait l'eau, mais, à cause des pointes qui affleuraient à la surface, personne ne se risquait à en plonger. De plus, les épaves tapies au fond de l'eau dardaient vers le plongeur éventuel divers débris métalliques, tous plus dangereux les uns que les autres. Sans se soucier du risque qu'elle prenait, Spencer gagna rapidement le surplomb; cependant, comme elle n'avait aucune intention de se blesser ni de se tuer, elle examina attentivement l'eau avant de prendre son élan.

— Spencer! cria une voix. Qu'est-ce que tu fabriques?

Le cri la surprit tellement qu'elle faillit perdre l'équilibre. D'en bas, David la regardait, les avantages de Terry-Sue collés sur sa poitrine.

— Je compte plonger, figure-toi! cria-t-elle d'une voix irritée.

Avant qu'il puisse songer à l'en empêcher, elle se ramassa sur elle-même et sauta dans le vide. A une allure vertigineuse, elle fendit l'eau et disparut dans les froides profondeurs. De justesse, elle évita l'aile d'une Valiant éventrée, puis des mains lui agrippèrent les épaules, et elle se sentit happée vers le haut.

David.

Elle voulait capter son attention, non? Eh bien, le résultat dépassait ses espérances. Ses cheveux trempés plaqués en arrière, il la considérait, les traits durcis par la colère.

— Espèce d'idiote! Tu es inconsciente ou quoi?

— Je sais ce que je fais !

— Qui cherches-tu à épater, petite morveuse ? Tu aurais pu te tuer...

— Et puis après ? rétorqua-t-elle, humiliée et furieuse. Ce sont mes affaires !

Elle crut qu'il allait la gifler.

— Tu as raison, je me mêle de ce qui ne me regarde pas. Seulement, Sly serait tellement malheureux s'il t'arrivait quelque chose. Et comme je me soucie beaucoup de lui, au cas où il te reprendrait l'envie de jouer les poseuses, que ce ne soit pas devant moi ! Tout le monde sait que tu es parfaite, Spencer. Tu n'as rien à prouver.

Sur ces mots, il s'éloigna à la nage. Tremblant de tous ses membres, elle attendit d'avoir repris contenance pour rejoindre le bord. Les autres avaient suivi la scène ; toutefois, et elle pouvait lui en être reconnaissante, David n'avait pas crié et personne n'avait pu saisir le sens de ses propos.

Il hissa son mètre quatre-vingt-cinq hors de l'eau et demanda qu'on lui passe une serviette. Le menton haut, bien décidée à sauvegarder sa dignité, Spencer sortit à son tour. Une serviette à la main, Danny s'approcha. Il sourit et leva ses poings, les pouces sortis en signe de victoire.

— Je n'ai pas eu peur, dit-il gentiment.

Comme Reva, il possédait un cœur d'or et dispensait à tous le réconfort de son sourire. Il savait se montrer sérieux cependant. Danny voulait changer le monde ; il était l'idéaliste de la bande.

— Je te connais si bien, ajouta-t-il.

Spencer prit la serviette et se força à faire bonne figure.

— J'en ai assez de ce pique-nique. Je crois que je vais rentrer, déclara-t-elle.

— J'aimerais bien partir, moi aussi, sauf que je n'ai pas envie d'aller chez moi.

Il plissa le nez.

— Les membres du club de bridge sont réunis chez ma mère pour organiser une vente de charité.

— Moi, je vais chez Sly, expliqua en souriant Spencer. Il visite à Key West une demeure que des excentriques ont l'intention de restaurer. J'ai la maison pour moi toute seule.

Danny sembla comprendre qu'elle désirait rester seule afin de panser ses plaies. D'ailleurs, Danny comprenait toujours tout. Jamais ils ne se disputaient.

Sly n'habitait pas un quartier chic ; en tout cas, pas le genre de quartier que les parents de Spencer auraient choisi. Et sa maison était ancienne, comme toutes celles dont il s'occupait professionnellement. Dans la restauration de cette demeure, il avait mis tout son cœur. Elle représentait en quelque sorte la somme de son savoir-faire.

Autour d'un des plus anciens terrains de golf de la ville s'élevaient des bâtisses simples mais élégantes. Celle de Sly, de style « espagnol ancien », regorgeait de voûtes et de balcons. Une cour vous accueillait dès l'entrée, et un patio latéral abritait une piscine ; cette dernière étant une récente adjonction. Sly aimait pratiquer le golf, mais il aimait plus encore son intimité.

En dépit de l'air frais dispensé par la climatisation de sa jeep, Spencer arriva chez Sly en sueur et dans une très mauvaise disposition d'esprit. Elle se gara dans l'allée, sortit le courrier de la boîte aux lettres et le déposa sur le bahut victorien de l'entrée.

Sly vivait paisiblement. Et il croyait à la vertu du travail. Il était toutefois tombé d'accord avec les parents de Spencer pour qu'elle ne prenne pas d'emploi pendant ses études parce qu'il jugeait primordiale la réussite aux examens.

« L'argent n'est pas éternel, avait-il coutume de dire.

Des amis à moi ont tout perdu lors de la Grande Dépression. Mais tu sais quoi ? Parmi eux, certains avaient conservé quelque chose d'essentiel : leur éducation. Et ils ont su ramasser leurs billes et repartir de zéro. »

Il ne rechignait pourtant pas à lui confier de menus travaux : garder la maison, s'occuper de son courrier... Elle nourrissait aussi Tiger, le chat de gouttière obèse. Cet arrangement convenait à Spencer. Elle adorait la maison ; la façon dont Sly l'avait restaurée lui plaisait beaucoup et, en l'étudiant, elle en avait appris long sur le métier.

Elle grimpa l'escalier et courut à la chambre d'ami. Du placard, elle retira une robe sans manches, d'une commode, des sous-vêtements, puis elle regagna le rez-de-chaussée. Dans la salle de bains principale, Sly avait installé un bain à remous afin de valoriser la maison. Spencer fit couler de l'eau brûlante, régla sur le maximum la puissance des remous puis se débarrassa de son bikini. En se glissant dans le bain, elle espérait éloigner d'elle l'amertume causée par son altercation avec David. Pour bien imprégner ses cheveux, elle se laissa glisser la tête sous l'eau.

Soudain, deux mains la saisirent aux épaules, lui causant une frayeur telle qu'elle aurait bu la tasse si elle n'avait été en toute hâte tirée vers le haut. Ebahie, elle découvrit que son agresseur n'était autre que David Delgado, en caleçon de bain, la peau et les cheveux humides.

— Quelle folie as-tu encore inventée ? demanda-t-il sans douceur.

Incrédule, elle le dévisagea un instant, puis s'écria, furieuse :

— Je m'apprêtais tout simplement à me laver les cheveux !

— Quoi ?

— Qu'as-tu imaginé, à la fin ?

C'était le tour de David de se montrer surpris. Puis son visage exprima la confusion.

— Bon sang, Spencer ! J'ai frappé à la porte, tambouriné en vain. Alors je suis entré. Et je te découvre la tête sous l'eau ! Qu'aurais-tu pensé à ma place ?

— Non ! Tu as cru que je voulais me suicider ? Et à cause de toi ! Eh bien, laisse-moi te dire que, pour un garçon réputé pour sa modestie, tu ne manques pas de toupet !

Il s'assit, balançant les jambes, mâchoires crispées. Son regard filtrait entre les fentes de ses paupières.

— Tu n'es qu'une sale gosse, Spencer !

Refusant de le regarder, de lire le mépris dans son regard, elle fixait un point droit devant elle. Puis, peu à peu, elle prit conscience de sa nudité et le sentiment de sa vulnérabilité la submergea. Elle serra ses genoux contre sa poitrine.

— Si c'est toute l'opinion que tu as de moi, tu peux prendre tes cliques et tes claques et ficher le camp d'ici !

Il se leva. Il allait partir, sans autre forme de procès. C'était bien ce qu'elle voulait, non ?

Elle jaillit de l'eau et s'empara d'une immense serviette de bain blanche, qu'elle entortilla autour d'elle. David avait atteint le hall quand elle le rattrapa.

— Riche ne signifie pas goujat, tu sais ! lui cria-t-elle.

L'air lui manqua soudain. Elle oscillait entre l'envie de le battre et celle de...

Il lui fit face.

— Je venais m'assurer que tout allait bien. Tu es partie si vite... Je craignais que tu ne te sois blessée et que ta fierté t'empêche de le dire.

Spencer hésita. Devait-elle considérer cette dernière remarque comme une insulte ou comme un compliment maladroit ?

— J'étais parfaitement consciente de mes actes, finit-elle par répondre.

— Tu risquais gros, Spencer.

— Pas tant que ça.

Ils se dévisagèrent en silence. Bien que sa peau humide se fût muée en chair de poule sous l'effet de l'air conditionné, intérieurement, Spencer brûlait.

— Retournes-tu au lac? demanda-t-elle.

David haussa les épaules.

— Je suppose que les autres se sont dispersés. Tu veux aller voir?

— Oh! ils sont sûrement partis chacun de leur côté pour essayer de trouver quelque chose à se mettre sous la dent.

Il sourit.

— Nous avons pourtant pique-niqué.

— Tu sais comment ils sont. Pas assez de crèmes glacées au menu et trop d'insectes...

Une pause. Puis David suggéra :

— Nous pouvons essayer de les retrouver, si tu veux.

Spencer fixa sur lui un regard implorant. Comment lui expliquer qu'elle ne désirait rien au monde, à part lui? Et qu'elle le voulait tout à elle, sans que d'autres viennent détourner son attention.

Comme Terry-Sue.

Elle secoua négativement la tête.

— Je n'en ai pas envie. Le réfrigérateur de Sly est plein, tu sais.

— Et il possède une superbe piscine.

— C'est vrai. Tu t'y es déjà baigné?

Spencer ne connaissait pas la nature exacte des relations de son grand-père avec David; elle savait seulement que ce dernier lui avait déjà rendu visite.

— Je ne m'y suis jamais baigné, répondit avec simplicité David.

— Dans ce cas, il faut absolument l'étrenner, dit-elle en s'efforçant d'adopter un ton léger.

— Ecoute, si tu préfères rester seule...

— Non, je t'assure. Sly est absent pour le week-end, j'ai la maison pour moi toute seule. Vas-y. J'enfile mon maillot et je te rejoins.

Le temps que Spencer rejoigne David, ce dernier nageait déjà énergiquement d'une extrémité à l'autre de la piscine. Elle plongea et se lança à sa poursuite. Elle attendit qu'il ait inspiré une bouffée d'air à la surface pour l'attraper par une cheville et l'entraîner vers le fond. Puis elle s'éloigna, fendant avec vigueur l'eau claire pendant qu'il remontait à la surface, toussant et crachant, ses yeux d'un bleu profond tout illuminés.

— On aime vivre dangereusement, pas vrai, mademoiselle Montgomery ?

— C'est la seule façon de vivre ! lui cria-t-elle.

Grâce à la puissante détente de ses bras et de ses jambes, il se propulsait déjà vers elle. Avec un petit cri, elle essaya de lui échapper. Spencer était bonne nageuse, mais il était encore plus rapide qu'elle. Avant qu'elle ait réussi à atteindre le bord, il la rattrapait. Il la laissa avaler une goulée d'air avant de l'attirer vers les profondeurs.

Précaution d'ailleurs superflue, car, avec les bras de David se refermant sur elle, son corps pressé contre le sien, Spencer aurait avec bonheur cessé de respirer. Elle sentait les muscles de ses bras, l'ossature de ses hanches, la forme de son sexe à travers le caleçon, et elle croyait mourir. Jamais elle n'avait éprouvé d'émotion comparable à ce qu'elle ressentait en cet instant. Une curieuse et presque insoutenable excitation l'envahissait.

David avait gardé les bras autour d'elle, et c'est ainsi qu'ils regagnèrent ensemble la surface. Il la regardait, et une étrange lueur — sans rapport avec la colère ou l'amusement — brillait dans ses prunelles.

— Spencer, dit-il d'une voix étouffée, tu devrais...

Il allait la repousser ; elle ne le supporterait pas.

Elle se serra contre lui et leva la tête, les lèvres entrouvertes dans un soupir. Elle l'entendit gémir, puis la bouche de David écrasa la sienne, incroyablement chaude et avide. La caresse éveilla magistralement sa sensualité ; elle s'abandonna au courant, sûre, si sûre de vouloir lui appartenir. David glissa sa langue dans sa bouche ; on aurait dit qu'il voulait la dévorer. Et tandis qu'ils s'embrassaient, autour d'eux, le monde perdit sa consistance.

La main de David se referma sur son sein. Il le pressait, en éprouvait le poids, la texture. A travers le fin tissu du bikini, son pouce en effleura la pointe ; un spasme secoua Spencer, lui procurant une sensation de brûlure entre les cuisses. Et cette délicieuse sensation éveilla en elle un désir qu'elle n'avait jamais connu. Bien sûr, elle ne savait pas *exactement* ce qu'elle attendait de David, elle savait seulement qu'elle voulait qu'il la touche, encore et toujours, qu'il lui procure de nouveau cette excitante sensation.

Sans la lâcher, il rompit leur baiser.

— Oh ! Spencer, je ne peux pas...

Elle voulut lui fermer la bouche ; il l'écarta et se mit à nager avec la dernière des énergies vers le bord de la piscine, qu'il escalada. Remplie de confusion, Spencer le suivit. Voilà, elle s'était jetée à sa tête et il la repoussait.

Malheureuse, humiliée, elle se hissa hors du bassin à son tour. Un instant, elle eut la tentation de se ruer dans l'escalier pour aller déverser son chagrin sur l'oreiller de sa chambre. Toutefois, elle n'avait pas pour habitude de fuir. En outre, elle se trouvait dans un tel état de nerfs qu'il lui fallait vider immédiatement l'abcès. Les mains sur les hanches, la tête rejetée en arrière, elle l'interpella.

— Que t'arrive-t-il, Delgado ? Tu trouves mes seins trop petits pour rivaliser avec ceux de Terry-Sue ?

Il s'arrêta et se retourna. Une longueur de piscine les séparait. Il se dirigea vers elle.

— J'essaie seulement de me rappeler que tu es plus jeune que moi, Spencer. Et que tu n'es qu'une naïve gosse de riches qui croit pouvoir n'en faire qu'à sa tête.

— Comment oses-tu ? Je ne me conduis pas ainsi !

— Tiens donc ! Il suffit de te voir défier le monde entier quand tu es au pied du mur.

— Je me *bats* quand je suis au pied du mur, c'est différent !

— Tu es la petite-fille de Sly, lâcha-t-il durement.

— Tu as peur de lui !

Il avança vers elle, l'air menaçant, mais elle ne céda pas un pouce de terrain.

— Je ne crains personne, Spencer. C'est seulement que j'aime beaucoup Sly.

— Il a toujours été bon, dit-elle froidement. Avec tout le monde. Y compris les réfugiés.

Le coup était bas, cependant elle n'avait pu le retenir. Elle vit une veine battre furieusement au cou de David tandis qu'il approchait d'elle. En dépit de la taille tout à fait honorable de Spencer, il l'écrasa de toute sa hauteur, proche à la toucher.

— Que cherches-tu, Spencer ? *Que tu quieres ?*

Les mains de David se posèrent sur ses épaules, pour la repousser cette fois.

— Tu veux plus que ce qu'ont les autres *gringas* à peau blanche, c'est ça ? Tu t'imagines que je vais te procurer un plaisir plus épicé ! Très bien, allons-y. Le plancher fera l'affaire.

— Arrête ! hurla Spencer.

Elle lui aurait volontiers envoyé son poing dans la

figure, mais il lui faisait peur soudain, avec ses réactions qui la déconcertaient ; par les paroles imprudentes qu'elle avait prononcées, elle avait déclenché un cataclysme qu'elle ne maîtrisait plus. Le léger mépris que leurs parents affichaient envers lui, leur agacement de voir Miami se transformer en ville cosmopolite, tout cela lui importait-il donc ? Jamais Spencer n'aurait imaginé que David Delgado puisse être sensible à ce type d'exclusion. Pas lui.

— Arrête, espèce d'idiot ! Tu n'as pas à avoir honte...
— Honte !

Il jura en espagnol. Sans comprendre la totalité de la phrase, Spencer devina qu'il ne lui adressait pas de compliments.

— Je n'ai pas honte ! reprit-il. Les seules fois où je me sens mal à l'aise, c'est quand je me retiens d'expliquer à tes amis quels sales hypocrites ils sont ! Dis-moi, Spencer, où veux-tu en venir ? Tu as envie de jouer les grandes pour pouvoir aller raconter aux copines de ton club de bridge tes amours clandestines avec un Cubain ? Cela te tracasse donc tellement de voir toutes les autres se faire baiser, et pas toi ?

— Je ne sais même pas qui l'a déjà fait, et je m'en moque ! Ce qui m'importe, c'est toi, murmura Spencer. Tu as toujours beaucoup compté pour moi, et maintenant, je veux faire l'amour avec toi pour cette seule et unique raison.

Bouche bée, David la considérait. Enfin, il se reprit et la serra avec emportement dans ses bras. Elle eut la sensation d'atteindre le paradis.

— Oh ! Spencer, balbutia-t-il, je me sens tellement idiot.

— Si je ne compte pas pour toi...
— Si tu ne comptes pas ? Spencer ! Depuis que je t'ai

rencontrée, je sais qu'il n'existe pas au monde de fille plus belle que toi !

— Vraiment ?

Elle s'appuya de tout son poids contre David et noua ses bras à son cou. L'odeur virile de sa peau lui emplit les narines, et sa tête se mit à tourner au point qu'elle crut tomber. S'accrochant à lui, elle se haussa sur la pointe des pieds et embrassa ses lèvres. Elle se pressait contre lui, le plus étroitement possible ; du bout des dents, elle lui mordilla le lobe de l'oreille puis colla ses lèvres à son cou, à son épaule. Ce faisant, elle accomplissait des gestes qu'elle avait vus au cinéma ou entendu raconter sous le manteau par ses copines.

David ne put retenir une plainte étouffée.

— Si tu ne dois pas aller jusqu'au bout, mieux vaut arrêter tout de suite, Spencer !

— Je suis prête, affirma-t-elle, solennelle.

Il la dévisagea. Spencer remarqua une veine qui battait au creux de son cou. Soudain, d'un geste brusque, il l'enleva dans ses bras.

— Un lit ? s'enquit-il brièvement.

— Dans la chambre d'ami, à l'étage.

De nouveau, l'embarras gagnait Spencer. Elle n'osait plus respirer, ni le quitter des yeux. Elle s'accrocha à son cou tandis qu'il l'emportait dans l'escalier.

Quand ils pénétrèrent dans la chambre, Spencer songea que, entre l'éclat du jour et l'obscurité de la nuit, la luminosité était parfaite. David la déposa sur le lit plein d'ombres. Elle entendit le bruit doux de son caleçon mouillé tombant sur le parquet, puis les mains de David furent sur elle, détachant l'agrafe de son soutien-gorge, faisant glisser son slip sur ses hanches. A présent, ils étaient tous les deux nus. Bien qu'elle n'eût pas froid, Spencer frissonna. Elle n'avait pas vraiment peur ; elle craignait juste de le décevoir.

La peau tiède de David glissa délicieusement contre la sienne. Il se mit à couvrir son corps de caresses, intimes au point qu'elles en étaient presque insupportables, mais bonnes quand même parce qu'elles venaient de lui. Par ses sens aiguisés, Spencer percevait avec acuité la moindre sensation : le duvet dur de la jambe de David contre la sienne, la chaleur de son haleine, la texture de ses cheveux sous ses doigts. Il avait dû mâcher du chewing-gum car il sentait le menthol.

Il pesait maintenant de tout son poids sur elle, et la conscience aiguë de son sexe érigé entre ses cuisses lui fit éprouver un sentiment proche de l'angoisse. Cependant, David ne se pressait pas ; il l'embrassait, faisant monter par degrés son désir, son excitation.

— Tu l'as déjà fait ? demanda-t-elle d'une voix entrecoupée par l'émotion.

Il hésita un instant.

— Oui, répondit-il enfin.

« Oh ! pas avec Terry-Sue ! pria-t-elle intérieurement. Pas avec elle ! »

— Tu veux qu'on arrête ?

— Non ! cria-t-elle, éperdue.

Pourtant, un instant plus tard, elle souhaitait presque avoir acquiescé tant l'acte sexuel lui paraissait une chose incroyable, merveilleuse, terrible. Elle était censée être au paradis ; elle voulait au contraire disparaître sous terre.

— Spencer ?

Incapable de parler, elle s'accrocha à David jusqu'à ce que la tension devienne plus supportable. Parce que c'était lui. Et quand tout fut consommé, elle s'émerveilla de l'avoir senti si passionné, et atteignant de tels sommets d'extase. Il avait jailli en elle tel un feu liquide, et maintenant, il la serrait contre lui comme un trésor.

Ils restèrent allongés l'un contre l'autre tandis que les

ombres du soir s'épaississaient. A un moment, Spencer le crut endormi. Cela n'avait pas d'importance. On ne l'attendait pas chez elle avant 23 heures.

Pourtant, David ne dormait pas. D'une détente, il se souleva, et, le sourire aux lèvres, se pencha sur elle.

— Alors ?
— Alors quoi ?
— Comment était-ce ?
— C'était...
— Epouvantable ?
— Non, non !

Elle sentait sur elle son regard amusé. Il savait.

— C'était..., reprit-elle.

Mais il éclata de rire.

— Tu sais, sans être épouvantable, la première fois, ce n'est généralement pas très réussi. La deuxième est censée l'être, ajouta-t-il.

Le seul son de sa voix un peu rauque suffit à faire courir sur le corps de Spencer des ondes d'excitation. Sa respiration s'accéléra, avant même que les lèvres de David ne touchent les siennes, avant même que ses doigts ne jouent sur ses seins, ne descendent lentement le long de son corps jusqu'à l'endroit où la passion de son amant l'avait brûlée. Il embrassa ses lèvres, sa gorge. Il prit dans sa bouche la pointe de son sein et la taquina des dents, de la langue, lui arrachant des plaintes de plaisir. L'excitation de Spencer atteignait des sommets inconnus. Quand il embrassa son ventre et l'intérieur de ses cuisses, elle faillit crier sa protestation.

Elle n'osait, de son côté, toucher cette partie mystérieuse de l'anatomie de David, mais quelle importance : déjà, il glissait sur elle, embrassait sa bouche, sa langue jouant avec la sienne tandis qu'il la pénétrait pour la seconde fois.

Spencer baignait dans un univers de sensations d'un tel érotisme qu'elle n'eût jamais soupçonné qu'il existât. Merveilles interdites, magie partagée par les initiés... Le plaisir la foudroya avec une intensité qui l'éblouit. Un tel bonheur, un plaisir si intime, si irrévocable. Elle l'avait connu avec David, l'avait partagé avec lui, et maintenant, elle reposait dans ses bras, imprégnée de la moiteur de sa transpiration, ses jambes contre les siennes, le drap entortillé autour d'eux...

Lorsque le réveil sonna, Spencer sursauta si fort qu'elle crut que sa tête avait heurté le plafond. Les draps étaient sens dessus dessous, comme si elle avait passé la nuit à s'agiter. Son oreiller gisait à terre. 6 heures du matin... L'heure de se préparer pour une nouvelle journée de travail.

Elle jeta un coup d'œil vers le côté du lit où Danny aurait dû se trouver. Mais Danny était mort depuis plus d'un an maintenant. Une éternité.

Il n'avait pas disparu depuis assez longtemps, toutefois, pour qu'elle s'autorise à rêver de ses premières amours avec son meilleur ami. Même si ces événements remontaient à son adolescence.

Spencer se leva et rejeta sa chemise de nuit. Tout en se rendant à la douche, elle grommelait entre ses dents.

— Sois maudit, David Delgado! Oui, maudit. Et toi aussi, Sly, espèce de vieux renard...

L'eau jaillissait en longs jets de la pomme de la douche. Indistinctement, la sonnerie du téléphone parvint aux oreilles de Spencer, mais elle décida de laisser le répondeur prendre la communication. Elle entendit le son de sa propre voix, puis celle qui hantait son sommeil, ses rêves et ses cauchemars. La voix de David.

— Trey Delia va être interrogé à la prison du comté. Comme il souhaite me rencontrer, je voulais te proposer de m'accompagner, à la condition expresse que tu te conduirais comme une bonne fille ! Mais puisque tu es absente...

Spencer ne s'embarrassa pas de serviette. Sans se soucier de tacher tapis et parquet, elle bondit hors de la douche et se rua sur le téléphone.

— A quelle heure pars-tu ?
— Je peux être chez toi à 8 heures et demie. Si...
— Oui, oui. Je serai un ange !

Elle crut entendre un rire dubitatif résonner au bout de la ligne.

— C'est sérieux, Spencer. Tu devras te tenir tranquille et me laisser parler.
— Tu n'es qu'un sale phallocrate !
— Chauvinisme mâle, machisme cubain, appelle ça comme tu veux, mais rappelle-toi ta promesse. Compris ?

Elle hésita un instant avant d'acquiescer un peu sèchement.

— Hé... Spencer ?
— Oui ?
— N'oublie pas de me préparer un bon café, hein ?
— Un bon café ? répéta-t-elle, légèrement interdite.

David avait déjà raccroché. Elle ne parvenait pas à décider s'il avait évoqué son machisme sérieusement, ou pour plaisanter ; à moins qu'il ne s'agisse d'un savant dosage des deux.

Trop tard pour s'en assurer ; il ne restait plus à Spencer qu'à raccrocher à son tour. Ce qu'elle fit sans douceur. C'était peut-être inutile, mais cela lui soulageait les nerfs.

Trey Delia. Son initiative de la nuit dernière avait donc porté ses fruits ; grâce à elle, un suspect se trouvait derrière les barreaux. Même s'il n'avouait pas le meurtre de Danny, les enquêteurs parviendraient certainement à lui soutirer des renseignements.

Spencer fredonnait en descendant l'escalier. Le café matinal était presque terminé quand elle s'immobilisa, et son chant s'interrompit aussi soudainement que si on avait coupé le son.

Elle venait de se rendre compte qu'elle avait machinalement préparé une pleine cafetière ; ce qui ne s'était pas produit depuis plus d'un an. Depuis la mort de Danny.

Elle mit la cafetière sous tension.

— Si ce n'est pas du bon, de l'excellent café... ! criat-elle tout haut.

Puis elle se tut, car on sonnait à la porte.

5.

Ainsi donc, on avait fini par capturer les profanateurs de sépultures...

Dans son patio près de la piscine, Sly Montgomery lisait la nouvelle en buvant son café — désormais, du décaféiné. Il était installé à une vieille table carrelée, à l'ombre des palmiers.

Trey Delia ne comptait pas au nombre des prisonniers, mais l'un de ceux-ci, un homme originaire de Port-au-Prince et entré illégalement sur le territoire américain, avait craqué lors de son interrogatoire : Delia avait été mis en cause pour des crimes allant du simple vol au meurtre et même au vampirisme. Des rumeurs peu banales couraient par ailleurs sur l'arrestation des profanateurs ; on racontait que celle-ci avait eu lieu grâce à un détective privé qui se trouvait dans le cimetière en compagnie d'une assistante au nom encore inconnu.

« Inconnu, mon œil ! » grommela Sly.

Il laissa tomber son journal et contempla la piscine. Il avait toujours aimé voir le soleil se refléter dans l'eau. Il aimait observer son chatoiement à la surface lisse de sa piscine privée, tout comme il l'aimait sur les eaux de la baie, exaltant les riches tons cobalt, verts et azur. C'était en partie cet amour pour les jeux du soleil et de l'eau qui l'avait retenu dans une ville dont on chuchotait qu'elle devenait un refuge pour la racaille. Elle évoluait, voilà tout, pensait Sly. On devient sage à quatre-vingt-dix ans passés ; on en a tant vu. Trop, même, la plupart du temps. Sly avait assisté à la transformation de cette petite ville, éclose au bord des marais, en une cité comparable à des métropoles d'envergure internationale.

Sly contempla ses mains. Elles tremblaient, soit, et alors ? A quatre-vingt-dix et quelques années, c'était bien normal ! Quatre-vingt-quatorze exactement, cette année. Et de plus, une santé de fer, et toutes ses facultés intellectuelles, Dieu merci. Pourtant, c'était long, quatre-vingt-quatorze années sur terre. Lucy l'avait quitté depuis bien longtemps. Par bonheur, avant sa mort, ils avaient pu concrétiser certains de leurs rêves. Comme celui de contribuer à bâtir quelques-unes des plus belles demeures de Miami au milieu des marécages, des massifs de coraux et de la boue.

En revanche, Sly, qui avait toujours désiré des enfants — ils en auraient eu dix si cela n'avait tenu qu'à lui —, ne s'était vu donner, par la volonté de Dieu, que son fils, Joe. Ce dernier, plus tard, avait épousé sa petite Miss Université de la promotion de Newport, la jeune Mary Louise Tierney Montgomery, qui ne leur avait donné, à son tour, qu'un bébé. Seulement ce bébé, c'était Spencer. Et Spencer valait à elle seule tous les petits-enfants du monde. Dès sa naissance, elle lui avait appartenu beaucoup plus qu'à Mary Louise ou à Joe. Elle lui vouait un tel culte ! Et puis, elle avait toujours aimé travailler de ses mains ; le bâtiment, c'était sa passion. Elle adorait aussi l'histoire. A cinq ans à peine, elle pouvait réciter les noms de la plupart des architectes qui avaient bâti la Floride. La nature l'avait dotée d'une intelligence aiguë et d'un caractère à la fois aimable et passionné. Quand elle voulait quelque chose, elle se précipitait pour l'obtenir, le sourire aux lèvres, les mains avidement tendues. Danny Huntington avait été un bon mari pour elle; encore que, à l'époque de leur enfance, Sly ne les eût jamais imaginés mari et femme.

Il les observait depuis des années; en dehors de son métier, les gosses représentaient toute sa vie. Il les avait vus lutter pour découvrir leurs propres valeurs. Il avait assisté à la transformation de ces adolescents hésitants en adultes pleins d'assurance.

Et il avait vu Danny mourir. Un drame épouvantable, mais qui appartenait désormais au passé.

Spencer, elle, représentait le présent et l'avenir. Elle comptait plus que tout dans sa vie. Et après tant d'années passées à apprendre comment distinguer l'important du futile, Sly savait de quoi il parlait.

— Et j'aurais aimé que tu sois encore en âge de recevoir la fessée, jeune demoiselle! maugréa-t-il tout haut.

Oui, vraiment, quel dommage qu'il ne puisse infliger à cette péronnelle la correction qu'elle méritait. Seulement, elle était adulte, voilà le hic. Il ne pouvait pas la contraindre à venir habiter chez lui quelque temps; il ne pouvait injecter de force un peu de bon sens dans son crâne, ni lui expliquer qu'il vaudrait mieux pour elle rester en vie plutôt que d'abréger son existence en recherchant l'assassin de Danny.

Sly relut l'article. Il s'entretiendrait plus tard avec David. Pour le moment, il devait essayer de lire entre les lignes. Et finalement, il arriva à la conclusion qu'il n'avait pas besoin du concours de David pour reconstituer l'histoire.

D'une manière ou d'une autre, Spencer avait appris que les profanateurs de sépultures projetaient de se rendre au cimetière où Danny se trouvait inhumé. Elle s'y était rendue, et, fidèle à la promesse que Sly lui avait arrachée, David l'y avait suivie. Sly n'était pas fou ; il savait bien pourquoi David se montrait réticent à filer Spencer. On croit que certains sentiments s'estompent avec le temps. Balivernes. Une fois adulte, on se croit imperméable aux tourments et aux désirs qui vous ont harcelé durant l'adolescence, et puis on s'aperçoit qu'ils sont toujours bien vivants, ancrés au plus profond de votre cœur.

Il y a des choses qui échappent toujours à la volonté, quoi qu'on fasse.

Etait-ce un bien ? Un mal ? Qui pouvait le dire ?

Le téléphone sonna, et Sly se leva pour répondre. Il savait très bien qui se trouvait au bout du fil.

Jerry Fried, le dernier partenaire de Danny à la brigade criminelle, s'assit à son bureau et fixa son bloc-notes. A cinquante-cinq ans, se voir confier une pareille affaire... Il fit courir ses doigts à travers son casque de cheveux blancs et courba les épaules. Il aurait eu besoin de prendre davantage d'exercice, de marcher un peu, par exemple. Il avait encore belle allure, avec ou sans uniforme ; cependant, il lui devenait de plus en plus difficile de donner le change, avec sa bedaine qui débordait de la ceinture de son pantalon.

La nuit précédente, il n'était pas de service, de sorte que, jusqu'à son arrivée ce matin, il ignorait l'arrestation des profanateurs. Dire qu'on ne parlait plus que de cela. Si encore il n'avait pas trouvé cette maudite note du lieutenant sur son bureau...

Ainsi, ils avaient réussi à coincer Delia. Et la veuve de Danny n'était pas étrangère à cette capture. La belle

Mme Huntington s'était débrouillée pour se trouver au bon endroit, contrairement à la police qui n'avait pas su additionner deux et deux. Mais, pour l'amour du ciel, pourquoi Spencer ne se tenait-elle pas en dehors de tout ça ? Si elle s'arrangeait toujours pour se trouver là où il ne fallait pas, elle risquait de graves ennuis.

Danny Huntington était mort depuis plus d'un an, et pourtant, Jerry ne cessait de penser à lui. Danny avait été si populaire. Le rejeton d'une famille fortunée jouant au gendarme et au voleur pour connaître le monde de la rue, la vie réelle. Tout le monde aimait Danny, vraiment tout le monde. Des politiciens aux plus humbles membres de la police, en passant par les gradés. Même les mauvais garçons l'aimaient.

Et Danny avait obtenu des renseignements qu'il n'avait pas jugé bon de partager avec son propre associé !

Avec un gémissement, Jerry s'affala sur son bureau, bousculant au passage sa tasse de café. Puis il se redressa, maudissant une fois de plus la veuve de Danny, qui refusait de laisser son époux reposer en paix.

Cecily Monteith se prélassait dans le boudoir qui jouxtait sa chambre, en sirotant son café. Peu avant, Maria, sa bonne, lui avait apporté le breuvage chaud, avec des toasts bien dorés mais non brûlés, légèrement enduits de margarine — jamais de beurre ! — et soigneusement débarrassés de leur croûte. Toutefois, à mesure qu'elle progressait dans la lecture de la une du *Miami Herald*, Cecily sentait monter en elle un sentiment de malaise, qui ne cessait de croître.

Dans l'embrasure de la porte, en chemise cintrée, Jared se battait avec son nœud de cravate. Il semblait d'humeur morose et jurait à tout bout de champ.

101

— J'aurais cru que Sly Montgomery finirait par s'adapter à la vie moderne. Avec la chaleur qui règne aujourd'hui, on pourrait faire frire des œufs sur le trottoir ! De nos jours, tout le monde porte des vêtements décontractés. Mais non ! Il faut que ce vieux bougre s'habille pour une réunion comme pour un dîner présidentiel.

D'une main, Cecily arrêta le cours de ses récriminations.

— Lis plutôt ceci, dit-elle en lui tendant le journal.

Jared leva un sourcil interrogateur, et se mit à lire l'article en maugréant de plus belle.

— Depuis combien de temps ta cousine est-elle de retour à Miami ? s'enquit Cecily. Deux, trois mois ? Eh bien, il ne lui en a pas fallu davantage pour réussir à retourner complètement le vieux bonhomme et à l'amener à ses vues. Et peu importe que tu aies été le bras droit de Sly pendant tout le temps qu'elle a passé à Newport ; dès l'instant où elle s'est manifestée de nouveau, tu t'es trouvé relégué au rang de sous-fifre. Et maintenant, ça !

Cecily se leva et arracha le journal des mains de son mari.

— Ne comprends-tu pas qu'elle cherche à mettre le grappin sur David ? Rien ne l'arrêtera, Jared. Elle va fourrer son nez partout.

Jared reprit le journal des mains de sa femme et la dévisagea.

— Qu'est-ce qui t'ennuie le plus, Cecily ? Que Spencer fouine là où il ne faut pas, ou qu'elle tourne autour de Delgado ?

— Je ne vois pas ce que tu veux dire, répliqua froidement Cecily.

Jared la toisa de la tête aux pieds et sourit ironiquement.

— Voyons, si je me souviens bien, autrefois, vous étiez toutes amoureuses de lui. J'ignore ce qu'il avait de plus que nous ; en tout cas, moi, je venais en second ! Ensuite, Dieu merci, il a rejoint l'armée, avant de partir étudier en Angleterre. Ce n'est pas que j'en aie jamais voulu à David particulièrement, mais dès qu'il paraissait, plus personne n'existait à vos yeux ! Il nous manquait sans doute le piment de l'exotisme. Même Danny, le sauveur du monde, pâlissait en comparaison de David. Si tu crois que j'ignore que tu t'es rendue plusieurs fois à son bureau depuis qu'il a ouvert son agence, tu te trompes ! Je sais aussi que tu t'es toujours fichtrement bien débrouillée pour que son nom figure sur les listes de tes invités. Et j'ai bien vu la manière dont tu le consolais et essayais de t'en faire consoler à l'enterrement de Danny !

Jared marqua une pause. Cecily le dévisageait, apparemment choquée.

— Pauvre idiote ! reprit-il. Jamais David ne sera ton amant.

— Comment oses-tu insinuer que je cherche une aventure ! s'écria Cecily, furieuse.

Jared haussa les épaules. Après tout, elle avait peut-être raison. Leur relation connaissait des hauts et des bas. Parfois, ils se disputaient comme des enfants. Quoi de plus normal, d'ailleurs ? Ils se fréquentaient depuis l'adolescence et s'étaient mariés très jeunes. Cependant, ils étaient à présent eux-mêmes les parents de deux enfants, un garçon et une fille. Ils possédaient une belle maison à Cocoplum ; lui roulait en Ferrari, et Cecily trimbalait les gosses dans une Mercedes-Benz toute neuve. Comment n'auraient-ils pas apprécié de mener une telle existence ?

Il sentit la sueur mouiller le col de sa chemise. Oui, il aimait la vie qu'il menait, et il avait peur. Spencer n'en démordrait pas; démasquer le meurtrier de Danny tournait à l'obsession, chez elle. Et quand Spencer voulait quelque chose, rien ni personne ne pouvait lui faire lâcher prise.

— D'abord, qu'est-ce qui te fait croire que David refuserait une aventure avec moi? interrogea soudain Cecily.

Par-dessus l'épaule de son mari, elle se regardait dans le miroir mural. En toute circonstance, Cecily se montrait très soucieuse de son apparence. Jared eut un sourire. Elle se tracassait tellement au sujet de son poids et de ses futures rides! Constamment, elle déplorait les heures qu'elle avait autrefois passées au soleil. Pourtant son idée fixe avait ses avantages. Après onze ans de mariage et deux enfants, Cecily était encore une très belle femme. Elle suivait les régimes avec une rigueur maniaque, et lorsqu'elle s'était laissé aller à un écart, elle faisait pénitence dans une très coûteuse station thermale.

Pour tout cela, grand merci à Spencer!

Cecily semblait parfois oublier que Sly n'était pas le grand-père de son mari. La mère de Jared, depuis longtemps décédée, était en réalité la sœur de Mary Louise, la mère de Spencer. Et bien que son père, un individu acariâtre qui travaillait parfois pour Sly, fût toujours en vie, c'était par la seule volonté de Spencer que lui, Jared, pouvait s'offrir voitures haut de gamme et logement luxueux. Jared travaillait pour Sly depuis sa sortie de Harvard, où le vieil homme l'avait aidé à entrer, et depuis toujours, il pensait mériter mieux que ce qu'on lui offrait.

Quoi qu'il en soit, les agissements actuels de Spencer le rendaient affreusement nerveux.

Trop occupée à se contempler dans le miroir en tirant sur le satin de sa chemise de nuit pour essayer de découvrir un bourrelet, Cecily avait momentanément oublié leur discussion.

— Jared, pourquoi quelqu'un refuserait-il de coucher avec moi ? insista-t-elle.

Il soupira, soudain envahi par une bouffée de tendresse à son égard.

— Je ne parlais pas en général, Cecily. J'ai affirmé qu'il ne se passerait rien entre David et toi. Qu'il en ait envie ou non, là n'est pas la question. Seulement, tu es ma femme, et c'est le genre de détail auquel David attache de l'importance.

— Eh bien... Spencer était mariée avec Danny ! rétorqua agressivement Cecily.

— Oui. Et il ne couchait pas avec elle non plus.

Sur ces mots, Jared se remit à étudier l'article du *Miami Herald*.

— Je n'arrive pas à croire qu'elle soit allée rôder dans ce maudit cimetière, et la nuit encore ! s'écria Cecily, frémissant d'horreur. C'est vraiment macabre. Car c'était bien Spencer, n'est-ce pas ? C'est forcément elle. Elle ne laissera jamais tomber !

— Bon sang, Cecily, fiche-nous la paix avec Spencer !

— Il faut bien que quelqu'un s'en préoccupe.

— Je suis parfaitement capable de me débrouiller tout seul !

Cecily en doutait fortement. Qui pouvait se vanter d'avoir le dessus sur Spencer, surtout quand elle était lancée dans l'action ? Cecily s'avança vers son mari pour resserrer le nœud de sa cravate. Ce qu'il pouvait être idiot, parfois ! Il lui sembla qu'elle éprouvait pour lui le même amour que celui qu'elle portait à William et Ashley, ses enfants. Oui, au fond, il était resté un enfant.

Oh, mentalement parlant, songea-t-elle avec satisfaction, car il avait par ailleurs le physique d'un homme d'affaires distingué : les cheveux drus, sans une touche de gris, un corps ferme grâce à la table de musculation qu'il utilisait journellement. Et, même s'il jouait les chefs d'entreprise, il aimait le travail manuel. Ces trois cinglés de Sly, Jared et Spencer n'étaient jamais plus heureux que lorsqu'ils se trouvaient au beau milieu d'une tempête de poussière, accomplissant eux-mêmes des travaux dans quelque vieille baraque délabrée, ou bien quand ils s'absorbaient dans l'étude de vieux ouvrages et documents, s'efforçant de définir quand et où certaine fabuleuse pièce d'architecture avait été conçue. Mais enfin, cet état d'esprit était plutôt bénéfique à Jared ; il le maintenait en forme.

— Ne me regarde pas comme ça ! s'écria-t-il soudain. Je te dis que je m'en sortirai. Spencer est ma cousine.

— Ton sang, admit Cecily avec un sourire. N'oublie pas cependant qu'elle a toujours été ma meilleure amie. La tante Spence des enfants.

— Laisse tomber, Cecily.

L'irritation gagnait Jared. Et Cecily s'en réjouissait, étant de ces gens pour qui les chamailleries pimentent l'existence.

— Jared...

Elle s'interrompit à cause de la sonnerie du téléphone. Ils se regardèrent. Le répondeur se mit en route.

« Décroche, Jared ! C'est moi, ton père. Je sais que tu n'es pas encore parti. As-tu lu le journal ? »

Avec un soupir, Jared souleva le combiné.

— Oui, papa. Je l'ai lu. Eh bien, Spencer essaie de découvrir le meurtrier de Danny, quoi d'étonnant à cela ?

— Pas d'insolence avec moi, s'il te plaît.

— Laisse Spencer tranquille, d'accord ?

— Et toi, reste sur tes gardes.

— Oui, papa.

— Et amène les enfants à dîner un de ces soirs. Ils me manquent.

— Très bien, papa. Nous pourrions organiser une partie de pêche dans ta lagune ?

— D'accord. N'oublie pas d'être vigilant !

La mine sombre, Jared raccrocha. Entre sa femme et son père, il ne savait plus à quel saint se vouer...

— Tu penses que l'un d'*eux* a tué le pauvre Danny ?

Jared fit volte-face vers Cecily. Il la trouva particulièrement jolie avec ses cheveux très blonds, coupés court, et ses yeux, immenses et couleur d'ambre, son meilleur atout. En cet instant, son regard étincelait.

— Tu t'en es bien sorti avec Jon, constata-t-elle.

Il sourit.

— Tu ne vas tout de même pas t'extasier parce que je ne me laisse pas marcher sur les pieds par mon père ?

Cecily haussa les épaules.

— Pourquoi pas ?

Elle s'approcha de lui et l'embrassa, taquinant avec un soupir voluptueux le lobe de son oreille et sa joue du bout de la langue.

— Je parie que Spencer va arriver en retard au travail, ce matin, déclara-t-elle.

— Hum, fit Jared, se reculant afin de croiser son regard. Alors c'est ça ? Tu crois que Spencer essaie de remettre le grappin sur David ?

— Mais non !

— Mais si. Tu n'arrêtes pas de penser à David Delgado ! Peut-être envisages-tu une liaison, à moins que tu ne cherches seulement l'aventure d'un après-midi avec un réfugié bien musclé qui ne cesse de te tourner autour.

— Tu es dégoûtant.

— Il t'est arrivé d'aimer que je sois encore plus dégoûtant, fit-il observer sur un ton léger.

Comme Cecily s'apprêtait à protester, il reprit :

— Allons, Cecily, tu sais que je ne suis pas jaloux ! Du moment que tes fantasmes rendent plus excitants certains moments de l'existence, je n'y vois rien à redire.

Le regard doré de sa femme, à présent un peu fixe, ne le quittait pas. Il lui prit la main pour l'entraîner vers la luxueuse chambre à l'épaisse moquette pêche, si douce aux pieds. Leur grand lit les attendait, somptueusement recouvert de soie et jonché d'oreillers.

Mais Cecily, se pressant contre lui, le retint.

— Non, ici.
— Maria pourrait entrer.
— Eh bien, ça lui causera le choc de sa vie, voilà tout.
— Graine d'exhibitionniste !

Elle dégrafait déjà la ceinture de Jared ; il voulut l'aider, mais elle protesta.

— Ne te déshabille pas, tu serais trop en retard !

Vite fait, bien fait. Cela convenait tout à fait à Jared. Il souleva d'une main la robe de satin, tout en repoussant de l'autre les reliefs du petit déjeuner. Puis il la coucha sur la table. Les mains de Cecily lui agrippèrent la taille tandis qu'il s'enfonçait en elle.

— Je parie que tu aimerais que Maria entre, murmura-t-il.
— Peut-être.
— Mais je crois que tu préférerais encore qu'il s'agisse de Delgado.

La réponse de Cecily, suffisamment éloquente, ne nécessitait pas de paroles. Quelques minutes plus tard, Jared enfilait sa veste, et elle se trouvait de nouveau assise à la table, le journal à la main, indifférente aux débris de vaisselle qui jonchaient le sol.

« Et dire que nous étions censés faire le mariage idéal », songea Jared, un peu amer.

— Sois prudent avec Spencer, lui rappela Cecily comme il s'apprêtait à sortir.

— C'est ma cousine, répondit-il en soupirant. Je la connais depuis l'enfance, et je sais comment m'y prendre avec elle. En outre, veux-tu que je te dise ? Je l'aime vraiment beaucoup.

Elle le considéra, surprise ; puis elle hocha la tête et sourit.

— Je comprends.

Il lui baisa le front.

Allons, après tout, son mariage n'était peut-être pas si raté, se dit-il en sortant.

Dans son appartement en terrasse de South Beach, Ricky Garcia également lisait le journal du matin. Se frottant la joue, il jura dans son espagnol natal.

— Quelle folle !

Il se leva et s'étira. Sous ses yeux, s'étendait le magnifique paysage de sa terre d'adoption. La baie étincelait au soleil matinal, déclinant ses couleurs à la fois ardentes et douces en un kaléidoscope presque hypnotique. De jolis petits nuages défilaient sans hâte à l'horizon. Des bateaux semblables à une troupe d'oiseaux dansaient au bout de leurs amarres. D'autres glissaient sur les eaux vert-bleu, excitant l'imagination. Ricky aimait la voile ; il aimait l'odeur de la brise marine et la sensation de l'air salé sur son visage...

Il était arrivé à Miami les mains vides, fasciné par toutes les richesses qui s'étalaient sous ses yeux. Pour les obtenir, il n'avait pas songé au larcin, non : il trouvait trop élevé le prix à payer pour un si menu délit.

En réalité, Ricky avait toujours su qu'il valait mieux jouer avec les désirs des gens, leurs fantasmes, leurs besoins. Le trottoir avait été son premier terrain d'action. Tout ce que savaient faire les filles jusque-là, c'était rester plantées comme des potiches en attendant le client. Ricky leur avait appris la distinction. Ensuite, à la tête d'un petit capital, il avait pris des paris sur les champs de courses, puis il s'était intéressé au jeu. Lui-même n'étant pas consommateur, la drogue ne lui plaisait guère. Mais celle-ci tenait une place prépondérante dans le milieu où il évoluait et pouvait rapporter des quantités d'argent. En outre, elle représentait un bon moyen de pression sur ses hommes.

Enfin, *un* moyen...

Car il y en avait d'autres. Et le fait que Ricky ne fût pas le moins du monde opposé à la violence pesait aussi dans la balance. Aujourd'hui, il avait des subalternes pour se charger des basses besognes, mais nul n'ignorait qu'au besoin Ricky n'aurait aucun scrupule à se salir les mains. Aucun. Et c'était une bonne chose. Car ainsi, il régnait en maître sur son petit monde.

Jusque-là, tout marchait comme sur des roulettes.

Et maintenant, ça.

David Delgado et une bonne femme rôdant dans un cimetière... Delia interrogé par la police... Toute l'affaire risquait de refaire surface, les flics se lançant de nouveau à sa poursuite, jour et nuit, sans trêve.

Ricky Garcia se détourna de la superbe vue et se dirigea vers un bureau laqué de noir, dont il ouvrit le tiroir supérieur. D'un fouillis de paperasse, il tira une photo.

Elle représentait Danny Huntington à un bal donné au profit de la police, où il était accompagné de sa femme. Chaussée de talons hauts, celle-ci paraissait vraiment très grande, et ses cheveux relevés découvraient son long cou de cygne. Elle portait une robe de cocktail bleu roi, avec un haut en forme de bustier et une jupe évasée. Même sur la photo, on distinguait la nuance de son regard. Elle était parfaite, majestueuse, divine.

Spencer Huntington.

D'un geste brusque, Ricky referma le tiroir, et un juron lui échappa.

Il ferait peut-être bien d'avoir une petite discussion avec elle.

Quelqu'un devait lui expliquer qu'il ne lui vaudrait rien de se mêler des affaires des autres. Et peut-être était-il l'homme de la situation.

6.

David connaissait bien les lieux. Après avoir salué Spencer, il se dirigea sans hésiter vers la cuisine. Il savait également où l'on rangeait les tasses et il se servit du café. Spencer l'observait tandis qu'il en avalait une gorgée.

— Il est bon? s'enquit-elle.

Il ne répondit pas directement à sa question.

— Je cuisine un peu, mais je n'ai jamais réussi à faire du bon café.

— Américain ou cubain?

— Ni l'un ni l'autre.

Tout en parlant, il détaillait la tenue de Spencer d'un œil critique.

— Qui sait qui nous côtoierons dans cette prison? reprit-il. Quelques conducteurs éméchés, un ou deux vagabonds, des meurtriers, des voleurs et des violeurs. Sans parler de Trey Delia lui-même, dont nous ne savons pas grand-chose. Tu n'as vraiment rien d'autre à te mettre?

Spencer examina son ensemble de soie noire sobre et strict, assorti d'un chemisier couleur pêche, puis elle posa sur David un regard interrogateur.

— Spencer..., commença-t-il.

Il s'interrompit et reposa sans douceur sa tasse.
— Ce... ce vêtement épouse la moindre des formes de ton corps.
— C'est une tenue de travail.
— Beaucoup trop érotique pour une prison.
— Erotique?
— Elle te moule comme une seconde peau et la jupe s'arrête au-dessus du genou. Que dirais-tu plutôt d'un jean et d'un sweat-shirt?
— Je dis que je mourrais de chaud.
— C'est une mort rapide. Moins douloureuse que le viol assorti de tortures.

Spencer refoula son indignation et, sans un mot, quitta la pièce. Elle était parvenue en haut de l'escalier quand elle s'avisa que David l'avait suivie. Il se tenait dans l'entrée de marbre, examinant la salle de séjour.

Il avait souvent été invité dans cette demeure, Danny y tenait beaucoup. Toutefois, la plupart du temps, Spencer s'arrangeait pour être absente lors de ses visites.

Elle essaya de voir le décor par ses yeux. Ne lui paraissait-il pas trop froid? Jugeait-il sans indulgence son intérieur de petite fille riche qui a grandi?

Leurs regards se croisèrent. Il fronça les sourcils.
— Dépêche-toi, Spencer. Je n'ai pas que ça à faire!
— Ah bon? Tu oublies les ordres de Sly.
— Je ne reçois d'ordres de personne.
— Pas même de Sly?
— Pas même de lui.
— Tu peux donc cesser de m'importuner!
— J'ai accepté la mission qu'il m'a proposée; ainsi que son chèque. Encore une fois, Spencer, si tu as des objections à émettre, formule-les directement à Sly.
— J'en ai bien l'intention, figure-toi!
— En attendant, si tu veux vraiment t'entretenir avec Delia, remue-toi un peu!

Spencer le dévisagea sans aménité. Elle mourait d'envie de lui retourner une réponse cinglante ; néanmoins, elle ne voulait pas risquer de laisser échapper l'occasion de rencontrer Trey Delia. Elle se tut.

— Je suis prête dans un instant, dit-elle d'un ton glacial.

Quelques minutes plus tard, elle redescendait, vêtue d'un jean et d'une chemisette de coton. En dépit de ses efforts, David ne parut guère plus satisfait.

— Tu ne possèdes donc aucun vêtement un peu lâche ?
— Ceux-ci n'ont tout de même rien de provocant ! explosa-t-elle.

Un soupir d'exaspération s'échappa des lèvres de David.

— Très bien.

Bien qu'elle eût passé pratiquement toute sa vie dans la région, Spencer avait toujours soigneusement évité la prison du comté de Dade. Et elle se réjouissait de s'en être tenue éloignée, à mesure qu'ils se rapprochaient de ces bâtiments sinistres qui abritaient les parias de la société, des plus violents aux plus pathétiques.

Ils atteignaient l'enceinte quand Spencer aperçut ses premiers prisonniers, parqués dans une cour, derrière une clôture électrifiée. Des regards se tournèrent vers elle, et Spencer comprit ce que David avait voulu dire. C'étaient des regards qui jaugeaient, soupesaient ; ils estimaient l'argent que pouvait contenir son sac à main. Peut-être même davantage. Ils déshabillaient, violaient, égorgeaient.

Une odeur âcre, presque insoutenable, les assaillit lorsqu'ils pénétrèrent dans le bâtiment ; ce dernier respirait la crasse, les corps mal lavés, l'urine et le désespoir.

Spencer avait presque la nausée, tandis que David présentait sa carte au gardien, qui s'occupa aussitôt de faire transférer Trey Delia dans un parloir privé.

Un détenu, menottes aux poignets, vêtu d'un complet gris de bonne coupe, passa entre deux gardiens. Il remarqua à peine David et Spencer, tant il semblait hors de lui.

— Vous feriez mieux de me laisser sortir d'ici, et vite ! criait-il à ses geôliers. Savez-vous qui je suis ? Croyez-vous pouvoir m'enfermer dans cette prison avec la lie de la société ? Faites-moi sortir avant qu'il ne m'arrive malheur, sinon gare !

Les gardiens l'ignorèrent et poursuivirent leur chemin, le prisonnier toujours entre eux deux.

— Un conducteur ivre, dit le réceptionniste avec un haussement d'épaules. Il est lui-même avocat, il connaît la loi. Il obtiendra probablement sa mise en liberté, alors que, à cause de lui, une gamine de huit ans se bat contre la mort à l'hôpital. Enfin, vous connaissez la chanson. Voici Caplan, ajouta-t-il en désignant un autre gardien en uniforme. Il va vous accompagner jusqu'au prisonnier. Entre nous, les cris de Joe Armani ne sont rien à côté des beuglements qu'a poussés Delia en se retrouvant en cellule commune !

David s'empara du bras de Spencer, qu'il tint serrée contre lui tout le temps où ils suivirent Caplan le long du couloir. Ils parvinrent ainsi aux parloirs, petites pièces privées où les détenus s'entretenaient avec leur famille ou leurs avocats.

Caplan poussa une porte.

— Hé ! Delia. Voici vos visiteurs.

Spencer dévisagea avidement l'homme qui se tenait derrière un bureau de bois, le seul meuble de la pièce. L'aspect du prisonnier la déconcerta au-delà de toute attente.

La peau café au lait, les yeux d'un curieux vert-jaune presque phosphorescent, Trey Delia trahissait un riche mélange d'origines diverses. Ses cheveux étaient coiffés à la mode rasta, en longues mèches feutrées. Il portait un vêtement informe s'apparentant aux vestes indiennes des années 70, et un jean délavé. A son cou pendaient des croix d'or, d'argent et de bois, ainsi que des objets ressemblant fort à des pattes de poulet. Son sourire découvrit des dents en or.

— Entre, chef! dit-il à David. Tu as amené la dame. C'est bien. Je voulais lui parler.

La porte se referma lentement derrière les nouveaux arrivants.

— Je suis derrière, prévint le gardien. Frappez quand vous voudrez sortir.

Spencer croyait vouloir obtenir à tout prix des éclaircissements sur la mort de Danny; brusquement, elle n'en était plus aussi certaine. Elle s'était juré de ne pas s'accrocher stupidement à David, mais à présent qu'elle se trouvait enfermée dans une minuscule pièce, avec un homme soupçonné de se livrer à d'étranges pratiques sur des organes humains, une peur primitive l'envahissait. Sans paraître deviner son malaise, David la tenait par les épaules tout en observant Delia.

Et Delia la regardait, elle, fixement.

L'espace d'un instant, Spencer sentit son cœur s'arrêter de battre. Puis elle entendit un double bruit de pas provenant du couloir. L'un lourd, l'autre cliquetant, le premier appartenait à un homme, le second à une femme. Le murmure de leur conversation parvint jusqu'à eux, étouffé. La voix masculine résonnait gravement, tandis que l'autre produisait un son doux mais crispé. La femme devait être avocate, se dit Spencer. Et elle se disputait avec son interlocuteur. Elle était certainement jolie car sifflets et lazzi accompagnaient le cliquetis de ses talons.

— Fermez-la, vous autres! cria la femme.

Rires et propositions déplacées fusèrent de plus belle.

Spencer grinça des dents. A en juger par le son de sa voix, cette femme devait être plus jeune qu'elle. Et elle allait tranquillement son chemin dans cet univers avilissant et rude. Une femme énergique et courageuse, songea Spencer, qu'elle ferait bien de prendre pour exemple.

Les bruits du couloir s'estompèrent.

— Ainsi, c'est vous Spencer, dit Delia en souriant.

Sa voix traînait sur les deux syllabes de son nom. Une voix au timbre mélodieux, assez haut perchée et néanmoins masculine. En dépit de son appréhension et de l'étrange apparence de Delia, Spencer pouvait comprendre l'attrait hypnotique qu'il exerçait sur les gens. Avec ses ongles longs et parfaitement nets, son visage luisant de propreté, il semblait presque déplacé en ce lieu, nota-t-elle. En réalité, il avait meilleure apparence que l'avocat en complet chic qui vociférait tout à l'heure entre ses deux gardiens.

Cependant, la façon dont il prononçait son nom...

— J'aimerais pouvoir vous proposer du café ou du thé. Hélas... Ç'aurait été tellement plus agréable de se retrouver chez moi. Pas chez vous, n'est-ce pas? Je vous imagine vérifiant votre système d'alarme avant que je n'arrive, ou réfléchissant à l'opportunité d'acheter un gros chien de garde!

Il rit doucement, puis son regard glissa vers David.

— Content de vous voir, Delgado.

David haussa les épaules.

— Pourquoi ne serais-je pas venu? Vous avez toujours accepté de me rencontrer quand je vous le demandais.

— L'honneur des mauvais garçons! Eh bien, voyez-vous, ils ne me comprennent pas. J'ai bien connu votre mari, madame Huntington, ajouta-t-il en se tournant vers Spencer. Il ne m'accordait pas une minute de répit. D'ailleurs, lui non plus ne comprenait pas, et pourtant, je l'aimais bien. Ça ne me gênait pas qu'il enquête ; il posait des questions intéressantes. Enfin, me voici derrière les barreaux pour un bout de temps, et si j'ai bien compris, par votre faute.

Spencer tressaillit. Les mains de David affermirent leur étreinte sur ses épaules.

— Ecoutez, Delia, commença David, je ne sais ce que vous avez entendu, mais...

Le rire de Delia l'interrompit, étonnamment léger.

— Je n'en veux pas à Spencer Huntington ! Elle cherche les réponses que vous n'avez pas été en mesure de lui fournir. Elle seule écoute la vérité parce qu'elle seule a vraiment envie de l'entendre. Je veux que vous sachiez ceci, tous les deux : je n'ai pas tué Danny Huntington. Certes, je me suis rendu coupable d'actes que votre monde blanc appelle des crimes, mais je n'ai pas tué votre mari. J'ai cherché la substance même de la vie ; j'ai broyé des os humains pour les manger et j'ai bu le sang qui transmet force et âme. Mais je n'ai pas tué cet homme. Maintenant que je suis sous clé, ils essaieront de me faire endosser la responsabilité de ce meurtre. Ils tapoteront Spencer sur la tête en lui affirmant que l'assassin de son mari est hors d'état de nuire. Et pourtant, je le répète : le sang de Danny n'a pas coulé par mon fait, et je ne vous veux aucun mal, Spencer.

Son sourire s'accentua, légèrement malicieux. Il regarda David, les yeux brillant d'un éclat un peu pervers.

— Je ne vous en veux pas non plus, Delgado. Peut-être pourrez-vous témoigner en ma faveur lors de mon procès.

— Ça m'étonnerait. Mais je puis vous assurer que je ne souhaite pas vous enfoncer, Delia.

— Au revoir, Spencer.

Quand elle lui tendit la main, l'étrange lueur vert doré qui couvait dans son regard la surprit une fois de plus. Cet homme devait être fou, conclut-elle. Fou, mais pas stupide. Il pesait la moindre de ses paroles. D'une certaine manière, il était parfaitement sain d'esprit.

— Merci de m'avoir reçue, dit-elle.

Trey Delia sourit.

— J'avais depuis longtemps le désir de vous connaître. Danny parlait tellement de vous. Je prie pour son âme. Et pour la vôtre.

David cogna à la porte pour appeler le gardien. En un rien de temps, elle fut ouverte, et ils se retrouvèrent dans le couloir. Quelques minutes plus tard, ils laissaient la prison loin derrière eux.

Assise près de David à l'avant de la Mustang, Spencer s'efforçait de cacher le tremblement de ses mains en les tenant serrées l'une contre l'autre. Elle regardait droit devant elle.

— Alors? fit David.

Elle sentit le poids de son regard.

— Alors quoi?

— Crois-tu Delia?

Craignant que David ne se moque de sa crédulité ou ne l'accuse d'avoir succombé au magnétisme de cet homme étrange, Spencer hésita.

— Oui, dit-elle pourtant.

A sa surprise, David haussa simplement les épaules.

— Moi aussi. Il estimait vraiment Danny. Ils avaient d'interminables discussions théologiques. Danny était un flic cultivé, et Delia a lui-même fréquenté de bonnes écoles.

Le regard de David quitta un instant la route pour se poser sur Spencer.

— Et maintenant, que faisons-nous ?
— Je voudrais prendre une douche.

Et, malgré elle, Spencer frissonna. David n'esquissa pas même l'ombre d'un sourire. Il ne lança aucune plaisanterie au sujet des femmes coupées des réalités de la vie.

— Je comprends ce que tu ressens. Cet endroit donne le frisson.

Spencer se raidit. David était bien placé pour savoir ce qu'on éprouvait des deux côtés des barreaux. A cause de Mary Louise Montgomery, il avait connu la prison.

Devinant l'esprit de David occupé par les mêmes pensées, Spencer demeurait silencieuse, tendue comme la corde d'un arc.

« Impossible de réécrire l'histoire ! » aurait-elle voulu lui crier. Tous deux ne le savaient que trop bien. Il n'y avait rien à dire des événements survenus des années plus tôt ; elle ne voulait même plus y penser.

La prison n'était pas éloignée de la maison de Spencer dans le Grove. Quand David eut immobilisé la voiture dans l'allée, elle descendit en hâte.

— Je vais bien, s'empressa-t-elle de dire en voyant David ouvrir sa propre portière. Inutile de...

— Il faut que nous parlions.

Juste. Sly l'avait engagé. David avait accepté l'argent de Sly. Il ne faisait que son métier.

— Comme tu voudras. Seulement, moi, je vais prendre une douche, dit-elle sur un ton sans réplique.

Il était derrière elle quand elle tourna la clé dans la serrure et il maintint ouverte la porte qu'elle lui aurait volontiers claquée au nez. Résolument, elle se dirigea vers l'escalier.

— Rends-toi au moins compte que tu ne peux continuer à commettre des actes insensés comme la nuit dernière ! lui cria-t-il.

La main sur la rampe, Spencer s'immobilisa et le dévisagea.

— Des actes insensés ! J'ai permis l'arrestation de Delia, il me semble... J'en ai fait plus en une nuit que vous autres, flics si incroyablement doués, en une année !

Sans attendre de réponse, elle se mit à gravir l'escalier. Cependant, David ne supportait pas l'idée de lui laisser le dernier mot. Il n'était certainement jamais monté à l'étage auparavant ; il la suivit néanmoins jusqu'à la porte de la salle de bains.

— Tu aurais pu te faire tuer dans ce cimetière.

— Mais je suis vivante ! Le noble et généreux David Delgado m'a sauvé la vie ; grâces soient rendues à l'argent de mon grand-père !

— Spencer...

— Excuse-moi ; je te laisse un moment, dit-elle sur un ton glacial.

Et, pénétrant dans la salle de bains, elle claqua la porte derrière elle. Elle entendit David jurer avant de s'asseoir sur son lit. Projetait-il de l'attendre ?

Elle régla le jet d'eau au maximum de puissance et de chaleur puis quitta ses vêtements. Un instant, elle les considéra, puis elle les ramassa et les jeta dans le panier servant de poubelle. Jamais plus elle ne les porterait. Décidément, David avait raison, même si elle ne l'avait pas laissé aller au bout de son idée : elle n'était absolument pas préparée à ce genre de situation. Les petites gens l'émouvaient, mais ces trafiquants de drogue, ces criminels, ces hommes cultivant la violence à l'état pur et qui cherchaient à démolir la ville qu'elle avait toujours chérie l'écœuraient. Elle ferait n'importe quoi pour le repos de l'âme de Danny, mais fréquenter certains milieux la bouleversait. Sa pensée revint à la jeune avocate qui côtoyait ces prisonniers libidineux avec une si froide assurance. Elle l'admirait tout en se sachant radicalement différente d'elle.

L'eau chaude ruisselait interminablement sur son corps. Soudain, un coup de poing frappé à la porte la fit tressaillir. Le battant n'était pas fermé à clé, mais David ne chercha pas à l'ouvrir.

— Tu ne te débarrasseras pas de moi comme ça! lui cria-t-il à travers le battant.

D'un geste sec, Spencer coupa l'eau et se ceignit d'un vaste drap de bain. Quand elle poussa la porte, elle ignorait les causes exactes de sa brusque fureur.

David eut un mouvement de retraite qui le ramena au pied du lit. Une veine battant à son cou trahissait son agitation. Ses yeux, plus noirs que bleus, se posèrent sur Spencer, debout dans l'embrasure de la porte et dégoulinant d'eau.

— Parler, parler! Et de quoi veux-tu parler? Tu me jettes hors de ton bureau et maintenant tu veux parler! Que se passe-t-il? Vous aurais-je ridiculisés, toi et les chers vieux collègues de Danny?

— Spencer, ne monte pas sur tes grands chevaux! C'est ta vie que tu joues dans cette affaire.

Le regard filtrant à travers ses paupières plissées, le doigt pointé devant, elle s'avança vers lui.

— Arrête ce cinéma machiste, David! Danny était un homme, un vrai. Et armé. Ça ne l'a pas empêché de mourir, n'est-ce pas? Alors...

— Raison de plus pour rester en dehors de tout ça! Danny savait contre quoi il luttait. Il avait rejoint les forces de la police et risquait le tout pour le tout. Mais toi, Spencer? N'auras-tu de cesse que tu te sois fait liquider aussi?

Dans l'intention d'accéder à son placard, elle le poussa.

— Va te faire foutre, David !

Une main lui agrippa sans douceur l'épaule.

— Non ! C'est toi qui vas te faire f...

Ce fut à cet instant que le drap de bain glissa inopportunément à terre.

Durant un long moment, ils demeurèrent silencieux. Le sang monta aux joues de Spencer, qui ne songeait qu'à ramasser la serviette pour dissimuler sa nudité. Cependant, le regard brûlant de David l'hypnotisait, à l'instar de celui de Delia. On aurait dit qu'il la touchait. Elle sentit sa respiration s'accélérer. Il y avait quelque chose d'incroyablement érotique dans cette sensation. Si David s'approchait maintenant, elle tomberait dans ses bras.

Il s'approcha, encore si visiblement sous le coup de la colère que Spencer se demanda s'il était conscient de ses actes.

Il l'était. Il savait qu'il commettait la pire bêtise de sa vie ; pourtant, rien ni personne n'aurait pu l'en empêcher. Sous ses yeux, totalement nue, se dressait Spencer dans sa beauté rayonnante, la tyrannique Spencer, merveilleuse petite blonde aux yeux bleus, aux cheveux ébouriffés, dont il avait eu la sottise de tomber amoureux des années plus tôt...

Il tendit les mains, et ses doigts épousèrent les contours de sa nuque parfaite, éprouvèrent la douceur soyeuse de sa chevelure d'Anglo-Saxonne. Il l'attira à lui, et il l'embrassa tout en songeant qu'il n'existait pas de demi-mesures avec Spencer.

Spencer. La femme de Danny Huntington. Ou plutôt sa veuve.

L'idée l'effleura sans l'arrêter pour autant. Peut-être agissait-il sous l'impulsion de la colère ; à moins qu'il ne fût resté prisonnier de sa folie tout au long des dix dernières années. Peut-être aussi était-il inévitable qu'ils se retrouvent. Une force le poussait vers elle, un désir brûlant qui exigeait d'être apaisé. Il fallait qu'il l'étrangle ou qu'il lui fasse l'amour.

Evidemment, Spencer pouvait le repousser...

Elle ne le repoussa pas. Tout d'abord, elle demeura passive tandis que David écrasait sa bouche sous la sienne et que sa langue se forçait un passage entre ses lèvres. Mais bientôt, elle se mit à gémir. Prenant alors la tête de David dans ses mains, elle se pressa contre lui et sa bouche se fit à son tour impérieuse.

Alors, c'en fut fait de Spencer Anne Montgomery. Les obstacles infranchissables qui s'étaient dressés entre eux basculèrent dans le néant, avec le souvenir de Danny.

David songea qu'il n'avait jamais été aussi excité de sa vie. Il l'était au point de perdre conscience de l'endroit où il se trouvait et du fossé qu'il franchissait. Spencer avait toujours été mince et légère; en un instant, il la couchait sur le lit, dégrafait son pantalon et se couchait sur elle...

Spencer gémit de plus belle. Les lèvres de David reprirent possession des siennes. Elles sentaient le café avec un arrière-goût de menthe. Et sa langue lui explorait avidement la bouche, pendant que sa main glissait vers le centre de son désir.

David effleura de la paume le duvet blond du pubis; ses doigts la sondèrent et la trouvèrent chaude et humide. Comme il approfondissait de la bouche la caresse intime, il sentit vibrer les sourds gémissements qui montaient de la gorge de Spencer.

C'était étrange. Durant toutes ces années, un tel désir, une telle soif d'elle, sans s'autoriser seulement à y penser... Cependant, au-delà du désir le plus primitif, un élan instinctif était intervenu. Un brusque besoin de la combler. Il ne voulait pas qu'elle oublie cette matinée. Jamais.

Fébrilement, il se pressa contre ce corps dont il se remémorait, dix ans après, tant de détails. Spencer possédait des seins parfaits, pleins et fermes, avec des pointes roses et développées, durcies maintenant. Il en lécha une, la goûta, joua avec elle tandis que ses doigts continuaient leur mouvement rythmé de pénétration. Tout en mordillant son sein, il l'entendait crier et sentait les doigts de Spencer se crisper dans l'épaisseur de ses cheveux.

Il se laissa glisser le long de son corps et sa bouche prit la relève. Il la maintint par les hanches pendant qu'elle soupirait, bredouillait des mots incompréhensibles, d'autres qu'il choisissait d'ignorer, se débattait, puis cessait de se débattre. Comme si une houle montait en elle, la jouissance la fit trembler tout entière. Alors, David se souleva, couvrit son corps du sien et s'enfonça en elle avec la sauvage passion qu'elle avait toujours éveillée en lui, la violence primitive qui traduisait son désir désespéré.

Et puis tout s'accéléra. Les ongles de Spencer lui labouraient les épaules, son corps se mouvait en accord avec le sien. En un instant, le monde fut aboli ; il n'existait plus pour David que son besoin d'aller au bout de son plaisir et de celui de Spencer. Cette dernière, devenue si habile, et toujours si mince, si douce ; angélique, aurait-on dit, n'était la manière dont elle bougeait sous lui.

Le plaisir déferla sur lui avec la violence d'un raz de marée. Peut-être en est-il toujours ainsi quand on fait l'amour avec une personne demeurée si longtemps dans vos pensées... Comme la conscience lui revenait, David se dit qu'il n'avait jamais autant apprécié un acte sexuel. Et, un peu plus tard, encore essoufflé et le cœur battant, il se sentit plus heureux qu'il ne l'avait été depuis des années.

Pourtant, depuis que leurs chemins s'étaient séparés, il en avait connu des filles, et elles lui avaient donné du plaisir.

Mais aucune comme Spencer. Peut-être parce qu'il n'avait jamais pu l'oublier et que jamais il n'y parviendrait. Dire qu'il était retourné, mouche stupide, se jeter dans la toile de l'araignée ! Et tout cela, au nom d'une prétendue loyauté envers Sly. Et, comble de l'imprudence en ces temps où le sida faisait des ravages, il n'avait même pas songé à se protéger ! En réalité, il n'avait pensé à rien. « Bon sang, Delgado ! Que t'arrive-t-il ? »

Plus rapide est l'acte, plus douloureuses sont les conséquences.

Spencer ne le repoussa pas, non ; rien d'aussi radical et définitif ne se produisit. Cependant, au lieu de rester allongée contre lui, le cœur battant, la respiration courte, sa peau blanche et satinée luisant de sueur, elle se redressa et lui offrit le spectacle de son dos agité de soubresauts. Sans voir son visage, il devina que des larmes silencieuses inondaient ses joues.

Il prit alors conscience d'être couché dans le lit de Danny, la tête reposant sur son oreiller, et il dut se retenir de hurler. Spencer ne manifesta aucune réaction quand il se leva et s'habilla. Elle ne pleurait plus, mais demeurait prostrée. Il aurait voulu lui parler, trouver quelque chose à dire, mais quoi ? Il se sentait lui-même tellement coupable.

Elle pleurait parce qu'ils avaient couché ensemble. Ou plutôt, parce qu'elle s'était retrouvée au lit avec lui. Et de cela, il était responsable. Ne l'avait-il pas suivie à l'étage ? Peut-être, mais cela ne se serait pas produit si elle l'avait repoussé tout de suite...

Oh ! bon, d'accord. C'était sa faute à lui ! Entièrement sa faute...

Et maintenant, elle se dissimulait à son regard pour pleurer. Sa tristesse provenait-elle du fait qu'il n'était pas Danny et qu'elle aurait souhaité qu'il le soit, ou du fait qu'elle était heureuse qu'il ne le soit pas ? Comme les épaules de Spencer se soulevaient de nouveau, David explosa.

— Arrête de pleurer, Spencer !
— Je ne pleure pas.
— Tu n'as commis aucun crime, voyons.
— J'en suis persuadée.
— Et moi non plus, je n'ai pas commis de crime. Danny est mort, tu ne peux pas plus le trahir que je ne le puis. Nous sommes des adultes désormais. Et puis tu es restée seule si longtemps, le corps a des exigences...
— Assez ! cria-t-elle soudain.

Elle se leva et le dévisagea. Elle était toujours nue, parfaitement belle avec ses cheveux blonds en désordre, ses yeux bleus élargis par la colère, sa peau teintée d'un délicat rose églantine.

Et ses joues inondées de larmes.

Surprenant son regard sur elle, Spencer se rendit compte que David était habillé quand elle était nue. Alors, elle courut ramasser le drap de bain, qu'elle entortilla en hâte autour d'elle.

— Sors, David, s'il te plaît ! Je ne te blâme pas.
— Je l'espère bien ! s'exclama David en la saisissant par le bras pour la forcer à le regarder.
— David ! Je t'ai demandé de sortir...
— Une veine que je n'aie pas trop mauvaise opinion de moi-même, sinon tu me ferais passer pour un minable. La même histoire ne va pas éternellement recommencer ? Tu convoites ce qui t'est interdit, et comme cela se trouve de l'autre côté de la barrière, tu te figures que tu peux le prendre pour le rejeter ensuite avec dédain. Tu ressens le

besoin de pimenter ta petite existence d'un peu de sordide, c'est ça ? Tu ne l'admettras pas, et pourtant...

— Arrête. Je suis la femme de ton ami, David !

Spencer souffrait ; il s'en rendait compte sans toutefois pouvoir s'arrêter.

— Que veux-tu au juste ? cria-t-il. Un petit intermède érotique ? Comment les aimes-tu ? Rapides, discrets, efficaces ?

Elle prit une profonde inspiration et leva la main. Bien qu'il eût deviné qu'elle comptait le gifler, David s'abstint d'arrêter son geste. Sans doute n'était-il pas meilleur qu'elle puisqu'il désirait sentir le contact de sa main sur sa joue, emporter ce souvenir d'elle en partant.

Que lui arrivait-il ? La colère le submergeait-elle parce qu'il voulait tout de Spencer, et non seulement des miettes ? Jamais il ne l'avait tout entière possédée. Cela avait été le cas dix ans auparavant, et ce serait pareil aujourd'hui.

Il sentit sur sa joue le picotement de la gifle. Les yeux de Spencer ne reflétaient plus que froideur et aussi un peu d'inquiétude ; sans doute attendait-elle sa réaction.

— Je t'attends en bas, Spencer.

Elle pâlit et secoua la tête.

— J'exige que tu partes, tu m'entends !

— Tu ne vas tout de même pas t'attendrir sur ton sort ? Tant pis pour toi. Sly m'a payé, après tout.

— Et tu en donnes toujours aux gens pour leur argent !

— Exactement !

— Si tu t'obstines, j'appelle la police.

— Vas-y. Et si tu tombes sur un de mes ex-collègues, salue-le de ma part !

Sur cette dernière flèche, David quitta la pièce en se maudissant. Il n'aurait tout simplement jamais dû y entrer.

7.

Lorsque Spencer descendit, elle trouva David feuilletant le journal dans la salle de séjour. Sans lui prêter attention, elle se dirigea vers la cuisine, où elle avala deux grands verres d'eau. Dans un placard, elle gardait des comprimés de Valium qui lui avaient été prescrits à la mort de Danny. L'idée d'en prendre un ou deux l'effleura sans qu'elle s'y arrête. David cesserait-il pour autant de la poursuivre et ses émotions de la déchirer ? Non, bien sûr.

Elle avait revêtu une tenue choisie pour donner une impression de grandeur et de majesté : ensemble de soie à col mandarin bien montant, chaussures à talon vertigineux, cheveux relevés en chignon au sommet de la tête. A aucun prix, elle n'aurait voulu risquer de se voir regardée de haut par David. Elle gagna la salle de séjour.

— Tu es peut-être payé pour te prélasser dans un fauteuil à longueur de journée, lui assena-t-elle le plus froidement possible, mais moi, je dois aller travailler.

David la dévisagea sans que rien dans son expression ne trahisse ses sentiments. Pourtant, Spencer sentit son mépris. Plus jeune, elle avait déjà eu l'impression d'être en butte à ce sentiment de la part de David ; et sans doute l'avait-elle mérité.

Spencer refoula ces souvenirs. Elle allait feindre

l'indifférence; à aucun prix, elle ne lui laisserait deviner son trouble intérieur ni la haine qu'elle éprouvait envers lui, et, surtout, envers elle.

Il ne saurait pas non plus que jamais elle ne cesserait de le désirer. Fût-ce dans la maison de Danny. Dans son lit.

— Je t'accompagne, dit-il d'un ton égal.

Comme s'il avait déjà tout oublié, ou que cela n'avait rien signifié pour lui.

Mais après tout, peut-être n'attachait-il aucune importance à cet épisode. Que savait-elle de lui, de sa vie ? Après l'école supérieure, Reva et elle avaient plus ou moins coupé les ponts, et, depuis son mariage, elle avait soigneusement évité David. Apparemment, il vivait très bien sans elle. D'ailleurs, il était trop beau pour n'avoir pas profité de la vie.

Une subite rougeur monta aux joues de Spencer. Où avait-elle donc la tête ? En plein cœur des années 90, elle n'avait pas songé un instant aux risques d'une éventuelle contamination ! Non, une seule chose avait compté : appartenir à David, le plus complètement possible. Une indicible honte la submergea. Qui, à cette époque, osait encore tomber avec tant d'inconscience dans les bras d'un partenaire ?

Eh bien, mais Spencer Anne Huntington, pardi ! L'idée des conséquences possibles de son abandon la hantait à présent. Et puis, il y avait David qui la considérait, glacial, le regard empreint d'une lueur dont elle ne pouvait définir si elle reflétait la moquerie ou le dédain.

— Je prends ma voiture, dit-elle. Je ne peux pas t'empêcher de me suivre, mais il faut au moins que tu sortes de ma maison.

— N'est-elle pas aussi celle de Danny ?

A court d'arguments, Spencer se détourna et se dirigea

vers la porte, ses talons cliquetant sur les dalles de marbre de l'entrée. Toutefois, avant qu'elle ne l'atteigne, un coup de sonnette la figea sur place. David tira son revolver de son étui et s'approcha doucement du judas. En découvrant l'identité du visiteur, il fronça les sourcils, puis, rengainant son arme, ouvrit.

— Fried ! Que faites-vous là ?

En costume de tweed marron défraîchi, passablement confus, l'ancien partenaire de Danny se tenait sous le porche. La présence de David paraissait le déconcerter ; il regarda Spencer.

— Je voudrais vous parler, dit-il sur un ton hésitant.

Il se raidit, comme s'il s'en voulait d'avoir trop vite dévoilé le but de sa visite, puis ajouta :

— En réalité, je suis content de vous voir, Delgado. Avec votre aide, je parviendrai peut-être à raisonner Spencer.

L'air dubitatif, David ouvrit largement la porte et croisa les bras sur sa poitrine. Son regard passa alternativement de Spencer à Jerry Fried.

— Je vous en prie, déclara-t-il. Cela pourrait bien être drôle.

— Entrez, Jerry, dit Spencer, rembrunie.

L'officier de police avança d'un pas et examina le décor. Spencer se demanda s'il appréciait le charme et l'élégance de la demeure, ou s'il se remémorait le fait que Danny avait vécu là. Les deux hommes ne s'entendaient pas très bien ; cependant, Spencer rejetait volontiers la responsabilité de leur mésentente sur Danny, aux yeux duquel, certainement, personne ne pouvait remplacer David, le prédécesseur de Fried. Apparemment, Danny jugeait Jerry plutôt bon gars mais peu perspicace.

— Une tasse de café, Jerry ? proposa Spencer.

— Vous rigolez ? Il fait une chaleur à crever ! Oh ! pardon, Spencer.

— Une boisson fraîche, dans ce cas ? Soda, thé glacé ?

Jerry fit signe que non, puis il entra dans le vif du sujet.

— Spencer, il faut que je vous dise : vous nous blessez énormément.

— Je vous... blesse ?

— Ecoutez, Spencer. Vous avez vécu assez longtemps avec un officier de police pour savoir que nous faisons toujours notre possible pour retrouver le meurtrier d'un des nôtres. Nous avons pratiquement campé devant le domicile de Delia, nous avons épluché tous les dossiers sur lesquels Danny travaillait au moment de sa mort. Et nous ne renonçons pas. Nous mettrons la main sur son assassin, à condition, toutefois, que vous nous laissiez les coudées franches.

— Je n'interfère en rien dans votre enquête ! protesta Spencer.

Jerry Fried haussa les épaules.

— Bon Dieu, Spencer ! On vous a bien surprise rôdant en pleine nuit dans un cimetière !

— J'obéissais à mon intuition.

— Votre intuition, hein ?

— Bon, d'accord, Jerry, j'admets que je n'aurais pas dû me rendre là. Cependant, mon geste a payé puisque Trey Delia se trouve maintenant sous les verrous.

— Ouais, et c'est une bonne chose. Mais parce que nous ne mettons pas assez vite la main sur l'assassin de Danny, vous semblez douter de notre volonté de l'appréhender. Expliquez-lui, Delgado !

David, qui observait l'échange les bras croisés sur la poitrine, haussa les épaules.

— C'est vrai, Spencer, et tu le sais. Les flics ont tout intérêt à découvrir le meurtrier. Réfléchis : chacun pourrait bien être la prochaine victime !

Spencer leva une main.

— Je n'irai plus fureter dans les cimetières, Jerry. C'est promis.

Le policier s'apprêtait à se retirer quand, au dernier moment, il se ravisa.

— Si par hasard vous apprenez quelque chose, vous devez absolument nous en avertir, Spencer. Je me fais bien comprendre ?

— Je... je ne sais rien, répliqua-t-elle sèchement.

— Dans ce cas, au revoir. Et prenez garde à vous. Je vous promets de vous tenir scrupuleusement au courant de tout ce qui concerne cette affaire.

— Merci, dit Spencer.

David lui jeta un regard dépourvu d'aménité avant de raccompagner Jerry Fried à sa voiture.

— Que signifie tout cela ? lui demanda-t-il.

Hochant la tête d'un air soucieux, Jerry Fried se glissa derrière le volant.

— Il me semble qu'elle sait quelque chose. Possible qu'elle soit en cheville avec un indicateur inconnu de nos services. En tout cas, un truc pas clair.

Il leva les yeux sur David.

— Quelle poisse ! Nous n'arrivons à rien, David. Pas d'empreintes, pas d'arme ni de témoin. Rien. Et Danny est mort, lui, un flic, sans nous laisser le moindre indice, juste en murmurant le nom de sa femme...

Il hocha la tête.

— Vraiment, c'est à s'arracher les cheveux, ajouta-t-il. Je donnerai cher pour avoir le fin mot de l'affaire. Seulement, pour ça, il faudrait que le lieutenant *et* Mme Huntington me lâchent un peu les baskets ! Désolé, Delgado. Je sais que Danny était votre ami. Bon gars, bon collègue. Mais, sapristi, quand je pense qu'il détenait des informations qu'il ne m'a pas communiquées, je deviens fou !

— Danny était un bon policier, dit David avec une prudente réserve.

— Ouais, marmonna Jerry. Vous travaillez pour elle, maintenant ?

David eut un geste de dénégation.

— Pour le vieux Montgomery, alors ?

— Je travaille pour Danny et pour moi-même. Au revoir, Fried.

— Hum, au revoir.

La voiture de Fried s'éloignait à peine quand Spencer s'installa au volant de sa Mazda. David eut juste le temps de prendre lui-même place dans la Mustang avant qu'elle ne démarre.

— Et merde ! jura-t-il entre ses dents.

David appuya sur l'accélérateur. Ainsi, il pourrait se glisser dans le flot de la circulation juste derrière elle au moment où ils quitteraient l'allée privée. On ne semait pas aisément David Delgado !

Son capot était à présent si proche du pare-chocs arrière de Spencer qu'on eût dit les deux voitures attachées. Il demeurait sur ses gardes, prêt à parer à toute tentative qu'elle ferait pour lui échapper ; cependant, il semblait que Spencer eût bien l'intention de se rendre à son travail.

Il composa le numéro du cabinet privé de Sly. Ce dernier décrocha immédiatement.

— Spencer entre sur le parking, annonça David. Je serai à mon agence d'ici peu.

— Très bien. Merci.

— Appelez-moi quand elle sera sur le point de rentrer chez elle.

— D'accord. Réussiras-tu à ne pas la perdre de vue ?

Hum, Spencer n'apprécierait pas de l'avoir en permanence sur le dos, mais tant pis. Elle ne pourrait pas l'empêcher de faire le guet dehors.

— J'y arriverai, Sly. La journée, je vous la confie.

Soyez vigilant. J'ai dans l'idée que quelque chose se prépare. Si vous pouvez la surveiller, j'utiliserai intelligemment mon temps à rencontrer quelques bons vieux amis et ennemis.

— Je veille sur elle, promit Sly avant de raccrocher.

De fait, la tâche des anges gardiens ne fut pas très compliquée. Spencer passa la majeure partie du week-end sur le site d'un chantier, en compagnie de Sly et d'une douzaine de maçons.

Dimanche, en fin d'après-midi, suivie de David, Spencer fit un crochet par l'église avant de rentrer chez elle. Comme il roulait à distance respectueuse, elle ne se rendit pas compte qu'elle était filée ; à moins qu'elle préférât l'ignorer.

Un peu plus tard, elle gagna la piscine. En la regardant nager, David sentit son désir pour elle douloureusement ravivé. Il eut beau se moquer de lui-même, tempêter, rien n'y fit ; il continua de la dévorer des yeux. Au moment où le ciel s'assombrissait, elle s'assit au bord d'une chaise longue et se prit la tête dans les mains. A en juger par son attitude, David supposa qu'elle pleurait.

Bon, Danny mort, il ne représentait sans doute qu'un piètre substitut aux yeux de Spencer. A moins que, au contraire, elle ne se pardonne pas son désir de remplacer son mari. Il ne savait pas quelle explication était la bonne, et cette incertitude le déchirait.

Durant la semaine suivante, Spencer passa beaucoup de temps au bureau sous la surveillance de Sly. Ce dernier, quoique rassuré de l'avoir presque constamment sous les yeux, arriva au vendredi à bout de nerfs. Il ne s'était rien produit de particulier. Juan, un subordonné de David, avait, de son côté, surveillé les agissements de Ricky Garcia. Sans doute parce qu'il se savait dans le collimateur de la police, ce dernier observait une prudente réserve.

Grâce à ses relations au sein de la police, David s'était arrangé pour que la compagnie ayant installé le système d'alarme chez Spencer vienne, sous prétextes d'un contrôle de routine, tester de près son fonctionnement. Chaque soir, il vérifiait lui-même la fermeture des portes avant d'appeler la compagnie pour s'assurer que l'alarme était bien opérationnelle.

Sa nervosité augmentait à mesure que s'affermissait sa conviction qu'un événement se préparait. Et, à cause de cet état de perpétuelle tension, la semaine lui parut se traîner inexorablement.

Si seulement il avait pu garder ses distances vis-à-vis de Spencer. Mais il ne fallait pas y compter.

Le vendredi matin, comme les autres jours, il la suivit jusqu'aux bureaux. Il ignorait toujours si elle se savait filée en permanence. Tandis qu'elle bifurquait pour aller se garer sur le parking de l'entreprise Montgomery, il demeura sur Main Street. Il se trouvait à deux pas de sa propre agence. Aussi s'y rendit-il rapidement.

Derrière le bureau de la réception, Reva classait des papiers. Elle leva les yeux à son entrée et lui jeta un regard curieux.

— Du nouveau ? lui demanda-t-il.

Elle haussa les épaules.

— Marty travaille sur cette histoire d'escroquerie à l'assurance. Il a téléphoné, disant que nous étions sur la bonne piste. Juan est descendu à Little Havana pour essayer de découvrir ce que manigance Ricky Garcia. Quelqu'un a appelé au sujet d'un divorce.

— Envoie-le paître.

— C'est ce que j'ai fait, grand frère. Tu ne voudrais

tout de même pas que nous acceptions une mission qui nous rapporterait de l'argent !

David haussa les épaules et se dirigea vers son bureau. Il sortait le dossier Danny quand Reva vint lui proposer une tasse de café.

— J'en ai déjà pris.

— Veux-tu que je te fasse réchauffer au micro-ondes une portion de riz aux haricots noirs de *tia* Anna ?

David refusa d'un signe de tête.

— Je n'ai pas faim.

— Dis donc, Spencer te fait un drôle d'effet, grand frère ! Du nouveau depuis que vous avez rendu visite à Trey Delia en prison ?

Les mains croisées, David considéra un instant sa sœur avant de hocher la tête.

— Je suis retourné le voir.

— Et alors ?

— Alors, je n'arrive pas à croire qu'il ait pu tuer Danny. Je le crois fêlé au point d'avoir supprimé des membres de sa secte. Mais il n'a pas tué Danny.

— Dans ce cas, pourquoi t'acharner sur lui ?

— Dis donc, sœurette... C'est moi le patron, ici !

— Tu as refusé les gages que te proposait Sly Montgomery, n'est-ce pas ?

— Je ne veux pas de son argent, Reva.

— Je comprends, tu sais. Il nous a permis de faire de bonnes études, je trouve normal que tu n'acceptes rien de lui.

— De toute façon, je suivais déjà l'affaire.

Reva se leva, prête à quitter le bureau.

— David ?

— Mmm ?

— Tu veilles seulement sur Spencer, hein ? Pas de bêtises, elle t'a causé suffisamment d'ennuis comme ça.

139

— Ecoute, Reva, je ne suis pas du genre à traverser la vie en me protégeant.

— Bien sûr. Tu as toujours fait ce que tu voulais. Mais seul !

— Ne t'inquiète pas pour moi, Reva. Mes nuits du vendredi sont bien remplies.

— Oh ! je sais. Une Anglo, une semaine, une Hispano la suivante. Un modèle, une juge, une serveuse, une avocate. Dans ce domaine, on ne peut t'accuser d'avoir des préjugés. Pourtant, où est ton foyer, David ? Où sont ces samedis après-midi que tu pourrais passer avec ton fils à son club sportif ? C'est comme si tu avais renoncé à tout en perdant Spencer. Je ne veux plus te voir t'impliquer ainsi. De l'eau a coulé sous les ponts, David, mais nous sommes restés les mêmes. Pareil pour les Montgomery !

David se rembrunit.

— Je considère Sly Montgomery comme un être d'exception, à l'égal de notre grand-père. Comment peux-tu oublier qu'il a...

— Je n'ai rien oublié ! s'écria impétueusement Reva. Tu sais combien j'apprécie Sly. C'est seulement que je t'aime encore davantage.

Il se rassit et fixa intensément sa sœur.

— Je peux toujours accompagner mes neveux à leur club sportif, Reva.

— David, je désire tellement ton bonheur.

— Je suis heureux comme un poisson dans l'eau.

— Si tu le dis... Seulement, quand tu en seras réduit à te taper la tête contre les murs, j'espère que tu te souviendras que je t'avais prévenu. Et si ses parents fourrent leur nez dans vos affaires, ne compte pas sur moi pour te sortir de taule !

Sa fracassante déclaration faite, Reva quitta la pièce.

*

Dans cette ancienne histoire, Spencer n'avait pas que des torts. Il se trouve seulement que les Cubains sont possessifs et jaloux. Et que David aimait Spencer.

Aucun de leurs amis n'ignorait plus les sentiments qu'ils éprouvaient l'un pour l'autre. On aurait dit qu'ils ne vivaient que pour les moments où ils se retrouvaient. Par ailleurs, considérant qu'il devait bien cela à Sly et à la mémoire de Michael MacCloud, David poursuivait très sérieusement ses études. Son grand-père était mort l'année précédente, ayant passé les quinze dernières années de sa vie à tenter de faire de l'Amérique la Terre promise de ses petits-enfants. David avait dû alors s'occuper de Reva : elle n'avait que lui au monde, et il se refusait à voir les tribunaux l'envoyer dans un quelconque foyer. Il était le grand frère d'une orpheline venue de Cuba sur un radeau.

Il était entré à l'université, comme Spencer. Depuis ce jour où ils avaient fait l'amour pour la première fois chez Sly, ils entretenaient des relations suivies. Cinéma le vendredi, la plage le week-end, les pique-niques avec les copains de la bande ; David commençait à croire à l'Amérique de l'égalité entre tous les hommes. Il avait même été invité à dîner par les parents de Spencer, qui s'étaient montrés plutôt cordiaux, encore qu'il ait surpris un jour la mère de Spencer l'évoquant comme « ce réfugié que Spencer amène à la maison ». Il possédait toutefois suffisamment de sagesse pour ne pas se laisser démoraliser pour si peu. Le principal était que Sly l'estimât et l'aimât. Et puis, au fond, seule l'opinion de Spencer comptait réellement à ses yeux ; c'était d'elle qu'il était amoureux.

Et durant un an, ils s'étaient aimés passionnément.

Ils se disputaient parfois, bien sûr. Il arrivait par

exemple à Spencer de lui reprocher amèrement de s'intéresser à Terry-Sue. Et David, de son côté, aurait volontiers transformé en chair à pâté celui qui se serait permis de plaisanter avec elle. Cependant, ces chamailleries ne faisaient que rendre plus précieux les instants d'intimité qu'ils parvenaient à dérober à la vie quotidienne. Un jour, ils se réfugiaient dans un hôtel touristique de North Miami Beach; le week-end suivant, ils s'aimaient au soleil couchant sur la plage, quand la marée se retirait et que l'univers explosait dans une apothéose de pourpre et d'or.

David n'avait survécu à la mort de Michael que grâce à Spencer. Dans ces douloureux instants, il avait recherché d'abord la solitude. Pourtant, très vite, il s'était aperçu qu'il avait terriblement besoin d'elle; et ce soir-là, il lui avait fait l'amour plus passionnément que jamais. Avec une sorte de furie, pourrait-on dire. Spencer comprenait la valeur du lien qui l'unissait à son grand-père; ce qu'elle ignorait, c'était ce qu'on éprouvait, quand on se retrouvait seul au monde.

Il était tout jeune à la mort de sa mère, et encore un gosse au moment où il avait quitté sa maison pour s'enfuir avec sa petite sœur, le revolver au poing. Il n'avait que huit ans quand Michael MacCloud lui avait annoncé avec ménagement le décès de son père dans les geôles cubaines, où ce dernier avait passé les ultimes mois de sa vie à rédiger des pamphlets pour la liberté. Et puis, Michael aussi l'avait quitté, le laissant avec une petite sœur à protéger. Bien sûr, il existait quelque part des cousins, des oncles et des tantes. Cependant, quoiqu'ils ne fussent pas indifférents au sort de Reva et au sien, ils n'avaient pas les moyens de lui venir en aide. Il lui fallait gagner sa vie, s'occuper de Reva. Il ne pouvait supporter l'idée d'en être séparé.

David se révélait un travailleur infatigable. D'aussi loin qu'il se souvienne, il avait travaillé. Et il aimait Spencer, il avait besoin d'elle. Seulement, elle ignorait ce que signifiait l'insécurité. Aimée de ses parents, adulée de Sly, protégée de toutes les vicissitudes de la vie, Spencer évoluait dans ce cocon moelleux et rassurant que procure la richesse.

Peut-être avait-il lui-même jeté les premières fondations du mur qui s'élèverait entre eux, le jour de l'enterrement de Michael ; peut-être avait-il posé les premières pierres en la possédant avec une telle violence. Cependant, la véritable cassure datait du jour où les parents de Spencer avaient invité chez eux un certain Bradford Damon, du Rhode Island. Même âge que Spencer, Anglo-Saxon pur race, riche comme Crésus. Tout ce que ce type connaissait de l'existence, c'était la navigation à voile, avec pour dérivatif le golf. En dépit d'un niveau scolaire plutôt médiocre, et grâce à la généreuse donation de son père, il avait réussi à intégrer une des universités de la prestigieuse Ivy League des Etats de l'Est.

Au début, Spencer et lui se moquaient de Bradford, et elle se plaignait de devoir lui consacrer du temps au détriment de David.

A cette époque, David s'occupait de mise en scène au département de théâtre, à l'université. Un vendredi soir, après une séance de répétition, il était passé prendre Spencer chez ses parents. En des termes peu équivoques, sa mère l'avait congédié.

— Spencer est absente. Brad et elle se sont rendus à une soirée dansante du club nautique et ne rentreront pas avant minuit. Il s'agit d'une soirée privée, David, et je vous prierai de vous abstenir d'aller y semer le scandale.

De sa vie, jamais David n'avait causé de trouble nulle part. Il se rendit au club et, caché dans le parc environnant, observa les gens par les baies vitrées. Spencer se trouvait bien dans la salle en compagnie de Bradford Damon.

On ne pouvait malheureusement tenir ce dernier pour un personnage falot. Grand, mince, blond, il portait un complet de bonne coupe qui lui allait à merveille.

Il riait beaucoup en dansant avec Spencer. Mais le pis était qu'elle paraissait également beaucoup s'amuser. A un moment, David vit Bradford se pencher sur Spencer et l'embrasser. Et il lui sembla bien qu'elle lui rendait son baiser.

David en avait assez vu ; il s'éloigna. Durant un bon moment, il arpenta les rues avant de se décider finalement à retourner chez Spencer. Il se trouvait sous sa fenêtre, cherchant quelques cailloux à jeter dans ses carreaux quand il s'immobilisa, pétrifié. Il venait de surprendre un rire en provenance de sa chambre. Un rire d'homme.

Il projeta assez violemment un caillou dans sa fenêtre, puis un autre. Quelques instants plus tard, elle apparaissait, très pâle, ses cheveux auréolant son visage d'un nuage blond. Elle portait une de ces robes davantage destinées à dévoiler rondeur du sein et courbe de la hanche qu'à les dissimuler. Elle ouvrit la bouche, stupéfaite de le découvrir sous ses fenêtres.

— David !

A ce moment, retentit la sirène d'un car de police. David regardait encore Spencer quand on l'arrêta. Protesta-t-elle ? Il n'en sut jamais rien. Le fait est qu'il se retrouva derrière les barreaux, emprisonné avec des hommes de toutes races et de toutes couleurs, édentés, les bras constellés de traces de piqûres, et qui le raillaient avec mépris.

Sly obtint son élargissement, et, dès le lendemain, Spencer se précipitait chez lui, dans la minuscule maison que Michael MacCloud avait léguée à David et Reva.

— David... Je suis tellement désolée!
— Fiche le camp, Spencer.
Elle le contemplait, immobile.
— Je ne suis pour rien dans ce qui est arrivé, David. J'ignorais même que tu te trouvais en prison jusqu'à ce matin.
— Très bien. Je te crois.
Il l'aurait tuée. Le désir de serrer entre ses mains ce cou parfait le torturait.
— Tu étais drôlement occupée la nuit dernière, reprit-il. C'est comment avec Bradford Damon? Les blonds sont-ils si différents?
La respiration de Spencer s'accéléra. Elle leva la main pour le frapper, mais il arrêta son geste.
— Rentre chez toi, Spencer, murmura-t-il, soudain très las.
Les beaux yeux bleus lancèrent des éclairs, ses mâchoires se crispèrent.
— De quel droit..., commença-t-elle.
— J'en ai peu, effectivement. Mais tout de même celui de chasser une fille qui se moque de moi.
— Je ne me moque pas de toi.
— Je t'ai vue avec ce type.
Les joues de Spencer se colorèrent. Elle ne nia pas, et ce fut sans doute ce qui le fit le plus souffrir.
— Espèce de salope! gronda-t-il. Pute! Pute de luxe, mais pute quand même!
— Sale réfugié cubain! lui jeta-t-elle en retour.
Dans une détente de tout son corps, il la saisit, l'attira à lui et l'embrassa avec une passion décuplée par la jalousie.
Crut-elle à cet instant que les choses allaient s'arranger, qu'elle pourrait louvoyer entre les desiderata de ses parents et son amour pour David? Lui, cependant, sem-

blait pris de folie subite. Plus tard, il se demanda même comment on pouvait qualifier ce qu'il lui avait fait. Pas l'amour, certainement. C'était au-delà de tout ce qu'il connaissait; mais aussi, jamais il n'avait éprouvé une telle angoisse et une telle souffrance. A chaque instant, il se demandait comment Bradford Damon s'y était pris, et son imagination le mettant au supplice le rendait d'autant plus vindicatif. A un moment, elle cria, mais s'accrocha à lui sans protester. La conclusion laissa David insatisfait. Son agitation ne cessant de croître, il se leva et regarda par la fenêtre de la chambre.

— Mes parents ne voulaient pas ce qui est arrivé, murmura Spencer d'une voix pressante.

— Et toi, Spencer, le voulais-tu?

— Qu'entends-tu par là?

— Je n'en sais rien moi-même.

Il marcha sur elle comme un lion en cage.

— Tout ce que je sais, c'est que tu es le laquais de tes parents, et que ce sont de tristes bigots bourrés de fric!

Spencer tressaillit. Elle se leva et rassembla ses vêtements dispersés dans toute la pièce. Elle s'habilla rapidement; ses gestes saccadés trahissaient sa colère.

— Comment oses-tu parler ainsi de mes parents? Comme si c'était un crime de naître riche!

— Eh bien, même si ce n'est pas illégal, je juge parfaitement immoral de mentir et de s'autoriser à blesser les autres juste parce qu'ils ne sont pas aussi bien nantis que soi!

— Je t'ai déjà dit qu'ils ne voulaient pas...

— Et toi, Spencer? Oserais-tu prétendre que tu n'avais pas l'intention de coucher avec leur invité?

De nouveau, elle esquiva la question; elle se leva et vint le gifler au visage.

Immobile, il la dévisageait. Il aurait voulu la prendre

dans ses bras, il craignait tant de ne jamais la revoir. Cependant, il tremblait de rage et d'humiliation.

— On nous a bien eus, trésor, murmura-t-il.

— Espèce de bâtard !

Finalement, il l'écarta de son chemin et sortit de sa propre maison.

L'après-midi, il apprenait qu'elle avait quitté l'Etat. Hébété, il décida alors de faire de même. Après avoir pris tous les arrangements nécessaires pour que Reva puisse fréquenter l'université, et avoir prié sa tante de veiller à ce qu'elle entre dans un foyer pour étudiants, il fit ce qu'il fallait pour s'empêcher de passer son temps à suivre Spencer à la trace et à se taper la tête contre les murs.

Il s'engagea dans l'armée américaine.

Le grésillement du téléphone intérieur fit sursauter David. Il appuya sur le bouton.

— Ligne 1, fit la voix de Reva. C'est Sly, et il semble bouleversé.

David porta l'écouteur à son oreille.

— Sly ?

— Elle est partie, David. Elle a filé.

— Pas d'affolement, je...

— Non, non, tu ne comprends pas ! Elle n'est pas allée chez le coiffeur ou au restaurant. Il ne s'agit même pas d'un après-midi de congé !

— Expliquez-vous, Sly, je vous en conjure.

— Elle est à l'aéroport ! Son avion décolle dans moins d'une heure.

— Comment ?

— Elle a acheté un billet pour Newport via Boston.

Les doigts de David se crispèrent sur le combiné.

— Eh bien, elle sera en sécurité chez ses parents.

— Comment en être sûr ? Tu connais Spencer. Elle ne s'est certainement pas précipitée là-bas pour les voir, mais pour éviter de passer le week-end ici.

— J'irai jusqu'à l'aéroport, Sly. Mais je vous assure qu'elle sera hors d'atteinte au Rhode Island.

David argumentait tout en sachant la partie perdue d'avance. Il savait déjà qu'il la suivrait jusqu'à Newport.

— Je n'en sais rien ! Mais, bon Dieu, mon garçon, je ne veux pas qu'elle se retrouve toute seule. Cela me coûte de te demander ce service, mais je t'en prie, accompagne-la.

David grimaça. Les jointures de ses doigts crispés sur l'appareil avaient blanchi.

— Pour l'amour du ciel, David ! J'ai un mauvais pressentiment... Tu la suivras, n'est-ce pas ?

Durant quelques secondes, David ne put répondre. Puis il laissa échapper un profond soupir.

— Entendu, Sly. Oui. Je la suivrai.

Après avoir raccroché, il contempla un moment le téléphone. Qu'elle aille au diable avec sa manie de prendre la fuite dès que les choses ne prenaient pas la tournure qu'elle voulait !

8.

Un calme plat régnait sur la maison Huntington.

Depuis 9 heures du matin, dans sa voiture bleue, vêtu de son complet bleu, il en surveillait les abords. Il était garé un peu plus bas dans la rue, devant une maison voisine, dont il ne craignait pas de déranger les occupants : après des heures entières passées à faire le guet dans cette rue, il connaissait par cœur leur emploi du temps, au demeurant réglé comme du papier à musique. Chaque matin, à 8 heures tapantes, l'homme embrassait sa femme avant de grimper dans sa Volvo marron. Elle, de son côté, quittait la maison avec les gosses à 8 heures et demie.

Le vendredi, jour de la gymnastique, elle ne rentrait qu'aux environs de 20 h 30 en tenue de sport ajustée et brillante. Lui n'arrivait jamais avant 21 heures car il passait invariablement prendre les enfants chez leur grand-mère.

A force de faire le guet, il en savait presque aussi long sur les voisins que sur Spencer Huntington.

Les horaires de cette dernière manquaient, quant à eux, de précision. Tantôt elle travaillait dans les bureaux, tantôt sur les chantiers ; cependant, elle regagnait généralement son domicile vers 17 heures, sans doute parce que, passée cette heure, la circulation devenait infernale. Elle rentrait donc assez tôt, quitte à ressortir après 19 heures pour faire

149

des courses. Elle menait une vie plutôt solitaire et casanière. Le soir, elle profitait longuement de la piscine. Elle possédait une bonne demi-douzaine de maillots de bain, parmi lesquels, quoiqu'il les appréciât tous, le spectateur qu'il était aimait particulièrement le bikini bleu.

Elle le portait souvent le vendredi, pour plonger, nager, ou bien rester allongée sur un matelas pneumatique à contempler le ciel. Quand il la savait dans sa piscine, il ne manquait jamais de sortir de sa voiture afin de l'admirer à travers les lattes de la clôture de bois, bien dissimulé par l'épaisse végétation.

Il fallait avouer que le spectacle en valait la peine. Elle était si belle. Et si triste. Languissait-elle en l'absence de l'officier Huntington ? Lui, en tout cas, songeait l'inconnu au complet bleu, il l'aurait volontiers consolée !

La surveillance ne posa pas de problèmes jusqu'à ce que Delgado, ce brillant enquêteur du bureau des crimes reconverti dans le privé, vienne rôder dans le coin. Celui-là finirait forcément par remarquer ces voitures inconnues, souvent garées à proximité de la maison Huntington. Peut-être même surprendrait-il des bruits dans le feuillage. Deux fois déjà, à cause de Delgado, il avait dû vider les lieux. Si ce flic continuait de monter ainsi la garde autour de Spencer Huntington, il le démasquerait, si prudent soit-il. Evidemment, au cas où il ne se passait rien, il y avait des chances pour que Delgado, concluant à la paranoïa de l'entourage de Spencer, renonce enfin à sa mission. Malheureusement, il pouvait tout aussi aussi bien s'accrocher ; sa réaction restait à déterminer. Quoi qu'il en soit, si Delgado poussait plus avant ses investigations, il faudrait agir.

Assis derrière le volant de sa voiture, il ne s'inquiéta pas outre mesure en ne voyant pas paraître Spencer à 17 heures. Après tout, elle aussi pouvait se trouver coincée dans les embouteillages.

17 h 30 arrivèrent, puis 17 h 45. Il s'empara de son émetteur radio.

— Prévenez le boss que notre blonde explosive n'est pas encore rentrée.

— Très bien. Attendez que nous vous rappelions.

Il attendit. Quand la sonnerie retentit, il tenait encore l'appareil à la main.

— Oui ?

— Laissez tomber. Elle a quitté la ville pour le week-end.

— J'arrive.

Il raccrocha et mit le moteur en route. Dommage. Il aimait bien voir la voisine rentrer dans cette tenue de gymnastique qui lui allait si bien.

Et puis, le vendredi, Spencer enfilait son bikini bleu. Ça aussi, il allait le regretter.

Quel triste début pour un week-end !

Avant qu'elle ne se retrouve installée sur son siège de première classe de l'Airbus 300 en partance pour Newport, Spencer ne songea pas que ce départ ressemblait beaucoup à un autre, survenu des années plus tôt. Newport était le refuge idéal. Ce n'était pas là, mais à Miami, que Spencer avait grandi ; cependant, ses parents avaient conservé la maison de Newport comme point de chute pour celui de la famille qui chercherait d'évasion. Et c'était dans ce but que Spencer l'avait autrefois utilisée.

Bien du temps s'était écoulé depuis, et pourtant, il suffisait à Spencer de fermer les yeux pour que les souvenirs remontent à sa mémoire avec une extraordinaire acuité. Les terribles paroles de David résonnaient de nouveau à ses oreilles, ainsi que les injures qu'elle lui avait renvoyées. Jamais elle n'oublierait son regard. Aujourd'hui encore, elle se demandait comment on pouvait être à la fois si furieux et si froid et si déterminé.

La fuite à Newport lui avait finalement semblé la seule solution possible. Elle fuyait la fureur de David. La sienne propre, aussi, celle qu'elle ressentait à la fois pour ses parents et pour lui.

Cette fois-ci, bien sûr, la situation était différente. Elle n'avait pas sciemment choisi de laisser les soucis derrière elle. Simplement, l'ambiance, au travail, lui avait soudain paru trop morne. Pas de projets intéressants en vue. Quant à ceux qui étaient en cours, ils ne posaient pas de problème particulier...

Audrey était entrée la voir dans son bureau, une pile de dossiers sur les bras.

— M. Matson vient de visiter sa maison; il a vu la cheminée restaurée et les rosaces en travaux. L'architecte a passé l'après-midi à Hillborn en compagnie d'un charpentier et d'un électricien. Ils te verront mercredi prochain. Ton agent immobilier a téléphoné, complètement surexcitée. Elle dit que tu dois absolument voir une maison du village colonial, mise en vente à Coral Gables. Seulement, elle ne sera visible que la semaine prochaine, quand le propriétaire aura procédé au déménagement de sa mère. Il paraît qu'il ne faut à aucun prix manquer ça! Bon, voilà pour la partie boulot.

Audrey s'était laissée choir sur un coin du bureau de Spencer, jouant des reins pour s'installer plus confortablement.

— C'est la première fois que j'ai l'occasion de te voir seule depuis l'histoire du cimetière, reprit-elle. Alors j'en profite! Que s'est-il réellement passé? J'exige que tu me racontes. Après tout, c'est moi qui t'ai mise sur la piste!

Spencer avait pris place dans son confortable fauteuil pivotant, derrière son superbe bureau de chêne blond. Malgré elle, un sourire lui avait échappé, le premier depuis longtemps. Il fallait dire qu'Audrey ne portait guère à la morosité. L'adjectif « mignonne » semblait avoir été spécialement créé pour elle. Pas très grande, un peu ronde, les cheveux courts ébouriffés autour de son visage, elle avait le sourire facile et communicatif. Et grâce à ce sourire, elle pouvait manœuvrer le plus irascible des clients d'un geste de la main.

Mignonne, elle pouvait aussi se flatter d'avoir une intelligence vive et un esprit toujours en éveil. Plus qu'à quiconque, Spencer avait parlé à Audrey de la mort de Danny.

— Tu n'as qu'à lire entre les lignes des articles de journaux, avait répliqué Spencer, examinant les dossiers.

Elle avait froncé les sourcils. Il n'y avait rien de vraiment urgent en vue, et elle avait tellement besoin de se tenir l'esprit occupé.

— Ce n'est pas juste ! avait répliqué Audrey. Même si tu me parles, je ne pourrai pas en profiter pour insister. Je ne te vois jamais ! Vendredi dernier, Sly ne t'a pas lâchée d'une semelle ; tu as passé le week-end sur un chantier ; toute la semaine, tu as eu des réunions et, hier, j'ai dû aller chez le dentiste. Comment veux-tu, avec un emploi du temps pareil, que j'aie la moindre chance de m'immiscer dans ta vie !

— Désolée, avait dit Spencer en riant. Je crains seulement que ma vie ne vaille pas tant d'efforts.

— En ce moment, si. Raconte, pendant que c'est frais dans ta mémoire.

A vrai dire, songeait Spencer, plusieurs événements récents demeuraient gravés dans son souvenir.

— Tu n'as pas eu peur quand ces hommes sont arrivés ? Et même avant, seule dans ce cimetière plongé dans l'obscurité ? Moi, j'aurais imaginé des mains décharnées sortant de terre pour m'agripper... J'aurais cru voir des scènes de *La Nuit des morts vivants*...

— J'avoue que j'ai passé de drôles de moments, avait confessé Spencer, le regard mélancolique. Danny est enterré là-bas.

— Je comprends. Que s'est-il passé ensuite ?

Spencer avait haussé les épaules. Cela paraissait si vieux.

— Eh bien, les profanateurs ont eu vent de ma présence. Je me suis mise à courir, et une main m'a réellement agrippé la cheville.

— Je crois que je me serais effondrée !

— Oh ! mais non. Tu aurais baisé la main qui t'avait attirée.

Audrey avait souri.

— La suite, reprenait Spencer, tu la connais. C'était David Delgado. Il a téléphoné au commissariat pour demander du renfort.

— Il a téléphoné du fond d'une tombe ?

— Téléphone cellulaire. Que veux-tu, il est toujours prêt à faire face à tout.

A tout, sauf à ce qui s'était passé le lendemain. A cela, il n'avait pas été plus préparé qu'elle-même.

— Tu le vois donc encore ?

— Qui ça ?

— Mais Delgado, voyons ! Le grand et beau mec brun et sexy à la voix de velours. Tout ce qu'il faut pour plaire, quoi !

— J'ignorais que tu le connaissais.

— Il est passé plusieurs fois cette semaine. J'avoue qu'à sa seule vue j'ai le cœur qui palpite ! Le vois-tu toujours ?

— Non.

— Tu le fréquentais pourtant avant.

— Il y a très, très longtemps.

— Hum. Tout ce que je sais, c'est que tu es arrivée bien tard vendredi dernier ! Qu'est-ce que tu fabriquais ?

« Je recevais un ancien amant dans le lit de mon défunt époux, avait pensé Spencer. C'est ce que tu veux entendre ? »

Dommage, parce qu'elle ne l'avouerait jamais.

— Tu sais bien que je suis allée rendre visite à Delia en prison.

Audrey hochait la tête, redevenue soudain sérieuse.

— Tu semblais drôlement nerveuse à ton retour. Est-il si effrayant ?

— D'une certaine façon, oui. Mais il n'a pas tué Danny, j'en suis sûre. Cette piste ne mènera nulle part. Enfin, ça ne me gêne pas qu'il soit en prison ; encore que la police, pour sa part, ne semble pas tellement apprécier...

Spencer avait commencé à s'agiter. Elle sentait qu'elle ne résisterait plus très longtemps au feu nourri des questions de son amie.

La semaine avait été pénible, parfois même insupportable, avec David à ses trousses. Apparemment, il avait décidé d'épier ses moindres mouvements, et elle ne pouvait l'en blâmer, dans la mesure où elle admettait avoir agi inconsidérément. Ce qu'elle avait plus de mal à reconnaître, c'était qu'au fond elle mourait d'envie de le voir.

— Tu avais raison, avait-elle repris, au sujet du plan suivi par les compagnons de Delia.

— Facile. Il suffisait de faire fonctionner ses méninges, avait répondu modestement Audrey.

Spencer avait souri.

— En tout cas, les flics n'y ont vu que du feu. Et quoique bien contents de tenir Delia, ils sont un peu amers !

Audrey avait souri à son tour, puis s'était levée. Elle devinait sans doute que Spencer avait besoin d'un peu de solitude.

— Si j'ai une autre illumination, je t'en fais part, avait-elle promis.

— Merci !

Sans perdre de temps, Spencer s'était plongée dans l'étude des différents dossiers. Puis elle les avait écartés et s'était mise à faire les cent pas à travers son bureau. Sur l'un des murs se trouvait accrochée la photo d'un hôtel 1930 que l'entreprise Montgomery devait restaurer. Spencer aimait ce bâtiment; cependant, elle ne pouvait y travailler avant que la commission de sécurité ne soit venue inspecter les lieux. Sly y tenait beaucoup. Depuis que cette satanée poutre était tombée, il exerçait une véritable tyrannie sur Spencer. Et, bien qu'ils se fussent toujours montrés extrêmement prudents, aujourd'hui, ces précautions décuplées frisaient le ridicule.

Spencer avait regardé la paperasse qui jonchait son bureau. Elle aurait pu se lancer dans sa correspondance, répondre aux nombreuses lettres d'invitation...

Elle n'en avait tout simplement pas envie.

Et si elle partait pour Newport? Il y avait peu de risques que David l'y suive. C'était à Miami que Danny avait été tué. A Newport, elle n'ennuierait personne.

En outre, David détestait ses parents.

Elle avait soulevé l'Interphone.

— Pourrais-tu me trouver un vol pour le Rhode Island, Audrey, s'il te plaît?

— Tu vas voir ta famille? avait demandé Audrey, surprise.

Spencer aimait ses parents, mais l'amour qu'elle leur portait était nuancé d'une quantité d'autres émotions.

— J'ai besoin de respirer un peu.
— Mais tu viens seulement de rentrer!
— Je pars juste pour le week-end.
— Je..., avait commencé Audrey.

Mais elle s'était tue brusquement.

Audrey était une petite personne très efficace. Spencer le constata une fois de plus quand, plongée dans ses dossiers, elle se vit annoncer soudain qu'une place était retenue pour elle sur le vol de 18 h 35.

Parfait. Etant donné qu'elle gardait en permanence au

bureau un sac de voyage contenant des effets pour la nuit, en cas de déplacement imprévu, elle se rendrait directement à l'aéroport. Et que David la suive si ça lui chantait. Il rebrousserait chemin en voyant qu'elle embarquait pour Newport.

Après avoir frappé doucement, Jared passa la tête par l'entrebâillement de la porte.

— Salut, Spence.
— Salut.
— Pourrais-tu m'expliquer ce que tu mijotes ? Audrey est à la porte avec ton sac de voyage. J'espère que tu n'envisages pas une nouvelle excursion dans un cimetière ?

Spencer sourit.

— C'est fini, les cimetières, Jared. Promis !

Il sourit à son tour, avant de la considérer avec gravité.

— Sérieux, Spencer. Il faut me promettre d'être prudente.
— Je le serai.
— Si tu m'apprenais ce que tu comptes faire ?
— Rien de bien spécial ! Je vais passer le week-end chez mes parents.
— Ah oui ? fit-il, le sourcil levé.

Spencer hocha la tête.

— Sly est au courant ?
— Je viens de prendre ma décision.
— Mais pourquoi ?
— Je ne sais pas. Le besoin de prendre l'air, sans doute.
— Tu as raison. Mais pourquoi Newport ? J'aurais mieux compris que tu t'envoles pour les Bahamas.
— Cela ne me dit rien.
— Je vois, répliqua-t-il sèchement. Tu te crois encore obligée d'expier. Eh bien, tu ne pouvais mieux tomber : les parents s'y connaissent pour faire souffrir...
— Jared ! protesta Spencer.

Au fond d'elle-même, toutefois, elle savait qu'il avait raison.

— Allons, je plaisantais. Tes parents seront ravis de te voir. A ce propos, je voulais que tu saches, Spencer : tu nous manques beaucoup à Cecily et moi. Les gosses t'adorent, et nous ne t'avons pas vue depuis...

Sa voix traîna, hésitante, puis il haussa les épaules.

— ... depuis la mort de Danny. Papa parle très souvent de toi. Nous organisons une partie de pêche chez lui. Puis-je compter sur toi ?

Spencer voulut lui expliquer que depuis quelque temps, elle n'était pas d'une compagnie très agréable, mais elle se ravisa. Le moment n'était-il pas venu de faire des efforts pour se réinsérer dans la vie sociale ?

— Oui, bien sûr.
— Au fait, comment va David ?
— Qui ?

Absurde. Ce cœur qui se mettait à battre la chamade à cause d'une simple question. Comme si elle se sentait coupable.

— David Delgado. Il figure sur toutes les listes d'invités de Cecily. Les enfants de Reva jouent dans le même parc que les miens, mais nous ne voyons pas souvent David... Tu te souviens ? Il n'était pas commode, autrefois.

Se moquait-il ou était-il en proie à une bouffée de nostalgie ? Spencer n'arrivait pas à décider.

— Il me plaisait.
— C'est bon de l'avoir de nouveau parmi nous. Cela me rappelle le bon vieux temps. Sauf que...

Sauf que Danny n'était plus. Les mots demeurèrent suspendus entre eux.

— Eh bien, je ne le vois pas vraiment. Sly, en revanche, semble ne pas pouvoir se passer de lui.

Jared haussa les épaules.

— Je vais te laisser partir. Embrasse mon oncle et ma tante pour moi. Je garde les lieux avec grand-père Atlas jusqu'à ton retour.

— Merci. Et présente mes excuses à Cecily. Je te promets de me montrer plus sociable à l'avenir.

Sur un signe de la main, Jared quitta la pièce. Après son départ, Spencer consulta sa montre. Il ne lui restait plus beaucoup de temps pour gagner l'aéroport. Pas question, cependant, de s'en aller sans prévenir Sly.

Comme il se trouvait occupé au téléphone, elle s'assit sur le bord de son bureau en attendant qu'il ait terminé. Ils échangèrent un sourire affectueux, tandis qu'il continuait de converser. Il paraissait avoir la soixantaine ; et une soixantaine guillerette, encore ! Elle se laissa glisser du bureau pour déposer un baiser sur sa joue. Il posa une main sur le combiné.

— Que se passe-t-il ?

On entendait en sourdine la voix de son interlocuteur qui poursuivait son discours.

— Je pars pour le week-end, chuchota-t-elle. Je ne tiens pas en place, et il n'y a rien en perspective pour m'occuper l'esprit. Si j'en avais un, je te demanderais de nourrir mon chat.

Un éclair d'inquiétude passa dans le regard de Sly. Soudain, il accusait ses quatre-vingt-quatorze ans.

— Où vas-tu ?

— A Newport.

— Tu vas à Newport ce week-end ?

— Ecoute, Sly, je sais que tu me fais surveiller par David. Mais je puis t'assurer que c'est inutile.

— Ça ne l'était pas dans ce cimetière.

— D'accord, mais je ne risque rien chez papa et maman. Evidemment, je peux mourir étouffée par leur affection ou noyée dans de l'eau minérale !

Là-dessus, Spencer se dirigea vers la porte, agitant la main en guise d'adieu.

— Je t'aime ! Il faut que je me dépêche si je ne veux pas rater l'avion.

— Quel vol..., commença Sly.

Mais elle referma la porte comme si elle n'avait pas entendu.

Après tout, elle était une grande fille maintenant ; depuis longtemps majeure et vaccinée.

Ce ne fut qu'une fois dans l'avion que Spencer s'interrogea sur les motifs de ce voyage à Newport. Elle aimait ses parents, bien sûr, mais ne les supportait qu'à dose homéopathique.

Ces dernières années, le comportement de sa mère s'était un peu amélioré. Après tout, on ne pouvait reprocher à Mary Louise l'éducation qu'elle avait reçue. Si Sly Montgomery avait travaillé dur pour amasser cette fortune qui lui avait permis d'inscrire son fils dans les meilleures écoles et l'avait mis en position de rencontrer Mary Louise, celle-ci avait toujours vécu dans une opulence certaine. La fortune maternelle remontait si loin dans le temps qu'on ne savait plus très bien si elle provenait de spéculations foncières ou d'autres opérations. Mary Louise appartenait à la confrérie des Filles de la Révolution américaine, qui n'admettait parmi ses membres que les descendantes des combattants de la guerre d'Indépendance. Elle était fière de ses origines et affectait toujours de considérer les Irlandais débarqués à Boston au XIXe siècle comme de nouveaux immigrants.

Les Latino-Américains de langue espagnole du sud de la Floride étaient, quant à eux, de parfaits étrangers. Y compris ceux qui avaient vu le jour sur le sol américain.

Spencer soupira. L'hôtesse de l'air vint proposer aux

passagers une coupe de champagne avant le décollage. Avec un sourire, Spencer en accepta une. C'était un excellent champagne... Cependant, il lui fallait modérer sa gourmandise car elle devait louer une voiture à Boston pour se rendre à Newport.

Une pensée soudaine la fit tressaillir. Elle ferma les yeux et sentit une vague de chaleur l'envahir.

Elle avait fait l'amour avec David. Rien que d'y penser, ses paumes devenaient moites, son pouls s'accélérait. Avec une clarté éblouissante, elle se rappelait ces instants dans le moindre détail. Rien au monde ne pouvait se comparer à l'odeur épicée de David et au plaisir que lui procuraient ses caresses. Rien n'était aussi brûlant, aussi passionné. Aussi intense. Aussi vivant et aussi nécessaire. Sur ce plan, les choses avaient si peu changé entre eux que c'en était terrifiant. Même après cette dernière fois, le lendemain du jour où il avait été arrêté...

Dût-elle vivre cent ans, elle n'oublierait pas ce cauchemar...

Tandis qu'elle se carrait dans son fauteuil, elle sentit les souvenirs déferler, précis, douloureux. Cédant aux pressions de sa mère, qui lui avait promis d'aplanir les problèmes avec David, Spencer avait accepté d'accompagner Brad à un bal. Depuis le début, elle l'avait détesté. Excellent joueur de polo et de golf, selon ses dires, et yachtman d'exception, toujours d'après lui, il se croyait supérieur au reste de l'humanité. Enfant chéri d'un magnat de la presse et d'une « fille de la Révolution américaine », il avait reçu en partage suffisamment d'actions dans les entreprises familiales pour voir son avenir assuré.

Spencer avait été priée de se montrer aimable avec lui ; et elle n'avait pas compris tout de suite que ses parents espéraient ainsi la voir choisir le bon parti. A ce fameux bal, Brad avait pour la première fois manifesté un semblant d'humilité, admettant qu'il fanfaronnait essentiellement par crainte de ne pas se montrer à la hauteur des attentes de son entourage.

Elle n'avait pas eu l'intention de l'embrasser. Et ç'avait d'ailleurs été un piètre baiser, surtout comparé à ceux de David. Quand ils étaient rentrés, sa mère avait omis de mentionner la visite de David, et Spencer s'était imaginé qu'il n'avait pas tenu sa promesse de venir la voir après son travail.

Rétrospectivement, elle comprenait son erreur. Sa mère en voulait particulièrement à quiconque charriait dans ses veines la moindre trace de sang hispanique, et cela, depuis que le premier bateau d'émigrants avait quitté Cuba en direction des Etats-Unis. Ces événements avaient soulevé un tel tollé parmi les Américains, les uns arguant des droits de l'homme, les autres furieux parce que Castro déversait le trop-plein de ses prisons sur les côtes de Floride. Et bien souvent, les Hispaniques installés de longue date se montraient aussi vindicatifs que la population anglo-saxonne.

Hélas, ces arrivées avaient également coïncidé avec la montée en flèche de la criminalité. Spencer avait bien tenté d'expliquer à sa mère qu'on ne pouvait rendre responsables la totalité des Cubains des exactions commises par une minorité. A son père qui lisait les journaux, elle avait pu faire entendre raison, mais à sa mère, non. Spencer aurait donc dû immédiatement comprendre que cette dernière ferait tout pour la séparer de David.

Cependant, elle était jeune et naïve. Et fort dépitée que David n'ait pas tenu sa promesse.

En compagnie de Brad, elle était montée dans sa chambre, où ils avaient bu une tasse de chocolat chaud en jouant au Monopoly. Il s'était montré un agréable compagnon ce soir-là, et elle avait ri pour oublier son chagrin.

Puis elle avait entendu tout un remue-ménage au rez-de-chaussée et, regardant au-dehors, elle avait vu David entraîné par des policiers. Toutes ses protestations auprès de ses parents avaient été vaines. David aurait dû deviner cela.

Et puis elle avait découvert qu'il l'avait épiée au bal, et qu'il avait tiré des conclusions sans lui laisser le loisir de s'expliquer. Elle se rappelait sa propre colère quand elle avait découvert ce qu'elle considérait comme une infamie. Elle se rappelait aussi la façon dont il la tenait, son comportement de ce jour-là ; sa fureur à la fois terrifiante et excitante.

Jusqu'à ce qu'il la traite de prostituée, la repousse et sorte de sa vie.

Après le départ de David, Reva était venue la trouver. Pauvre Reva ! Spencer, affreusement bouleversée, avait accablé David des épithètes les plus désobligeantes qu'elle avait pu trouver. Sous l'injure, Reva avait blêmi, et Spencer en avait conçu une grande tristesse. Pourtant, dévorée de souffrance, elle ne s'était pas expliquée.

Alors, elle avait choisi de fuir. A Newport.

« Merveilleux ! » constata-t-elle avec amertume. C'était comme si chaque fois qu'elle couchait avec David Delgado, elle se sentait obligée de fuir.

Chaque fois...

Non ! Cela ne se reproduirait plus. Parce que, cette fois, elle avait fait l'amour avec lui dans le lit de Danny ; et les circonstances lui avaient cruellement rappelé qu'elle avait épousé ce dernier tout en sachant qu'elle ne le désirerait jamais comme elle avait désiré David. Comme elle le désirait encore. Non, non ! C'était bel et bien fini, tout ça ! Elle avait aimé Danny d'un amour différent, certes, que celui qu'elle portait à David, mais Danny l'avait toujours ignoré. Elle s'était montrée bonne épouse, et ils avaient été heureux ensemble...

La vie se jouait si bien des pauvres humains. Des années plus tôt, Spencer avait fui, persuadée d'avoir raison. David ne lui avait pas laissé l'occasion de s'expliquer. Elle aurait sans doute eu quelques difficultés à justifier le baiser, mais il aurait dû avoir la décence d'écouter sa version des faits. Au lieu de quoi, il l'avait accusée du pire, c'est-à-dire d'avoir couché avec Brad.

David représentait alors tout pour elle ; Spencer avait appris à regarder le monde par ses yeux, à penser comme lui. Elle avait même pris goût au café cubain ainsi qu'à l'*arroz con pollo*.

Et ce jour-là, elle s'était figuré qu'il la suivrait et implorerait son pardon.

Cependant, il ne l'avait pas suivie. Un peu plus tard, elle avait réfléchi à ce qu'il avait dû ressentir quand les policiers l'avaient appréhendé et traîné en prison ; et elle avait compris qu'il ne viendrait pas la chercher. Il la haïssait parce qu'à cause d'elle il avait connu l'humiliation. Le camp d'entraînement de l'armée lui avait finalement semblé préférable à la vue de sa geôlière.

Cet été-là, Danny était venu à Newport, en ami. Le nom de David n'avait pas été prononcé, et il ne s'était rien passé entre eux. On leur avait suffisamment rebattu les oreilles avec l'importance de l'université pour qu'ils ne cherchent pas de complications, ni de distractions. Ensuite, Spencer avait voyagé en Europe avec des amies. Quand elle était rentrée, elle avait commencé à travailler avec Sly. Elle vivait depuis plusieurs années chez ses parents, travaillant, fréquentant la plage et, de temps à autre, les boîtes de nuit, quand elle avait retrouvé Danny et avait compris à quel point elle lui était attachée. En outre, tout dans leurs vies les rapprochait. Ils étaient vraiment faits l'un pour l'autre.

Et puis, David s'était associé avec Danny...

**

Spencer songea qu'elle avait bu trop de champagne. Des élancements douloureux lui vrillaient le crâne. Elle se massait les tempes pour tenter de soulager la douleur quand elle sentit quelqu'un se glisser sur le siège voisin du sien. Elle soupira. Elle qui avait espéré rester seule durant le voyage...

« Egoïste ! » se morigéna-t-elle. Elle n'allait tout de même pas monopoliser l'avion entier sous prétexte qu'elle avait des problèmes. Décidée à se montrer polie avec son voisin, elle ouvrit les yeux.

Son regard se figea, et le « bonjour » qu'elle s'apprêtait à prononcer demeura en suspens sur ses lèvres. Un mirage !

Non, pourtant. C'était bien David qui se tournait vers elle, guettant sa réaction. Avec un gémissement plaintif, elle ferma les yeux. Quand elle les rouvrit, David était toujours là. Il semblait bel et bien décidé à la suivre partout.

Normal, Sly le payait pour ça.

— Tu as fait acheter un billet de première classe à Sly ? demanda-t-elle d'un ton outragé.

— Exact.

L'hôtesse s'approcha avec le sourire pour lui offrir du champagne. Il accepta, aimable. Ses yeux bleu profond brillaient, et une seule malicieuse fossette se creusa dans sa joue gauche quand il sourit à son tour. Une douleur aiguë traversa Spencer. Elle aurait voulu le battre, s'enfuir en courant.

Dire qu'elle était déjà en train de fuir ! Si élémentaire fût-il, ce luxe lui semblait interdit. Les démons de son passé complotaient de l'entraîner avec eux en enfer.

— Je vais chez ma mère, dit-elle d'un ton sec.

— A ce qu'il paraît.

— Je doute que tu sois le bienvenu. Mes parents ne t'ont jamais beaucoup apprécié.

— Bravo pour ta perspicacité ! Même s'il t'a fallu du temps pour comprendre.

— Je ne te permets pas de les juger !

— Qu'est-ce qui leur donne à eux le droit de me juger ?

Elle éluda la question.

— Ils ne te permettront pas de rester, tu sais. Tu n'es pas le genre de personne qu'ils aiment me voir fréquenter.

— Tu es adulte, maintenant. Il me semble que tu peux bien choisir tes amis !

— Qu'est-ce qui te fait croire que je te considère comme un ami ?

— Très bien. Je suis donc l'ennemi avec qui tu ne refuses pas de baiser une fois tous les dix ans.

Elle serra les dents.

— Tu n'envisages jamais de quitter la région ?

— Si, Spencer, ça m'arrive, répondit-il doucement.

Les traits durcis, il regardait droit devant lui.

— Je me suis engagé dans l'armée autrefois, reprit-il. J'ai vagabondé partout, rien que pour être ailleurs. Et même quand je suis revenu et que j'ai rejoint mon meilleur ami dans les forces de la police, j'ai fait de mon mieux pour me tenir à l'écart, et je crois avoir réussi. Pour cela, certains souvenirs douloureux m'ont sans doute rendu les choses plus faciles. Ensuite, Danny est mort et tu as décidé de jouer les détectives. Alors, pour répondre à ta question : oui, je partirai, mais pas avant d'en avoir terminé avec cette affaire.

— Quand la jugeras-tu close ?

— Quand on attrapera l'assassin de Danny, j'imagine.

— Cela peut prendre du temps. Pour le moment, personne n'a rien trouvé.

— Tout va changer désormais, Sherlock Holmes. Rappelle-toi : tu as déjà permis l'arrestation de Delia.

— Arrestation qui ne semble d'ailleurs faire plaisir à personne, pas même à la police !

— Détrompe-toi. Certains sont assez satisfaits. Et certains aussi savent que tu es décidée à fouiller leur vie à cause de Danny. Tu es peut-être le catalyseur qui nous manquait pour que les choses bougent. Mais si c'est vrai, cela signifie que tu es en danger.

— Par conséquent, tu me files jusque chez mes parents. Consignes de Sly ?

— Tu es vraiment très perspicace.

Spencer esquissa le geste de se lever, mais d'une main ferme, David la maintint sur son siège.

— Nous sommes dans un avion, Spencer. Tu n'iras pas loin.

— Es-tu certain d'avoir un billet de première classe ?

— Tu sais, ils en vendent à tout le monde. Même aux étrangers.

Spencer lui tourna le dos et tapota sous sa tête le petit oreiller qu'on lui avait remis.

— Dommage, dit-elle seulement.

Elle le sentit se raidir. Une veine devait battre au creux de son cou, donnant la mesure de sa colère, tandis que ses yeux viraient au noir.

— *Arpis !* dit-il dans un souffle.

Les traits contractés, Spencer rejeta la tête en arrière et ferma les yeux. Bien des années plus tôt, elle avait appris pas mal de choses sur son pays. Elle avait étudié la géographie de l'île de Cuba, et son histoire. Elle s'était renseignée sur Castro, et sur les raisons de l'internement du père de David. Elle avait appris à aimer la nourriture cubaine et connaissait les rudiments de la langue.

Traduite approximativement, l'injure de David signifiait « garce ».

« Tu ne comprends rien ! » aurait-elle voulu crier. Seulement, étant donné qu'elle-même se sentait dépassée par les événements, à quoi bon s'expliquer ? Le passé n'était pas mort ; et Danny se dressait toujours entre eux. Ce dernier n'aurait pas été plus présent s'il avait occupé un siège derrière eux.

Spencer percevait contre elle la chaleur du corps de David, elle respirait son odeur. Sans y prendre garde, elle se remémora ses caresses et comment il avait su l'entraîner sur des hauteurs où elle avait perdu toute notion du monde extérieur.

Comme elle l'avait aimé ! Avec quelle passion... Même à présent, il gardait le pouvoir de lui faire oublier tout ce qui n'était pas lui, de lui faire oublier Danny...

Il fallait qu'elle découvre l'assassin. Il le fallait absolument. Sinon, elle conserverait le sentiment que Danny ne lui avait pas pardonné.

Oh ! si seulement elle avait pu fuir. Mais où ? David avait raison. Quand on se trouvait dans un avion, à dix mille mètres au-dessus du sol, on avait intérêt à se tenir tranquille.

9.

Contre toute attente, et grâce au champagne, Spencer dormit la majeure partie du vol.

Par la même occasion, elle manqua le dîner et se rendit compte, au moment d'atterrir, qu'elle mourait de faim. David sur ses talons, elle gagna la sortie. Il ne se laissa pas distancer d'un pas, et se trouvait toujours derrière Spencer quand elle se présenta au guichet de l'agence qui s'occupait de location de véhicules.

— Dois-je louer une voiture pour te suivre, ou bien me permettras-tu de partager la tienne ? s'enquit-il. De toute façon, ça m'est égal. C'est Sly qui paye.

Tout en signant le contrat, Spencer lui jeta un regard irrité.

— D'autres conducteurs utiliseront-ils le véhicule ? s'enquit la jeune et jolie employée.

— Non, répondit Spencer.

— Oui, dit David, ouvrant sa mallette pour en sortir son permis de conduire, qu'il déposa sur le comptoir.

Spencer s'agita. Sa tête allait éclater et son estomac criait famine. Il lui fallait quitter au plus vite cet endroit.

— Deux conducteurs, donc ? dit la jeune fille.

— Comme vous voudrez, répliqua Spencer, s'efforçant de garder un ton de voix égal.

Intérieurement, elle bouillonnait, surtout quand l'employée regarda David avec compassion, le plaignant manifestement d'être contraint de voyager avec une pareille harpie. Spencer nota également le sourire plein de séduction que lui retournait David.

Enfin, elle se dirigea vers la navette; à son côté, David examinait les alentours.

— Tu n'es jamais venu à Boston?

Il secoua négativement la tête.

— Je connais New York, Chicago, Londres, Madrid, Paris, Rome. Mais pas Boston.

Quelques minutes plus tard, la navette les déposait à la sortie de l'aéroport. Spencer se dirigea aussitôt vers un nouveau guichet, où on lui remit les clés. Comme ils approchaient de la voiture, David, qui la suivait telle son ombre, se dirigea machinalement vers la portière du conducteur.

— Je partage ma voiture avec toi, d'accord, intervint Spencer. Ce qui ne signifie pas que je te laisse le volant!

— Ecoute, Spencer, nous n'allons pas passer notre vie à nous disputer pour des broutilles.

— C'est *ma* voiture!

— Dis plutôt que c'est une voiture de location.

— C'est *ma* voiture de location! Et il se trouve que je connais la ville et pas toi. Mieux encore : tu ignores tout de la conduite en usage à Boston. Ne sais-tu pas que la seule chose qu'un New-Yorkais redoute, c'est un conducteur bostonien?

— Les gens d'ici seraient enchantés de savoir en quelle estime tu les tiens.

— Je n'ai pas dit qu'ils conduisaient mal, seulement d'une manière plutôt musclée.

— Ah oui? Je sais aussi me montrer agressif. Allons, donne-moi ces clés.

Voyant qu'il ne servirait à rien de discuter, Spencer laissa tomber les clés à ses pieds. Pendant qu'il les ramassait, elle fit le tour de la voiture et s'installa sur son siège.

Conduire aux alentours de l'aéroport de Logan, surtout un vendredi soir, tenait de la prouesse. David parvint toutefois à se frayer un chemin comme s'il vivait ici depuis toujours.

— A Newport directement ? s'enquit-il.
— Oui ! Enfin, non...
— Je parie que tu meurs de faim. Pas étonnant : tu as raté ce délicieux steak à bord de l'avion. Eh bien, j'imagine que tu vas me guider vers un des endroits les plus chic de la ville.
— J'en connais de renversants, répliqua-t-elle d'un ton suave.

Elle lui indiqua la direction du Hard Rock Café. Quand ils y parvinrent, elle descendit rapidement de la voiture pendant que David regardait autour de lui. Il dut sortir du véhicule à son tour, quand un chauffeur en livrée vint prendre la voiture pour la garer. Une musique assourdissante lui assaillait les oreilles, et il jeta à Spencer un regard meurtrier.

Celle-ci se hâta vers l'interminable file d'attente. Comme ils n'étaient que deux, contrairement aux autres groupes, plus importants, ils se retrouvèrent bientôt assis à une table. Une serveuse leur signifia d'une voix tonitruante leur chance fabuleuse.

Spencer s'interrogeait sur ce qui l'avait poussée là, alors qu'une terrible douleur lui broyait les tempes. On pouvait passer de bons moments au Hard Rock ; elle aimait bien s'y promener et admirer le mémorable rocher. Mais pas avec un mal de tête aussi lancinant qu'aujourd'hui. En fait, elle n'avait attiré David dans cet endroit que parce qu'elle savait fort bien qu'il était fatigué, énervé et regrettait probablement d'avoir accepté de la suivre.

Par-dessus tout, elle avait faim. Elle commanda du café et une salade de poulet grillé. Quant à lui, il prit seulement un café. On voyait bien qu'il avait fait un bon repas dans l'avion !

La musique jouait si fort qu'elle percevait douloureusement les oreilles. La foule du vendredi soir était de sortie. Cadres en complet, jolies poupées en robe très courte. David ne se donnait même pas la peine de faire la conversation. Bien calé contre le dossier de sa chaise, il buvait son café tout en observant le spectacle.

Au départ, Spencer ne tenait pas particulièrement à parler. Mais devant le mutisme de David, elle éprouva le besoin de faire une remarque.

— La routine du vendredi soir, hein ?

Il haussa les épaules. Elle ne connaissait vraiment rien de sa vie, se disait-elle. Du vivant de Danny, elle mourait d'envie d'en savoir plus long sur lui. Cependant, comme Danny s'efforçait d'éviter le sujet, elle n'osait pas poser de questions. Et voilà qu'à présent elle se retrouvait toujours aussi avide de détails le concernant, et toujours aussi jalouse. C'était parfaitement irritant. Et absurde. Elle ne se figurait tout de même pas qu'il avait vécu comme un ermite ? Pas un homme comme lui, non !

Même en sachant qu'elle aurait dû se taire, elle ne put refréner sa curiosité.

— Que fais-tu dans la vie quand tu ne joues pas les chiens de chasse ?

— Ça dépend.

— De quoi ?

— De la personne avec laquelle je me trouve.

Pour se donner une contenance, Spencer avala une

gorgée de café. Il se pencha vers elle afin de s'assurer qu'elle l'entendrait à travers le bruit ambiant.

— Pourquoi ne pas m'interroger franchement sur ma vie sexuelle, Spencer?

A grand-peine, elle parvint à réprimer un haut-le-corps.

— J'ai bien le droit de me sentir un peu concernée, tout de même.

— Ah?

En dépit de ses efforts pour conserver son sang-froid, elle sentit ses joues s'empourprer. Néanmoins, elle poursuivit :

— Nous n'avons pas particulièrement pris de précautions quand nous... quand nous...

« Assez de chichis, Spencer! Tu es une grande fille maintenant. Dis-le! »

Cependant, elle ne trouvait pas le terme qui rendît précisément compte de ce qui s'était passé entre eux. L'expression « faire l'amour » lui paraissait soudain édulcorée. Des mots plus crus, qu'elle ne se sentait pas le courage de prononcer, auraient mieux convenu...

Finalement, elle demeura muette. David la considéra un moment en silence. Il n'avait pas besoin d'en entendre davantage pour comprendre où se situait son problème.

— Je peux te rassurer tout de suite, Spencer. Tu n'as aucune raison de te préoccuper de maladie. Tu as terminé?

— Terminé quoi?

— Ton dîner, bien sûr. J'ai la migraine et je suis fatigué de crier.

— Tu n'avais qu'à me réveiller pour que je puisse dîner dans l'avion.

— Dans l'humeur où tu te trouvais? Merci bien! D'ailleurs, tu aurais pu choisir un autre endroit que celui-ci ; surtout ce soir.

Spencer feignit l'étonnement.

— Tu n'aimes plus le rock'n roll ?

— Bien sûr que si. Mais pas aujourd'hui. Si nous payions et partions ?

Le serveur avait déjà apporté l'addition, que Spencer avait aussitôt glissée sous son assiette. Elle l'en tira pour l'étudier.

— Donne-moi ça ! demanda David.

— Pourquoi ?

— Parce que je suis un sale phallocrate ou tout ce que tu voudras. Donne-moi l'addition !

A sa propre surprise, Spencer obtempéra. Ils quittèrent le restaurant en silence. Le temps que le chauffeur leur présente la voiture, il était près de minuit.

— Tu me laisses conduire maintenant, dit Spencer. Je connais le chemin.

— Monte, intima David.

Spencer le regarda sans bouger.

— S'il te plaît, ajouta-t-il.

Elle monta.

La circulation était fluide. Durant une partie du trajet, Spencer se crispa sur son siège, mais peu à peu, ses paupières s'alourdirent. Finalement, sa tête bascula en arrière et elle s'endormit. Quand elle s'éveilla, sa tête reposait sur les genoux de David, et une douce sensation de bien-être l'envahit. Avec nostalgie, elle respira son odeur, frotta sa joue contre le tissu de son pantalon.

Et soudain, elle s'assit, clignant des yeux. Ils se trouvaient devant la grille du manoir de ses parents, qui trônait au milieu d'hôtels particuliers ouverts au public, tels que Breakers ou Rosewood. Edifiée en 1900 et embellie depuis, la demeure des Montgomery comptait parmi les plus belles de la région. Elle était absurdement vaste pour deux personnes. Malgré tout, jusqu'aux premières chutes de neige, les parents de Spencer l'occupaient avec leur personnel.

— C'est bien ici ? interrogea David.

Encore à moitié endormie, Spencer acquiesça d'un signe de tête.

— Comment as-tu trouvé ?

— Sly m'a donné l'adresse. Et puis, j'ai demandé mon chemin à la station-service.

— Ah...

— Comment entre-t-on ? Sans se faire arrêter, je veux dire.

Spencer écarta les mèches de cheveux tombées sur son visage et désigna un Interphone.

— Appuie sur le bouton.

— Il est bien tard.

— Aucune importance. Ma mère est un vrai oiseau de nuit.

Sans commentaire, David appuya sur le bouton. Spencer dut se pencher sur lui pour parler dans l'appareil.

— Oui ? fit une voix masculine sur un ton circonspect.

— Henri, c'est Spencer. Pouvez-vous ouvrir les grilles, s'il vous plaît ?

— Bien sûr, madame Huntington.

David interrrogea Spencer du regard.

— Henri ?

— Le majordome.

— Lui aussi vit la nuit ?

— Non. Mais il a un salaire royal.

Les grilles s'écartèrent doucement, découvrant une allée qui serpentait entre les arbres. Avec ses mille mètres carrés d'espace habitable, la maison se dressait sur un demi-hectare de terrain. Une massive colonnade de style grec soutenait le porche et une immense terrasse de brique s'étendait devant la façade. David s'immobilisa, songeur.

— Dis donc, il faudrait plusieurs centaines de personnes pour veiller sur toi dans un endroit pareil.

Elle lui lança un regard malicieux.

— Juste. Le majordome pourrait m'attaquer.

— Et pourquoi pas ? Après tout, je ne le connais pas, ce type. A quoi penses-tu ?

— Je pense que Sly jette son argent par les fenêtres.

David ignora la remarque.

— Que faisons-nous de la voiture ?

— Laisse-la sur place. Le chauffeur s'en occupera demain matin.

Les dimensions du hall d'entrée impressionnèrent David. La valeur du seul lustre suspendu au-dessus de sa tête aurait nourri pendant un an la moitié des déshérités du comté de Dade. A gauche, s'ouvrait une gigantesque salle de bal, cependant qu'à droite s'étendait une bibliothèque plus vaste que bien des bibliothèques publiques que David avait fréquentées.

Enfin, face à la porte, un escalier de marbre à rampe de fer forgé s'incurvait élégamment jusqu'à un premier étage à galerie. Ils avaient à peine franchi le seuil que la mère de Spencer, en déshabillé vaporeux et peignoir assorti, apparaissait, suivie de son mari, en veste d'intérieur en velours. David eut la curieuse sensation de s'être fourvoyé dans un de ces feuilletons télévisés où évoluent les privilégiés de ce monde.

— Spencer ! s'écria Mary Louise Montgomery, se précipitant au-devant de sa fille, qu'elle enlaça tendrement.

C'est alors que, par-dessus l'épaule de Spencer, elle aperçut David qui attendait. Un son étranglé sortit de sa gorge.

— David..., bredouilla-t-elle avec un sourire crispé.

Il avait revu les parents de Spencer à l'enterrement de Danny, et, bien sûr, leurs rapports avaient été courtois.

Comment aurait-il pu en être autrement, alors qu'on disait adieu à un homme comme Danny et que Spencer était en larmes ?

Mais à présent...

Luttant pour reprendre contenance, Mary Louise écarta sa fille.

— Ainsi, tu... tu nous as amené David ?

— Contre son gré, madame Montgomery, intervint David, avançant d'un pas. En réalité, je suis en service.

— Qu'est-ce que cela signifie ? s'enquit Joe Montgomery.

Il prit à son tour sa fille dans ses bras, mais sans quitter David des yeux.

— Rien de particulier, papa, dit Spencer en jetant à David un regard dépourvu d'aménité.

Ce dernier haussa les épaules. De toute évidence, Spencer tenait à faire savoir à ses parents que si David se trouvait là, c'était parce que Sly la considérait en danger, et non pour passer un week-end de détente avec lui.

— David, pourriez-vous m'éclairer, je vous prie ? demanda Joe, la voix grave.

Un peu honteux quand même de son manque de tact, David haussa de nouveau les épaules. Il n'aimait ni ne respectait particulièrement Joe Montgomery. Cependant, il retrouvait en lui beaucoup de Sly, surtout dans l'apparence, car Joe était grand, mince et distingué comme son père. De plus, David ne pensait pas que Joe lui en voulût personnellement. Le fait était que la mère de Spencer avait tout bonnement décrété qu'il ne convenait pas à sa fille et que, se fiant à son jugement, Joe lui avait emboîté le pas.

— Rien de bien grave. Sly craint seulement que l'enquête au sujet de la mort de Danny ne provoque des remous, et il m'a prié de veiller sur Spencer.

— Même ici ? demanda Mary Louise, un peu choquée.
— Sly préfère se montrer prudent.
— Il est tard, coupa Spencer, et je suis exténuée. Je suppose que nous pouvons loger David dans une chambre d'ami. Nous parlerons de tout cela demain.

Sur ces mots, elle prit son sac des mains de David.

— Merci, lui dit-elle brièvement avant de se diriger vers l'escalier de marbre.

Dans son dos, elle sentit trois paires d'yeux qui la transperçaient. Ou plutôt quatre, car Henri, en veste non moins élégante que celle de son maître, venait de faire une silencieuse apparition. Elle lui adressa un petit signe de la main.

— Bonsoir, Henri !
— Bienvenue parmi nous, madame Huntington.

Spencer continua son chemin. Qu'ils restent toute la nuit à se regarder en chiens de faïence si bon leur semblait, ce n'étaient plus ses affaires !

Ce qui se produisit fut nettement plus inattendu.

— Vous prendrez bien un verre de cognac avec moi, David ? entendit-elle son père proposer. Henri va s'occuper de vos bagages ; je vous montrerai votre chambre tout à l'heure.

— Je... Oui, naturellement.
— Moi aussi, je boirai volontiers quelque chose, intervint Mary Louise.
— Non, non. Monte, je ne tarderai pas à te rejoindre, s'empressa de dire Joe.

Parvenue en haut de l'escalier, Spencer ne put résister à l'envie de jeter un coup d'œil sur la scène qui se déroulait au rez-de-chaussée.

Sa mère était restée pétrifiée, cependant que son père semblait très ferme. Mary Louise porta une main tremblante à sa gorge et bredouilla d'une voix désapprobatrice :

— Eh bien, je suppose que...

Un élan de sympathie porta Spencer vers sa mère. Elle aussi brûlait de savoir ce que les deux hommes allaient bien pouvoir se dire. Pour un peu, elle serait redescendue demander la permission d'assister à l'entretien. Elle savait toutefois qu'elle essuierait la même rebuffade que sa mère. Et puis, elle était morte de fatigue. Si elle ne se couchait pas tout de suite, elle s'écroulerait.

« Morte »... Quelle horrible expression ! Toute frissonnante, elle se hâta le long de la galerie en surplomb, jusqu'à sa chambre — qu'on gardait en permanence prête pour sa venue. La pièce avait peu changé depuis son enfance, depuis l'époque où elle venait passer l'été dans le Rhode Island. Pourtant, elle lui convenait mieux à présent, car elle n'avait rien d'une chambre de petite fille, avec ses tentures damasquinées d'or et le lit de merisier à baldaquin. Le même édredon qu'autrefois trônait sur son lit et le parquet de bois était recouvert du même tapis persan. Les radiateurs de fonte, laissés en place malgré l'installation d'un chauffage à air pulsé, dispensaient une douce teinte beige, et les murs, lambrissés pour la partie inférieure, étaient tapissés de papier jusqu'aux moulures qui décoraient le plafond.

C'était une jolie pièce, aménagée des années auparavant par un décorateur de renom. Pourtant, sans la détester, Spencer trouvait qu'elle contenait bien peu d'elle-même. Ce qu'elle aimait vraiment, c'était la salle de bains avec ses installations surannées et son immense baignoire dont les pieds imitaient des pattes de lion. Elle aimait aussi le balcon qui courait sur tout l'arrière de la maison et dominait la roseraie et la piscine ; cette dernière était chauffée à longueur d'année pour les baigneurs éventuels.

Spencer laissa tomber son sac au pied du lit et sortit sur

le balcon. Le parfum des roses montait jusqu'à elle, au milieu d'un tel silence qu'on pouvait se croire seul au monde. Elle finit par rentrer, se doucha rapidement et gagna son lit, certaine de s'endormir dès qu'elle poserait la tête sur l'oreiller.

Ce ne fut pas le cas.

Les yeux fermés, elle se remémora la nuit où David avait été arrêté. Ses yeux. Elle se rappellerait toujours leur expression, qui l'avait atteinte en plein cœur. Elle avait voulu se précipiter au rez-de-chaussée, mais son père lui avait barré le chemin. De manière presque hystérique, elle s'était débattue, mais le temps qu'elle parvienne à déjouer sa surveillance, le car de police était déjà loin, David à son bord.

Sa mère s'était montrée encore plus implacable. Naturellement, avait-elle déclaré, elle n'aurait jamais appelé la police si elle avait su qu'il s'agissait de David ; du moins apprendrait-il désormais ce qu'il en coûte de pénétrer sur une propriété privée et de tenter de briser des carreaux.

Cette nuit-là avait sans doute été la pire dans la vie de Spencer. Aucun argument n'avait pu fléchir sa mère. Dans sa rage, elle avait crié à ses parents qu'elle ne voulait plus jamais les revoir.

Et quand David l'avait quittée le lendemain, sans un regard en arrière, elle était partie plus facilement encore. Rien que d'y penser, Spencer en tremblait encore. Il l'avait abandonnée, après avoir fait partie intégrante de sa vie. Vis-à-vis de lui, elle avait défendu ses parents, tout en les haïssant. Au début, elle refusait même de passer ses vacances chez eux ; le pardon n'était intervenu que quelques années plus tard. Et si Sly ne s'était pas mis de la partie, peut-être même ne leur aurait-elle jamais pardonné. Le fait que des personnes si proches aient pu la trahir à ce point l'avait blessée profondément.

Enfin, beaucoup d'eau était passée sous les ponts depuis cette histoire. Elle avait surmonté son chagrin, avait épousé Danny, avait été heureuse avec lui.

Et maintenant, elle devait reprendre les armes. C'était pourtant si facile de se sentir de nouveau proche de David. Les souvenirs de leur liaison déferlaient comme un raz de marée, reléguant ceux de son mariage à l'arrière-plan. Spencer se mordit la lèvre. Au fond, elle n'avait jamais cessé d'être amoureuse de David. Ce qui ne signifiait pas qu'elle n'eût pas aimé Danny; car elle l'avait aimé. Mais peut-être pas comme elle aurait dû.

A cette idée, la culpabilité la rongeait.

Pourtant, en dépit de la complexité de ses sentiments, il lui arrivait d'oublier tout ce qui n'était pas son désir de David. Hélas, leurs vies avaient pris des tournants trop différents pour que quelque chose soit encore possible entre eux. De toute façon, elle ne pouvait se permettre de s'impliquer trop profondément tant que... Eh bien, tant que l'âme de Danny ne reposerait pas en paix. Alors seulement, peut-être...

Un léger bruit attira soudain son attention. Elle se redressa et regarda en direction de la porte-fenêtre donnant sur le balcon. A travers le voilage qui ondulait au gré de la brise, elle aperçut une ombre. Son cœur bondit dans sa poitrine. Sly n'avait pas pu la convaincre qu'on en voulait à sa vie, et pourtant, cette ombre paraissait si menaçante, qui s'étirait démesurément au clair de lune en approchant de sa fenêtre.

D'un bond, Spencer se rua hors de son lit, traversa la pièce comme un éclair et se colla au mur qui jouxtait la fenêtre. Quand l'ombre se glissa à l'intérieur, elle faillit hurler. Une grande statuette de porcelaine ornait la coiffeuse. Elle s'en empara et la leva au-dessus de sa tête. Au moment où elle l'abattait sur le crâne de l'intrus, celui-ci se retourna brusquement. Son bras fit dévier le coup tandis qu'une paume la bâillonnait, arrêtant le cri qui allait jaillir de ses lèvres.

— Ils m'ont envoyé en prison pour avoir jeté des cailloux dans ta fenêtre, murmura une voix. S'ils me surprennent dans ta chambre, ils m'expédieront à la chaise électrique.

— David ! Espèce d'idiot ! J'ai cru mourir de peur. Pourquoi n'as-tu pas frappé à la porte comme tout le monde ?

— Je ne voulais pas te réveiller. Je venais simplement m'assurer que tout allait bien.

Encore toute tremblante, Spencer reposa la statuette. Devant le spectacle qu'il offrait, simplement vêtu d'un jean, son cœur se remit à battre à coups précipités. Il s'était douché et sa peau sentait encore le gel odorant. L'espace d'un instant, elle fut tentée de se jeter à son cou et de lui expliquer qu'elle était effrayée et désirait qu'il reste pour la nuit. Elle voulait sentir le contact de sa peau contre la sienne, et le désir monter en elle, si puissant...

Que répondrait-il à cela ? Craindrait-il de se réveiller le lendemain devant le peloton d'exécution ? Pourtant, quelle importance pour lui, puisqu'il se moquait bien de l'opinion de ses parents. Il avait appris, de la pire manière qui soit, que seul comptait le respect de soi.

Spencer ferma les yeux, honteuse de se découvrir capable d'oublier Danny, qu'elle avait prétendu aimer. Tout s'évanouissait si vite, passé et avenir, quand elle se trouvait près de David. Ne restait plus que ce désir fou...

La souffrance revenait ensuite. Danny était un type formidable et elle l'aimait. Elle l'aimait vraiment. Cependant, elle avait aussi aimé David autrefois, et... ce n'était pas fini. Qu'il l'effleure seulement, et elle tomberait dans ses bras.

Il n'en fit rien. Au contraire, il se détourna et se dirigea vers la porte-fenêtre.

— Très bizarrement, ma chambre se trouve placée juste à côté de la tienne, dit-il sur un ton lourd d'ironie. Tes parents semblent prendre très au sérieux mon rôle d'ange gardien. Bref, s'il se produit quoi que ce soit, crie, je laisserai ma porte ouverte.

— Rien n'arrivera, affirma Spencer.

— Comment peux-tu en être si certaine ?

— S'est-il produit quelque chose depuis l'incident du cimetière ? Non. Et même alors, si je me suis trouvée en danger, reconnais que je l'avais bien cherché.

— Sois une bonne fille, Spencer. D'accord ?

— Il ne se passera rien. Pas ici, à plus de mille kilomètres de Miami.

— Eh bien, je l'espère de tout cœur.

Il marqua une légère hésitation avant de suggérer :

— Et si tu venais habiter ici un moment ?

— Pas question !

— Tu es contrariante. Habituellement, tu aimes t'enfuir.

— Je ne m'enfuis pas !

— Oh, si. Et tu cours vite. Mais pour cette fois, l'idée ne me paraît pas mauvaise.

— Mets-toi dans la tête que je suis seulement venue passer le week-end chez mes parents.

David haussa les épaules.

— Il est tard, nous discuterons de cela demain.

Il s'éloignait quand elle le rappela.

— David !

— Mmm ?

— Que voulait mon père ?

— S'entretenir en privé avec moi.

Le menton levé d'un air de défi, elle répéta :

— Que voulait mon père ?

David ne tergiversa qu'une seconde.

— Il tenait à s'excuser de m'avoir fait emprisonner.

Un souffle de brise souleva les rideaux.

— Et que lui as-tu répondu ?

— Que cela appartenait au passé et n'avait plus d'importance. Bonsoir, Spencer.

Il la fixa un moment, avant de se retirer, la laissant seule et bien éveillée, l'esprit tout plein de lui.

Dire qu'il dormait dans la chambre voisine. Proche, si proche.

Spencer passa une très mauvaise nuit, car chaque fois qu'elle s'assoupissait, les souvenirs revenaient traverser sa conscience avec la netteté d'un coup de poignard. Elle s'éveillait alors en sursaut, frissonnait, gémissait et tentait de se rendormir.

Elle accueillit l'aube comme une amie.

Quand elle descendit, le lendemain matin, elle trouva la maisonnée réunie sous la véranda, autour de la table du petit déjeuner. Il faisait frais, mais, grâce au soleil déjà haut, c'était une journée parfaite pour s'asseoir dehors et contempler les jeux de la brise et du soleil. David tenait une tasse de café à la main. On ne pouvait pas vraiment dire qu'il partageait la table de ses parents comme un ami de longue date, mais il était là, buvant son café, le regard perdu sur l'étendue verdoyante de la pelouse.

— Chérie ! s'exclama sa mère en l'apercevant. Tu sembles en excellente forme ! Je me disais que tu pourrais nous accompagner : nous sommes invités à déjeuner chez Daisy Eaton.

— Désolée, maman. J'ai envie d'aller à la plage, et puis de faire le tour des vieilles demeures, afin d'y glaner des idées.

— Tu ne peux donc pas cesser deux minutes de penser à ton travail ! se plaignit Mary Louise. D'ailleurs, la maison de Daisy Eaton est bien plus belle que ces hôtels ouverts au public... Quand je pense que si seulement Danny avait vécu, tu serais enceinte à l'heure qu'il est ! Peut-être même aurait-il renoncé à sa stupide manie de traquer les criminels. Tous les deux, vous...

— Mary Louise ! coupa sèchement son mari.

Spencer avait été à deux doigts de protester ; cependant, les paroles de sa mère l'avaient atteinte au plus profond d'elle-même. La réaction de son père la surprit. Il s'était penché vers sa femme et son regard lui intimait de se taire.

— Spencer et Danny avaient parfaitement le droit de choisir leur voie, comme nous tous. Quant à rappeler à Spencer que son mari a été assassiné, ça me paraît peu constructif.

Mary Louise tressaillit. Son regard s'emplit de larmes. On la sentait sur le point d'éclater en sanglots.

Songeant à toutes les fois où sa mère s'était permis des incursions dans sa vie privée, Spencer s'abstint d'intervenir. Afin de ne pas lui faire de peine, elle lui avait toujours pardonné. Pourtant, son père avait raison ; il était temps de montrer à Mary Louise qu'elle ne détenait pas la vérité et qu'il existait d'autres chemins que celui qu'elle avait choisi de prendre.

Sous les regards curieux des trois autres, Spencer se leva et prit tranquillement congé. Elle atteignait le garage quand elle se rendit compte que David se trouvait à deux pas derrière elle. Elle fit une brusque volte-face.

— Comment ? Pas d'applaudissements ? demanda-t-elle avec amertume. Cela ressemblait assez à une gifle en public, non ?

— Spencer...

Elle ne voulut pas en entendre davantage et ouvrit la porte du garage, où la voiture de location attendait sagement, les clés sur le contact. Spencer se glissa derrière le volant et claqua brutalement sa portière.

David s'installa sur le siège du passager.

Le regard fixé droit devant elle, malheureuse à en pleurer, Spencer roulait vers les grilles. Elle devait tant à Danny, et voilà qu'elle le trahissait.

A son côté, David demeurait silencieux.

— Dis quelque chose! pria-t-elle.

Il continua un instant de se taire, puis il murmura doucement :

— Je ne peux prétendre avoir respecté ta mère par le passé.

— Tu la détestais.

— Pas vraiment. Je ne me souciais pas d'elle. Mais maintenant, je la plains. J'ai compris une chose à son sujet : elle ne peut être différente de ce qu'elle est. Toi, tu as grandi avec une vision plus large de la vie. Bien sûr, tu as fréquenté des écoles privées, mais elles étaient suffisamment proches des ghettos pour que tu ne puisses guère les ignorer. Tu as vu affluer les réfugiés, et tu as pu mesurer la valeur de ce que tu possédais. Ta mère n'a jamais connu cette expérience. Elle a grandi entourée par l'argent et uniquement par l'argent. Comment pourrait-elle accepter ce qu'elle ne connaît pas et qui l'épouvante ? Cependant, elle peut évoluer, Spencer. Tout le monde le peut. Et elle t'aime sincèrement.

Spencer le considéra, incrédule.

— Le feu, Spencer !

Devant elle, juste au bout d'une descente en pente raide, le feu était effectivement passé au rouge. D'un mouvement brusque, elle enfonça la pédale de freins.

Rien ne se produisit.

— Freine, voyons !
— Je freine, mais ça ne répond pas !

Ils prenaient rapidement de la vitesse, l'inclinaison de la route accélérant encore l'allure du véhicule. En bas, le flot des voitures s'étirait paresseusement. Au-delà du feu, se dressait une barrière blanche, et derrière cette barrière, une étendue de rochers parsemée de touffes d'herbe et de fleurs. En contrebas des rochers, très en contrebas, se trouvait la côte déchiquetée de l'océan Atlantique.

Ils continuaient de dévaler la pente. Spencer hurla, écrasant encore et encore le frein. David se jeta à moitié sur elle, et son pied vint brutalement plaquer le sien sur la pédale. Mais rien n'y fit. Horrifiée, Spencer voyait le carrefour se rapprocher à une vitesse vertigineuse.

Le feu passa au vert. Dans le sens transversal, la circulation s'interrompit. Devant eux se dessinaient à présent les piquets blancs de la barrière et, plus loin, l'étendue rocheuse.

L'eau et les rochers...

Ils volaient littéralement vers l'intersection, vers le bleu indistinct du ciel et de l'océan.

10.

David bondit sur le volant, auquel il fit décrire un demi-cercle vers la droite. En virant sur les chapeaux de roues, la voiture arracha une partie de la barrière mais parvint néanmoins, à grand renfort de coups de klaxon, à s'insérer dans le flot d'une circulation heureusement assez fluide. La pente de la route, quoique plus faible, entretenait la vitesse du véhicule. A un moment donné, Spencer crut voir les voitures venant en sens inverse foncer à leur rencontre. Elle klaxonna furieusement.

Les voitures s'écartaient sur leur passage, leurs pneus crissant contre les trottoirs. D'autres coups de klaxon retentirent. Devant eux, se profilait un virage, bordé d'un talus couvert d'une végétation broussailleuse.

— Je fonce dedans, dit David, les dents serrées.

Un « non » silencieux se forma sur les lèvres de Spencer. Pourtant, elle savait que David avait raison de tenter l'impossible. Après ce virage, il y en aurait un autre, une autre barrière blanche, et puis ce serait le grand plongeon dans l'éternité.

A moins qu'ils n'entrent en collision avec une voiture, un bus ou une moto, et ne tuent d'autres gens.

La gorge affreusement nouée, Spencer attendit le choc. Dans un horrible crissement de pneus, ils négocièrent le virage, puis, d'un brutal coup de volant, David les expédia dans les buissons. Quand les branches cinglèrent la carrosserie, Spencer hurla. Le pare-brise vola en éclats, envoyant dans l'habitacle une pluie meurtrière de minuscules fragments de verre. Instinctivement, Spencer ferma les yeux. Les débris manquèrent son visage et atterrirent sur ses mains.

La voiture s'immobilisa.

Pétrifiée, Spencer n'osait ni bouger ni ouvrir les yeux. Elle prit conscience du corps de David pesant contre le sien et songea fugitivement qu'il était mort. Quand elle ouvrit les yeux, il se redressait précautionneusement. Des éclats de verre tombèrent entre eux avec un bruit cristallin.

— Ça va? chuchota-t-il.

Le regard fixe, elle se força à hocher la tête. Des débris du pare-brise étoilaient sa noire chevelure. Elle voulut y porter la main; il arrêta son geste.

— Attention, tu vas te couper. Ne bouge pas, je fais le tour.

Pour l'ouvrir, il dut peser de tout son poids contre sa portière, bloquée par les buissons qui les enserraient. Du côté passager, une branche entrant par le pare-brise avait évité David de quelques centimètres.

Comme un fou, il tira sur la poignée de la portière de Spencer, jura, lança son poids contre elle et tira derechef. Au loin, les sirènes hurlaient. Spencer ferma de nouveau les yeux. Elle détestait ce bruit, même si, comme à présent, il signifiait qu'on venait leur porter secours. Même si, par la grâce de Dieu, David et elle étaient indemnes.

Enfin, David parvint à débloquer la portière. Ses beaux traits durcis par l'angoisse, il se pencha sur elle.

— Rien de cassé? Tu en es sûre? Les cervicales? Le dos?

— Tout va bien, dit-elle, s'efforçant de contrôler le tremblement de sa voix.

La circulation s'était interrompue. Les flâneurs de la plage se hâtaient vers le lieu de l'accident.

Un car de police fit une embardée avant de s'arrêter juste en dessous de leur voiture. Un policier, qui ne paraissait guère âgé de plus de vingt ans, en jaillit, rapide comme l'éclair, et se précipita vers eux. Après s'être enquis de leur état, il se gratta la tête en constatant l'ampleur des dégâts.

— Eh bien, c'est un miracle que vous soyez encore en vie! conclut-il. Que s'est-il passé?

— Les freins ont lâché, répondit Spencer.

— Voiture de location?

Elle hocha la tête.

— On nous l'a fournie hier soir à Boston, précisa David.

Une ambulance se garait à son tour. Une femme médecin aux courts cheveux bruns et bouclés et au sourire presque enfantin s'approcha de Spencer. Après l'avoir rapidement examinée, elle lui expliqua qu'ils possédaient un aspirateur spécialement conçu pour débarrasser les cheveux des morceaux de verre. Pendant ce temps, Spencer observait David qui parlementait avec le jeune officier de police; puis il lui tendit son permis de conduire et le contrat de location. Spencer se rendit compte que sa chemise était largement déchirée et que ses cheveux scintillaient de mille éclats quand le soleil se réverbérait sur les bouts de verre.

— Comment vous sentez-vous? demanda le médecin à Spencer. Par mesure de précaution, il serait préférable de vous hospitaliser tous les deux.

— Oh! non. Je vous assure que ça va.

— Vous vous sentirez très courbatue, demain. Quand

il se produit un accident comme celui-ci, on se crispe instinctivement en attendant le choc. Les bains bien chauds détendent, et n'oubliez pas de rester en mouvement. Ça accélère la résorption des courbatures.

Spencer acquiesça distraitement. Elle observait toujours David, qui paraissait très désireux de convaincre le policier. Ce dernier se grattait la tête, puis, finalement, il acquiesça d'un signe. D'autres cars de police arrivaient. Un homme en civil descendit de l'un d'eux et s'approcha de Spencer ; discrètement, le jeune médecin se retira.

— C'est bien vous qui conduisiez, mademoiselle ?
— Oui, répondit Spencer.
— Et vous dites que les freins ont lâché ?
— C'est cela. D'un seul coup, ils n'ont plus répondu.
— De toute façon, un conducteur est responsable de son véhicule. Je me vois donc dans l'obligation de dresser contravention pour conduite dangereuse. Vous rendez-vous compte que vous avez eu une chance inouïe, mademoiselle ?

— Comment ? Vous prétendez me verbaliser ! s'exclama Spencer, emplie d'une indignation incrédule. Voyez plutôt avec l'agence ! Nous avons loué cette voiture hier soir. Ce sont eux qui m'ont confié un véhicule en mauvais état !

— Attendez, sergent, cria le jeune agent, en se hâtant dans leur direction. Sergent, il s'agit de Mme Daniel Huntington.

Le civil la considéra entre ses paupières à demi fermées.

— Vous êtes une Montgomery ?
— Oui, répondit sèchement Spencer.

Par-dessus son épaule, elle chercha David du regard.

— Je vais voir ce que je peux faire, dit son interlocuteur en s'éloignant.

Le jeune policier la gratifia d'un chaleureux sourire.

— Je suis bien content d'être de service, madame Huntington ! reprit-il. Cela m'a permis de vous rencontrer.

— Merci.

Si David n'avait pas vendu la mèche, ils lui auraient vraiment collé cette contravention. Elle n'allait y échapper que grâce à la renommée des Montgomery.

Une dépanneuse arriva. David s'occupa des formalités de dernière minute avec les policiers avant de la rejoindre.

— Crois-tu préférable d'être hospitalisée ?

— Non, répondit-elle fermement. Et toi ?

— Pas question ! Viens. Le jeune agent a proposé de nous conduire chez tes parents. Ce ne sera pas du luxe de se doucher et de changer de vêtements.

L'officier au beau sourire les invita à prendre place à l'arrière de son véhicule.

— Ils voulaient m'imposer une contravention pour conduite dangereuse, déclara amèrement Spencer. Nous avons failli mourir et voilà tout ce qu'ils trouvent à faire !

— C'est la loi.

— Tu leur as dit que j'étais une Montgomery.

David hésita un instant puis fit un geste de dénégation.

— J'ai simplement expliqué que ton défunt mari était un agent des forces de l'ordre. Quelqu'un te connaissait de nom. Il semble que tu te sois dépensée sans compter pour venir en aide aux veuves de policiers démunies et à leurs enfants.

Spencer piqua du nez et rougit. Comme elle fixait obstinément ses doigts, elle découvrit une coupure, tout près de l'anneau d'or que lui avait offert Danny.

— Danny et moi n'avions pas d'enfant, alors que la plupart des autres malheureux étaient morts en laissant

193

des gosses. En plus de leur chagrin, leurs veuves se retrouvaient dans l'obligation de se battre pour nourrir leur famille. Il m'a semblé qu'elles méritaient bien qu'on les aide.

— Tu n'as pas à justifier ton action auprès de moi.

David resta un instant silencieux avant d'aborder un autre sujet.

— Admettras-tu maintenant qu'un danger te menace ?
— Comment ?
— Nous venons de réchapper d'un gravissime accident, au cas où tu ne l'aurais pas remarqué.
— David ! Ce sont les freins qui ont lâché. Reprends tes esprits, voyons... Nous ne sommes pas à Miami, mais dans le Rhode Island !

David hocha la tête. Il attendit que l'écho de ses paroles s'évanouisse avant de la considérer d'un air sévère.

— Tu oublies que Ricky Garcia est riche à millions et que Trey Delia peut demander à ses fidèles n'importe quelle action de commando en n'importe quel point du pays. Quant à Gene Vichy, il nage dans l'argent de sa femme. Quelle naïveté de te croire à l'abri ici !

Tête haute, Spencer regardait obstinément devant elle.

— C'est absurde ! Je ne sais rien.
— Pourtant, comme tu ne cesses de le répéter, tu as mis Trey Delia hors d'état de nuire. Garcia peut craindre d'être le suivant.
— Mais, comme tu te plais, *toi*, à le souligner, Ricky Garcia est extrêmement puissant. Si vraiment il voulait ma mort, je serais déjà dans un fourgon funéraire, non ?
— Parce que tu t'imagines qu'il va te croiser dans la rue et pan ! pan ! tu es morte ? Navré de te décevoir, Spencer, mais Garcia est plus subtil que ça. Un accident

de voiture est infiniment moins voyant qu'une fusillade en pleine rue, sais-tu.

— Dans ces conditions, il aurait très bien pu trafiquer ma voiture à la maison !

— Il se doute bien que cela semblerait moins suspect si tu disparaissais dans le Rhode Island plutôt qu'à Miami.

— Ce que tu peux être exaspérant avec ta manie de vouloir toujours avoir le dernier mot !

— Spencer...

Elle lui expédia un coup de coude dans les côtes, et ne se préoccupa pas de sa grimace de douleur.

— Préviens l'agent que nous sommes presque arrivés !

Les mâchoires serrées, David se pencha vers le jeune policier et lui indiqua l'allée à emprunter. Toujours souriant, le jeune homme obtempéra. Quelques instants plus tard, il immobilisait la voiture devant les grilles. Spencer descendit parlementer dans l'Interphone. Comme les grilles s'ouvraient, elle leur fit signe de la laisser là. Elle éprouvait le besoin de marcher jusqu'à la maison, le long de l'allée ; pour secouer les éclats de verre accrochés à ses vêtements, et aussi pour réfléchir aux paroles de David.

Quand elle les rejoignit enfin, les deux hommes l'attendaient devant le porche. Le policier examinait la maison avec une curiosité non déguisée.

— Puis-je vous offrir une boisson sans alcool ou un café ? proposa Spencer.

— Non, merci. Je patrouille. Mais sûr que ça me dirait une autre fois !

— Eh bien, ce n'est donc que partie remise, assura Spencer en lui serrant la main.

Le policier se tourna vers David.

— Je vous tiens au courant, monsieur Delgado, dit-il en inclinant brièvement la tête.

— Très bien.

— De quoi doit-il te tenir informé ? s'enquit Spencer quand le jeune homme se fut éloigné.
— Des freins.
— Ce qui signifie ?
— Ils vont essayer de déterminer comment et quand ils ont été trafiqués.
— Qu'est-ce qui te fait croire à une intervention extérieure ? Les freins étaient peut-être défectueux.
— Oui, naturellement. Et moi, je peux voler grâce à la poudre de perlimpinpin. Allons, viens.

Une main posée sur sa taille, il la guida vers l'escalier. Henri les attendait devant la porte, le regard interrogateur.
— Nous avons eu un petit problème avec la voiture de location, expliqua Spencer d'un ton détaché.
— Puis-je faire quelque chose pour vous, madame ? Vos parents sont partis déjeuner chez leurs amis et ne rentreront qu'en fin d'après-midi.
— Tant mieux, grommela Spencer entre ses dents.

David lui jeta un regard surpris auquel elle ne répondit pas.
— Ne vous inquiétez pas, Henri, dit-elle tout haut. Tout va bien.
— Un grand verre de cognac serait le bienvenu, intervint David.
— Je vous le monte tout de suite, monsieur.
— J'ai bien besoin d'un remontant, chuchota David à Spencer en la dépassant pour gagner l'escalier.

Dans l'espoir de se débarrasser des dernières particules de verre, Spencer s'attarda longuement sous le jet brûlant de la douche. David avait tort, songeait-elle. Il s'agissait d'un simple problème mécanique. La seule fois où elle avait réellement couru un danger, c'était quand elle était allée se jeter dans les bras des émules de Trey Delia. Sur ce point précis, elle admettait sa folie. En revanche, penser comme Sly que la chute de la poutre avait été délibérément provoquée relevait de la paranoïa pure et simple. Sur un chantier, de tels accidents, hélas, se produisent. Tout comme il arrive qu'un système de freinage connaisse une défaillance.

De là à prétendre que quelqu'un essayait d'attenter à ses jours...

En sortant de la douche, Spencer enfila un peignoir de bain. Ensuite, devant le miroir de sa coiffeuse, elle se brossa les cheveux. Comme elle était pâle, constata-t-elle en examinant son reflet. Soudain, d'un geste décidé, elle posa la brosse et se dirigea vers le balcon. Les portes-fenêtres de la chambre de David étaient grandes ouvertes ; on l'entendait fredonner un vieil air des Beatles dans la salle de bains. Il chantait bien...

En dépit de la petite voix qui lui murmurait qu'elle s'apprêtait à commettre une grossière erreur, et que jamais elle n'avait couru de danger plus grand qu'à cet instant, Spencer pénétra dans la chambre.

Ce faisant, elle s'efforçait de conjurer le souvenir de Danny, de se persuader qu'elle ne venait que pour parler. David et elle étaient à présent adultes, assez pour savoir que leurs différences dressaient d'infranchissables barrières entre eux.

L'idée de faire demi-tour effleurait Spencer quand une voix rugit soudain :

— Qui est là ?

Drôle de détective qui n'entendait même pas quelqu'un pénétrer dans sa chambre ! se moqua intérieurement la jeune femme.

— C'est Spencer !

Voilà, elle ne pouvait plus reculer. Elle approcha de la porte de la salle de bains et s'appuya au chambranle.

La pièce avait subi d'importantes transformations. Un

197

immense Jacuzzi, doté de degrés de marbre et d'une robinetterie de porcelaine blanche soulignée d'un filet d'or, trônait contre le mur. David s'y prélassait, paresseusement allongé dans les remous. Le coude sur le rebord de la baignoire, il admirait les reflets ambrés du cognac qu'il faisait tournoyer dans son verre. Il lui jeta un regard lui indiquant clairement qu'elle troublait inopportunément ce moment d'intimité.

— Si tu échoues ailleurs, tu pourras toujours te reconvertir dans le rock, dit-elle.

— Trop aimable. Que veux-tu, Spencer?

— Te persuader que Sly et toi délirez complètement. Il a commencé à se faire du mauvais sang à cause de la chute d'une poutre. Une poutre! Comme si ce n'était pas un accident fréquent...

Tout en parlant, elle essayait d'oublier l'effet curieux que cela lui faisait de se trouver dans la même pièce que David en tenue d'Adam.

Elle s'assit sur une marche.

— Ecoute, David, je t'assure que je n'ai aucune intention de mourir. Simplement, je ne peux admettre que cet accident puisse avoir un rapport avec l'assassinat de Danny...

— Pourtant, vois-tu, certains n'apprécient pas qu'une veuve s'amuse à remuer la boue.

Spencer soupira.

— David...

— Et d'abord, qu'est-ce que tu fabriques dans ma salle de bains? s'exclama-t-il, soudain irrité. Pourquoi faut-il que tu viennes me casser les pieds avec tes histoires quand je suis là, bien tranquille, à savourer un bain délicieux et un excellent cognac? Serais-tu assez bonne pour sortir immédiatement? Songe à la tête de ta mère si elle te surprenait avec un réfugié cubain tout nu!

Furieuse, Spencer se raidit. Réaction qui laissa David parfaitement indifférent. Son regard filtrant entre ses paupières à demi fermées la scrutait sans complaisance. Une veine battait à son cou.

— Il faudrait savoir. Ce matin, tu la défendais, répliqua froidement Spencer.

— Je suis son hôte, fit-il remarquer. Oh, je doute qu'elle imagine une seconde que tu coucherais avec moi sous son toit. Rien que de penser que les mains d'un sale Latino puissent effleurer la chair de lis de sa précieuse enfant, elle tomberait raide morte !

— Espèce de salaud ! s'écria Spencer.

Avec l'intention évidente d'abandonner la place, elle se leva. Cependant, sur une impulsion subite, elle se ravisa et vint lui prendre le verre des mains.

— Si tu dois parler ainsi de ma mère, ôte au moins tes lèvres de son cognac !

— Et de sa fille, ajouta-t-il poliment.

Spencer fit demi-tour ; toutefois, avant qu'elle ne soit sortie, David attrapait le bas de son peignoir, auquel il imprima une si violente secousse que Spencer perdit l'équilibre, glissa sur le marbre et plongea dans l'eau. Son peignoir instantanément trempé, elle se retrouva assise sur les genoux de David, ses jambes seules débordant de la baignoire. Il plongea dans le sien un regard à l'éclat métallique. Très vite, Spencer put se rendre compte que la situation ne le laissait pas indifférent.

— Et n'essaie surtout pas de rejeter sur moi la responsabilité de cet incident ! s'écria-t-il. Si tu n'étais pas venue me provoquer dans ma salle de bains avec juste une serviette sur le dos, cela ne serait pas arrivé !

— C'est un peignoir !

— Bon, une serviette à manches ; c'est pareil.

— David...

— Franchement, n'importe qui devinerait ce que tu cherches en venant rôder ici ! Mais ça te rendrait malade d'avouer, y compris à toi-même, que tu soupires après quelque chose d'aussi élémentaire que le sexe ! Même après plus d'un an d'abstinence... Enfin, voyons, nous avons fait une fois l'amour, et tu as vu dans quelle détresse tu t'es retrouvée ensuite. Tu veux quand même recommencer ?

— Lâche-moi ! cria Spencer.

Mais il ne la lâcha pas. Le verre de cognac lui fut ôté des mains, et, avant qu'elle comprenne ce qui se passait, elle sentit se presser sur sa bouche des lèvres chaudes, humides, exigeantes. Elle ferma les yeux. La vapeur du Jacuzzi tourbillonnait sur sa peau ; les remous les berçaient.

Sa serviette à manches faisait des bulles.

Et la bouche de David dévorait la sienne ; une main se glissa sous le peignoir, la paume épousant les courbes de son corps. Il la caressait avec une implacable ardeur, explorant sans vergogne, découvrant, violant son intimité la plus secrète.

La vapeur semblait la pénétrer par tous ses pores.

Comme la caresse se faisait plus précise, elle se renversa, le souffle coupé. Le plaisir montait en elle, presque insupportable. La bouche de David reprenant la sienne étouffa un râle et elle se tordit contre lui pour se libérer, ou pour exiger davantage. L'instant d'après, un orgasme la secouait tout entière. Elle flottait encore dans l'inconscience bienheureuse qui suit l'amour quand elle sentit que David la saisissait par les hanches, la soulevait au-dessus de lui, et, ses yeux rivés aux siens, l'attirait lentement sur son sexe érigé.

Elle brûlait, elle gelait. Puis, de nouveau, le désir monta en elle. Pour n'avoir pas à soutenir le regard de

David, elle enfouit son visage rougi au creux de son épaule et se laissa bercer par le mouvement qu'il imprimait à son corps.

Il cria, son corps entièrement tendu vers la jouissance, et, quand celle-ci arriva, sa violence éblouit Spencer et entraîna la sienne propre.

Le cœur battant à tout rompre, elle s'abattit contre lui. On n'entendait plus que la respiration saccadée de David et le remous persistant de l'eau.

C'est alors que, sans qu'elle sût comment, le chagrin resurgit, intact, et avec lui la honte et le remords. Piètre consolation, cette fois, ils n'avaient pas fait l'amour dans le lit de Danny. Ils se trouvaient chez sa mère, et peu lui importait d'affronter celle-ci et de lui expliquer qu'elle la trouvait *un brin* prude. Seulement, là n'était pas la question. Elle ne se sentait pas coupable vis-à-vis de ses parents, elle se sentait coupable vis-à-vis de Danny, parce que...

Parce que, de son vivant, il arrivait déjà que Spencer le trompe avec David, par la pensée. Et à présent qu'il était mort, elle se trouvait pour de bon allongée près de David, le désirant et le haïssant, tout à la fois.

Oui, vraiment, un psychiatre trouverait certainement en elle un fabuleux terrain d'investigation.

Elle ne trahissait pourtant personne puisqu'elle était veuve, se disait-elle. Danny n'aurait pas dû mourir ; n'empêche qu'il était mort. Malgré tout, toutes ces tentatives pour se raisonner demeuraient vaines, et l'angoisse lui rongeait le cœur. Peut-être que s'il ne s'agissait pas de David...

S'il ne s'agissait pas de David, elle n'aurait pas eu envie de faire l'amour. Elle ne se serait langui de personne ; elle n'aurait pas souffert. Les souvenirs n'auraient pas resurgi avec cette netteté ; l'hostilité n'aurait pas nourri leur passion. Elle avait si passionnément aimé David. Et puis, il l'avait haïe, et elle l'avait haï en retour. A présent, le monde autour d'eux et eux-mêmes avaient changé, mais finalement pas tant que cela.

Elle l'entendit pousser un profond soupir. Sans la quitter des yeux, il la souleva pour se libérer, s'agenouilla, et, après l'avoir assise au bord de la baignoire, il prit son visage dans ses mains. Ce ne fut que lorsqu'il écrasa une larme sur sa joue, avec une expression soudain froide et sévère, que Spencer comprit qu'elle pleurait. Ensuite, il jura en espagnol. Elle connaissait assez la langue pour comprendre qu'il ne lui adressait pas un compliment.

Il se leva, et quand il l'aida à faire de même, le peignoir glissa dans les remous. Le récupérant aussitôt, il le plaqua contre la poitrine de Spencer avant de la tirer hors du Jacuzzi, de l'enlever dans ses bras et de l'emporter vers le balcon, où il la déposa sans douceur.

La brise fraîche qui soufflait ne sembla pas tempérer son humeur. Quand il s'exprima, ce fut d'une voix dure et gutturale.

— Le jour où tu seras capable de coucher avec moi sans te mettre à pleurer ensuite, fais-moi signe. En attendant, je te prie d'éviter de te promener à demi nue dans ma salle de bains. Tu as voulu ce qui est arrivé ; pourtant, comme d'habitude, tu t'arranges pour en faire retomber sur moi la responsabilité. A ton âge, il est peut-être temps que tu apprennes à assumer tes fantasmes !

Sur ces mots, sans un regard en arrière, il la planta là, toute mouillée, son peignoir trempé serré contre sa poitrine, la brise froide caressant sa nudité.

11.

Il fallut quelques instants à Spencer pour prendre conscience qu'elle se trouvait nue sur le balcon. Vivement, elle se retourna, priant le ciel pour qu'aucun jardinier ne se trouvât affecté au soin des fleurs, et qu'Henri ne fût pas occupé dans le patio. Mais non. Personne. Le seul mouvement provenait des arbres vigoureux dérobant la propriété aux regards indiscrets, et qui ondoyaient au gré de la brise, et puis de l'eau cristalline de la piscine se ridant sous les rayons obliques du soleil couchant.

Spencer se rua dans sa chambre, dont elle referma la porte-fenêtre derrière elle. En hâte, elle se débarrassa de son peignoir mouillé et commença de se sécher. Puis, se ravisant, elle se jeta sous la douche. Longtemps, elle demeura sous le jet froid, espérant que l'eau entraînerait dans son ruissellement amertume et rancœur. Puis elle enfila un jean et un ample sweat-shirt. Encore toute troublée, elle se brossa les cheveux, s'amusa quelques minutes avec ses produits de maquillage, avant de ressortir sur le balcon.

Des jurons proférés en espagnol lui parvinrent aussitôt. David ne lui avait donc pas pardonné ? Elle esquissa un pas en direction de sa chambre. Après tout, elle ne faisait aucun mal ; elle portait une tenue décente et lui-même était sorti de son bain. Elle approcha de la porte-fenêtre.

En jean, torse nu, David examinait son dos dans un miroir surmontant une commode ancienne.

— Quelque chose ne va pas ? s'enquit Spencer.

Le flot des jurons s'interrompit instantanément. David se retourna et la dévisagea.

— Tu peux le dire. Entre.
— Tu veux que j'entre ?
— S'il te plaît.

Spencer pénétra dans la pièce. Se détournant, David lui offrit le spectacle de son dos marbré d'une traînée de sang.

— Tu es blessé...
— Tu parles d'une nouvelle ! Le problème, c'est qu'un morceau de métal est resté fiché dans la plaie. Je ne m'en suis aperçu que lorsque mon dos a commencé à me brûler sérieusement dans le bain. Tu es un vrai danger public, dis donc.

— Moi ? s'exclama Spencer, la voix étranglée par l'indignation. Ecoute, tu es un grand garçon ! Je ne t'ai pas violé quand même !

— Non, tu t'es seulement amusée à venir m'exciter pour m'accuser ensuite des pires horreurs.

— Ça alors, c'est la meilleure ! Au lieu de dire des âneries, tu ferais mieux de t'occuper de ta blessure. Veux-tu que je t'aide ?

— Vois ce que tu peux faire.

— Allons dans la salle de bains, suggéra-t-elle. J'y verrai plus clair.

Quelques instants plus tard, elle tamponnait la plaie avec un coton imbibé de désinfectant et s'efforçait d'obtenir une prise correcte sur le morceau de métal.

— Aïe ! s'exclama David. Arrête de le tripoter comme ça ! J'ai l'impression que tu l'enfonces encore plus.

— Je ne peux pas faire autrement.
— Dans ce cas, essaie d'être plus douce !
— Si tu arrêtais de saigner, ce bout de métal glisserait moins.
— Vraiment, je suis *désolé*.
— Reste donc un peu tranquille !

Finalement, Spencer parvint à assurer sa prise. Au moment où elle extrayait le corps étranger, un vacarme retentit au rez-de-chaussée. La porte s'ouvrit comme sous l'effet d'une bourrasque et l'on entendit crier :

— Spencer ! David ! Oh, mon Dieu, où êtes-vous ?

Sa chevelure d'argent habituellement si impeccable était toute en désordre, et ses yeux bleus étaient remplis de frayeur, quand Joe parut dans l'embrasure de la porte. Apercevant Spencer, il se précipita sur elle pour l'envelopper dans une chaleureuse étreinte. Alors seulement, il aperçut le sang sur le dos de David.

— Vous êtes blessé ! s'écria-t-il.
— Juste une écorchure, monsieur.

Joe paraissait profondément bouleversé, mais son émotion n'était rien, comparée à celle de Mary Louise. Hurlant sur le mode hystérique le nom de Spencer, elle fit irruption à son tour. A la vue du sang qui maculait le dos de David, elle poussa un cri et vacilla.

— Voyons, maman, ce n'est rien..., commença Spencer.
— Elle va s'évanouir, intervint Joe.

Et, s'élançant, il rattrapa sa femme alors qu'elle glissait à terre. Il la transporta jusqu'au lit, où il l'étendit précautionneusement.

— Je vais chercher les sels, intervint Spencer avec empressement.

Elle courut à la chambre de sa mère et en revint munie d'un flacon, qu'elle déboucha et approcha de ses narines.

Progressivement, Mary Louise revint à elle. Elle adressa d'abord un pâle sourire à Spencer, avant de se tendre de tout son corps vers elle, pour lui prendre la main. Elle pleurait doucement.

— Oh ! Spencer ! Un charmant policier nous a arrêtés dans la rue pour nous prévenir que vous aviez eu un accident, que votre voiture était hors d'usage et que vous... vous...

— Je vais bien, maman, assura Spencer, tapotant la main de sa mère.

Une culpabilité d'une nouvelle sorte l'envahissait. Soudain, elle se rendait compte que Mary Louise, à sa manière un peu particulière, l'aimait vraiment.

— Voyons, maman, reprit-elle, je n'ai pas une égratignure. Quant à David, eh bien, sa blessure est superficielle. Seulement, il faudrait tout de même que je le soigne avant qu'il ne répande tout son sang sur tes tapis d'Orient.

— Spencer ! Comment peux-tu plaisanter sur un sujet pareil ? s'exclama Mary Louise sur un ton de reproche.

Luttant pour se redresser, elle interrogea son mari du regard.

— Sont-ils réellement sains et saufs, Joe ?

— Ils me paraissent en forme, oui.

Il se tourna vers Spencer, et celle-ci vit un vague sourire trembler au coin des lèvres de son père. L'espace d'un instant, elle se demanda quelle aurait été la réaction de ses parents s'ils s'étaient présentés une demi-heure plus tôt, au beau milieu de leurs ébats...

— Et vous, madame Montgomery, comment vous sentez-vous ? s'enquit David.

— Bien, merci. Je suis seulement navrée de m'être montrée si pusillanime.

David haussa négligemment les épaules.

— Je connais de solides gaillards dans la police, qui tournent de l'œil dès qu'il leur faut donner du sang. Certaines personnes sont ainsi faites qu'elles ne peuvent en supporter la vue. Il est donc bien superflu de vous excuser de cette faiblesse. Spencer, ajouta-t-il en se tournant vers elle, ne pourrions-nous en finir avec cette blessure ?

Spencer ne réagit pas. Cette soudaine gentillesse dont David faisait preuve à l'égard de sa mère la laissait abasourdie.

— Spencer ?

Dans un sursaut, elle reprit contact avec la réalité et suivit David dans la salle de bains, où, en un tournemain, elle désinfecta et pansa la plaie. Quand ils sortirent, sa mère et son père étaient tous deux assis sur le lit. Joe s'éclaircit la gorge.

— Voulez-vous vite vous préparer pour le dîner ? Si cela vous tente, évidemment, Mary Louise et moi aimerions vous montrer un de nos restaurants favoris.

David ouvrait la bouche quand Joe leva la main.

— Oh ! un endroit très ordinaire, je vous assure. Si ordinaire, en réalité, qu'on y apporte son propre vin. On prend son repas sur des tables de bois, mais au menu figurent les meilleurs mets de la Nouvelle-Angleterre.

David jeta un coup d'œil interrogateur à Spencer, qui haussa imperceptiblement les épaules.

— Cela me convient parfaitement, répondit-il.

— Avant que nous sortions, j'appelle mon avocat, reprit Joe.

— A quel sujet ? demanda Spencer, surprise.

— Eh bien, cette agence qui vous a loué la voiture a engagé sa responsabilité dans cette affaire.

— N'ayez crainte, ils seront interrogés par la police, intervint David. Ainsi que votre chauffeur, et toute personne ayant eu accès au véhicule.

Joe parut interloqué.

— Comment cela ?

— Il n'est pas nécessaire d'interroger tout le monde..., commença Spencer.

— Si. Quelqu'un a pu voir ou entendre quelque chose, coupa David.

— Vous insinuez que cet accident n'en est pas un ? s'écria Joe.

Avec un hoquet d'effroi, Mary Louise porta la main à sa gorge. Elle semblait sur le point de sombrer de nouveau dans l'inconscience.

— Mais non ! s'exclama à son tour Spencer, dévisageant froidement David. Vous connaissez les policiers, enfin... moins bien que moi, bien sûr, mais vous savez qu'ils se croient toujours obligés d'interroger tout le monde. De plus, la maison a plu à l'agent qui nous a raccompagnés. Il aura vu là l'occasion de la visiter de plus près.

— Tu ne lui as donc pas offert d'entrer ?

— Bien sûr que si, maman ! Mais il était en service...

Mary Louise se leva, bientôt imitée par Joe.

— Si nous allions dîner ? suggéra-t-elle. De toute façon, je n'ai jamais beaucoup apprécié ce chauffeur, ajouta-t-elle à l'intention de son mari.

Et, se tournant vers Spencer et David, elle chuchota :

— Il boit.

— Il buvait, rectifia Joe. Il est guéri, aujourd'hui.

— Avec les alcooliques, sait-on jamais..., fit Mary Louise.

— Mais oui ! affirma Joe. Cela dit, nous irons jusqu'au bout de l'enquête.

— C'est bien mon intention, déclara David.

Joe et Mary Louise quittèrent la pièce. David, en se retournant, s'aperçut que Spencer s'était éclipsée par où elle était venue. Il se dirigea alors vers le téléphone et composa le numéro du commissariat, où on lui apprit que les freins étaient en train d'être examinés.

— Il sera sans doute difficile de trouver une preuve, avertit le détective chargé de l'enquête. Nous avons découvert un minuscule trou dans une Durit du système hydraulique. Impossible d'affirmer qu'il a été percé intentionnellement. Pour vous dire la vérité, si vous n'étiez pas personnellement impliqué dans cet accident, nous conclurions purement et simplement à une défaillance mécanique. L'agence de location a beau clamer sur tous les tons qu'elle apporte le plus grand soin à la révision régulière de ses véhicules, il n'en reste pas moins qu'un trou aussi petit a pu échapper à leur vigilance.

— Le trou, oui, mais la quantité de liquide répandue en si peu de temps ?

— Une bonne partie a dû fuir durant le trajet entre Boston et Newport. Nous avons eu une petite conversation avec le chauffeur des Montgomery. Il jure ses grands dieux n'avoir touché la voiture que pour la conduire au garage et a souligné le fait que la propriété des Montgomery possédait un bon système d'alarme. Nous allons procéder à d'autres interrogatoires, naturellement. Si vous avez d'autres points à éclaircir, téléphonez-moi.

Après avoir remercié le détective, David raccrocha puis appela Sly, qu'il mit au courant des derniers événements.

— Qu'en penses-tu ? demanda ce dernier.

— Je ne sais plus très bien.

— Tu crois comme Spencer que je suis un vieux fou paranoïaque ?

— Jamais je ne vous ai pris pour un fou, Sly.

— Hum. Vous revenez dimanche ?

— En tout cas, nos places sont réservées pour ce jour-là.

— Tiens-moi au courant.
— Bien sûr.

Au moment où David se préparait à raccrocher, un faible déclic se produisit sur la ligne.

Quelqu'un dans la maison avait suivi ses deux conversations.

Les Monteith passaient leur samedi après-midi chez Jon, avec les enfants. Cecily s'ennuyait ferme. Elle était faite pour les mondanités, les réceptions à bord des yachts, les déjeuners et les cocktails dans les clubs de South Beach, les soirées organisées au profit d'œuvres de bienfaisance, les ballets, les bons spectacles en provenance de New York. C'était ainsi. Elle n'y pouvait rien.

Pourtant, elle reconnaissait que la maison de Jon, construite au bord de la lagune, était plutôt agréable. Elle se promenait avec les enfants sur la jetée, et ils profitaient tous ensemble des plaisirs de la voile. D'ailleurs, ils ne venaient là que rarement. Et puis la compagnie de son beau-père ne déplaisait pas à Cecily ; elle ne lui reprochait guère que son manque de jugeote, exactement ce qui l'irritait en Jared.

Jon Monteith avait travaillé pour Sly jusqu'à ce que des crises cardiaques à répétition le contraignent à ralentir son rythme de vie. Toutefois, ces ennuis remontaient déjà à quelques années, et Jon jouissait maintenant d'une santé satisfaisante. Il envisageait même de reprendre ses activités professionnelles. Une fois par quinzaine, il jouait au golf avec Sly, et il passait pas mal de temps à entretenir son petit jardin. Comme Cecily, il aimait se promener sur la jetée ; il possédait aussi un petit bateau qui lui permettait de naviguer à proximité. Enfin, autre trait de son caractère, Jon éprouvait pour ses petits-enfants une passion sans bornes. Cecily devait admettre qu'il était parfait avec William et Ashley, respectivement âgés de sept et cinq ans.

A la pensée de ses enfants, avec leurs beaux cheveux d'un blond chaud et leurs yeux ambrés pareils aux siens, Cecily se sentit emplie d'orgueil. Quels que soient ses défauts, Jared se montrait un bon père; et comme ils avaient à leur service une excellente gouvernante, Cecily ne se trouvait jamais confrontée aux accès de mauvaise humeur, si courants chez les enfants.

Ce soir-là, Jon avait prévu de faire griller au barbecue quantité de côtes de porc, poulets, steaks et saucisses. Sachant qu'Ashley détestait les grillades, il avait fait bouillir quelques hot-dogs. Cecily revenait de la jetée avec les enfants, et ils se retrouvèrent tous au bord de la piscine, attendant que Jon en ait terminé avec ses préparatifs.

Confortablement allongée, Cecily retournait une fois de plus dans sa tête les termes de son nouveau dilemme. Elle avait toujours adoré le soleil et savait de surcroît que le bronzage l'avantageait. D'ailleurs, qui n'était pas flatté par un léger hâle? Même cette satanée cellulite, qui s'accrochait à ses cuisses en dépit de tous ses efforts, ne s'en portait que mieux!

Le problème était qu'elle avait cessé d'être une gamine, et que, malgré les lotions et les crèmes dont elle s'enduisait, sa peau, au soleil, se constellait de taches de rousseur. Il devenait donc impératif de se protéger et, désormais, elle s'accordait épisodiquement une heure d'exposition, non sans s'être, au préalable, barbouillée de crème solaire à fort indice de protection...

Cecily en était là de ses pensées quand la sonnerie du téléphone retentit.

— Je vais répondre si tu veux, papa, offrit Jared.

Parfois, songeait Cecily, elle aurait volontiers changé de place avec Jared. Les hommes ont la permission d'exhiber un teint buriné par le soleil, la pluie ou le vent. Ils y gagnent même, car cela affirme leur personnalité. En revanche, personne ne pardonne à une femme d'arborer une peau tannée comme un vieux parchemin.

— Reste assis, mon fils, dit amicalement Jon. Le dernier steak est cuit. Je l'attrape et j'y vais.

Et Jon faisait partie du lot des bienheureux ! En dépit des problèmes de santé qu'il avait connus, il restait un homme séduisant avec sa haute taille et sa sveltesse, avec ses cheveux blancs, certes, mais drus. Il passait son temps dans l'eau et au soleil sans que ces excès n'altèrent le moins du monde sa forme olympique. Il était veuf depuis des années et traînait dans son sillage toute une cohorte de femmes d'un certain âge. « Ainsi que des femmes sensiblement plus jeunes », ajouta Cecily, amère.

Jon, qui était allé répondre au téléphone, apparut soudain à la porte du patio, les bras ballants, l'air hébété.

— Ils ont eu un accident, dit-il d'une voix éteinte.

Jared bondit sur ses pieds et dévisagea son père. Cecily, surprise dans ses réflexions, se leva à son tour, mais plus lentement.

— Qu'est-il arrivé ? interrogea-t-elle.
— Oui, parle, papa ! Qu'est-il arrivé ?
— Ça s'est passé à Newport. Les freins de la voiture de Spencer ont lâché.
— Et alors ? cria Jared.
— Delgado était avec elle.
— Dans la voiture ?
— Oui. A eux deux, ils ont réussi à l'immobiliser dans des buissons.
— Comment vont-ils ? demanda Cecily tout bas.

Soudain, elle entendit une plainte s'élever, suivie d'un

sanglot étouffé. Ashley, qui se trouvait près d'elle, glissa sa petite main dans la sienne. Elle n'avait rien perdu de la conversation, et, avec l'intuition des enfants, comprenait qu'un événement grave venait de se produire.

— Est-ce que tante Spencer est blessée? demanda-t-elle d'une petite voix.

Suspendue aux lèvres de Jon, Cecily ne put répondre.
— Ils vont bien. C'est Sly qui appelait. Il dit qu'ils vont bien tous les deux.

Cecily regarda Jared, puis, prise d'un soudain accès de faiblesse, ferma les yeux. Enfin, elle s'agenouilla près de la petite Ashley qui pleurait.

— Allons, tante Spencer n'est pas blessée. Tu n'as pas entendu *grandpa*? Elle a eu un petit ennui avec sa voiture, mais c'est fini maintenant.

Pourtant, Ashley continuait de pleurer, se serrant contre sa mère.

— Ne laisse pas tante Spencer mourir, maman, s'il te plaît! Je ne veux pas qu'elle soit morte comme oncle Danny...

Le cœur de Cecily se serra. Sans quitter Jared du regard, elle étreignit sa fille.

Il existait certains détails auxquels Spencer tenait à veiller personnellement. Les gravillons de l'allée crissant sous son pas décidé, elle se dirigea vers le garage. Puis elle frappa énergiquement à la porte latérale qui menait aux appartements du chauffeur.

— Monsieur Murphy? appela-t-elle.

N'obtenant aucune réponse, elle poussa la porte.

La soixantaine, chauve, arborant un début d'embonpoint et une moustache blanche aux pointes tombantes, Murphy était assis dans un vieux fauteuil, une bouteille de whisky intacte à ses pieds.

— Monsieur Murphy ? répéta Spencer.

Il fixa sur elle un regard embué, puis il leva une main, avant de la laisser retomber.

— Je suis heureux de vous savoir vivante, madame Huntington ! Dieu fasse que vous n'en doutiez pas !

— Mais je vous crois, répliqua Spencer, mal à l'aise. Je voulais simplement vous demander...

— Me demander... La police aussi m'a interrogé, et votre père vient de me virer.

Spencer tressaillit.

— Murphy...

Le chauffeur se leva et s'approcha d'elle. Jamais auparavant, Spencer n'avait pris conscience de sa stature impressionnante. Son premier réflexe fut de s'enfuir, mais elle parvint à le maîtriser. Murphy s'immobilisa à quelques centimètres d'elle, hochant tristement du chef.

— Je ne toucherais pas un cheveu de votre tête, madame Huntington. Pour rien au monde. Vous êtes une femme bien. Sur mon lit de mort, je répéterai la même chose : j'ai conduit la voiture au garage, un point c'est tout.

Spencer songeait qu'elle aurait donné cher pour savoir qui croire dans cette histoire. Pourtant, une chose était certaine : Murphy ne mentait pas.

— Vous ne partirez pas, monsieur Murphy.

— Ah, ça, madame...

— Donnez-moi la bouteille de whisky. Il faut se montrer très fort pour vaincre l'alcoolisme. Restez fort, je vous en prie. Donnez-moi cette bouteille ! Ensuite, je soumettrai à mon père le choix suivant : ou vous continuez de travailler ici, ou bien je vous emmène dans le Sud.

Tout d'abord, Murphy refusa de croire qu'elle parlait sérieusement. Puis un timide sourire naquit sur ses lèvres et il lui tendit la bouteille de whisky. Des larmes coulaient sur ses joues couperosées.

— Que Dieu vous bénisse, madame Huntington.

— Pas de grands mots. C'est à cause de moi que vous êtes dans ce pétrin.

— Pourtant...

— Je m'occupe de tout, coupa Spencer.

David, qui nourrissait l'intention d'aller rendre visite au chauffeur, hésita en apercevant Spencer. Il se dissimula vivement dans un coin du vestibule, tandis que, sans le voir, elle se dirigeait à grandes enjambées vers le bureau de son père.

— Murphy est innocent, lâcha-t-elle tout à trac.

— Voyons, Spencer, tu ne peux comprendre ces...

— J'aurai bientôt trente ans, papa ; et je me suis forgé une petite idée du bien et du mal. Reprends Murphy à ton service, je t'en prie.

Un long silence succéda à la requête de Spencer.

— D'accord, déclara enfin Joe.

— Je vais essayer de convaincre maman.

— Inutile, jeune dame. Je tiens compte de l'avis de ta mère, bien sûr, mais les décisions ne dépendent que de moi.

David n'ignorait pas qu'il se montrait d'une impardonnable indiscrétion en épiant cette conversation ; malheureusement, les indélicatesses de ce genre faisaient partie intégrante de son métier.

A pas de loup, il quitta la maison, refermant doucement la porte derrière lui.

Il désirait toujours parler au chauffeur.

**

215

Au grand soulagement de Spencer, le dîner se déroulait sans incident. Mary Louise demeurait bien un peu silencieuse, mais Joe ne laissa pas tarir la conversation. Longuement, il évoqua son enfance, dans les années 30, et décrivit les villages indiens qui s'étendaient alors là où s'élevaient maintenant de gigantesques centres commerciaux.

— C'est drôle de penser que Miami était autrefois une petite ville de rien du tout! conclut-il. Vous devriez entendre Sly raconter l'histoire des wagons de marchandises qui circulaient de Tahiti Beach à Biltmore.

— Je la connais! s'écria Spencer.

David renchérit, et Mary Louise elle-même esquissa un sourire.

Le homard était merveilleux. David s'était chargé de l'achat du vin, et Mme Montgomery goûta d'abord prudemment le contenu de son verre. Elle dut admettre très vite que David s'y connaissait en matière de crus, car elle but ensuite avec un plaisir manifeste. Spencer se fit la réflexion qu'elle ne l'avait pas vue aussi détendue depuis des mois. En fait, depuis la mort de Danny.

Tout se passa donc au mieux jusqu'à ce que des amis des Montgomery entrent en scène. Les Greshiam faisaient partie de l'élite de Newport : elle parrainait un nombre incalculable d'œuvres de charité, lui naviguait à bord de luxueux bateaux. Leur fils aîné était sénateur, le cadet, biochimiste de renom, et la fille, avocate, briguait également un poste de sénateur. Apparemment gênée d'avoir été surprise par eux en pareille compagnie, Mary Louise bredouilla de vagues présentations.

— Vous vous rappelez Spencer, ma fille, et voici...

Mary Louise ne put poursuivre. Un lourd silence tomba.

— David Delgado, un ami du défunt mari de Spencer, termina David.

— Oh! oui, fit Mme Greshiam, inclinant sa tête argentée.

Et ses yeux à l'éclat assorti se posèrent sur Spencer.

— Ma chère, nous avons été tellement navrés d'apprendre cette tragédie.

— Merci, dit Spencer.

Elle jeta un coup d'œil à sa mère avant de reprendre :

— David est un ami à moi, madame Greshiam.

— Bien sûr, bien sûr, chérie, répliqua avec embarras sa mère.

Elle parut fort soulagée de voir les Greshiam s'éloigner.

Quand Mary Louise, Joe et David commandèrent des cafés, Spencer opta, elle, pour un *espresso*. Elle surprit alors le regard ironique de David. Comment lui expliquer que partout des gens commandaient des *espressos*, et que c'était pur hasard si elle avait choisi cette boisson qui ressemblait tant au café cubain? Devant son air amusé, Spencer sentit croître son ennui.

C'était ridicule. Elle aurait voulu se lever d'un bond et crier qu'on était en Amérique, qu'elle pouvait bien commander ce qu'elle voulait, quand elle voulait. Et que, en outre, cela ne le concernait en rien.

Sauf que ç'eût été un gros mensonge. Elle avait appris à aimer l'*espresso* durant sa dernière année d'école supérieure, en goûtant celui de David.

Il l'observait toujours. Elle lui jeta un regard interrogateur auquel il répondit par un haussement d'épaules. Après quoi il se détourna pour répondre à une question que Joe venait de lui poser.

Quand ils reprirent le chemin de la demeure Montgomery, David et les parents de Spencer semblaient s'entendre comme larrons en foire. Une fois dans la maison, arguant de sa fatigue, Spencer prit rapidement congé. Elle entendait au rez-de-chaussée David soutenir une discussion animée avec ses parents. Avec ses deux parents, ce soir. En pyjama de flanelle, elle se réfugia entre ses draps. Elle s'assoupissait quand elle aperçut une ombre sur le balcon, juste devant sa porte-fenêtre. D'un coup de reins, elle s'assit dans son lit.

— Bonsoir, Spencer, fit la voix de David.
— As-tu passé une bonne soirée ?
— Pas mauvaise. Voyons, tu m'as présenté comme un ami. Cela vaut bien mieux que d'être considéré comme l'ennemi avec qui tu couches deux fois par décade, ou, si tu préfères, une fois par semaine.

De toutes ses forces, Spencer projeta un oreiller dans sa direction. Le son grave et étouffé de son rire lui parvint tandis qu'il s'éclipsait. La brise soufflait, soulevant les rideaux. Le sourire aux lèvres, Spencer se recoucha et s'endormit.

Cette nuit-là, elle rêva qu'elle se trouvait dans une voiture lancée comme un bolide sur le flanc de la colline. Le ciel et la mer déroulaient devant elle leur tapis hérissé de rochers...

Et puis tout disparaissait. La voiture, l'océan, les rochers. A la place, Danny se dressait, tout dégoulinant d'eau et couvert de l'écume de la mer. Il s'avançait vers elle, souriant, à l'aise. Comme il l'avait toujours été.

« Spencer, tout est en ordre. Tu l'as toujours préféré à moi. C'est aussi bien ainsi. »

Elle s'éveilla, frissonnant dans le noir. Et, des heures durant, elle se força à rester éveillée, trop effrayée à l'idée de s'endormir et de se retrouver au volant de la voiture folle, craignant encore davantage de revoir Danny. Non pas un Danny mauvais ou vengeur, mais le gentil Danny, celui qui l'aimait et s'était toujours montré un si précieux ami.

Elle songea à rassembler son courage pour aller chercher du réconfort dans la chambre voisine, pour pleurer sur ses rêves et les faire fuir.

Il fallait bien qu'elle trouve quelque part paix et compréhension. Pourtant, elle savait qu'elle devait le faire seule. David lui-même ne pouvait l'aider.

Et, malgré cette certitude, elle brûlait de le rejoindre, de s'étendre simplement à son côté et de sentir ses caresses sur sa peau, sur son âme.

Mais elle ne pouvait le rejoindre.

Pas maintenant.

Peut-être même jamais.

12.

Quand Spencer arriva à l'entreprise le lundi matin, d'un signe de tête, Audrey lui signala que quelqu'un l'attendait dans son bureau. Un peu surprise, Spencer pénétra dans la pièce et découvrit Cecily qui examinait les tableaux décorant le mur.

— Spence ! s'écria Cecily, l'étreignant vigoureusement. Quel week-end, hein ?

Puis elle s'écarta et scruta le visage de Spencer d'un air inquiet.

— Tu n'es pas blessée, vraiment ?

Spencer lui rendit son étreinte.

— Vraiment !

Pour rien au monde, Cecily n'aurait sacrifié à la mode décontractée en usage à Miami, c'est-à-dire au short accompagné d'un T-shirt ou d'un débardeur. Elle aimait courir les magasins à la recherche de la dernière tendance en matière vestimentaire, et il fallait reconnaître qu'elle avait un goût très sûr. Ce matin, elle portait un ensemble de style marin, avec une veste sans manches et un pantalon à pattes légèrement évasées, le tout bleu souligné d'un liseré doré qui rehaussait l'éclat de sa chevelure sans défaut. Elle était très séduisante et on appréciait toujours sa classe dans les réunions mondaines. Spencer et Cecily étaient amies depuis l'école; et chacune avait assisté au mariage de l'autre. A présent, quoique leurs relations eussent évolué depuis l'adolescence, elles se rencontraient toujours volontiers. A l'école, une foule de sujets excitants donnaient lieu entre elles à des discussions animées; par la suite, cependant, elles avaient conçu une légère amertume du fait que la réalité n'était pas toujours à la hauteur de leurs rêves.

— Comment as-tu eu vent de l'accident?

Retirée derrière son bureau, Spencer indiquait à Cecily la chaise qui lui faisait face.

Cecily éclata de rire.

— Comme si tu ignorais que dans notre famille tout se sait! Sly a d'abord appelé le père de Jared; ensuite, ta mère a pris la relève. Allons, Spencer, c'est ça la famille : dès que tu éternues dans le Rhode Island, nous en sommes informés à Miami!

Spencer acquiesça d'un vague hochement de tête.

— Très bien. Qu'as-tu donc entendu dire?

— Ta mère voulait que tu restes à Newport. Evidemment, tu as failli mourir là-bas dans un accident, mais enfin, tu connais la logique maternelle. Elle a confié à mon beau-père qu'elle veillerait sur toi à chaque instant pourvu que tu acceptes de vivre chez elle. Maintenant, elle parle de venir à Miami.

Etouffant un sourd gémissement, Spencer appuya avec lassitude son front sur le bureau.

— Elle *a* veillé sur moi. De tout le dimanche, elle ne m'a pas quittée d'une semelle.

— Intéressant, dit Cecily, le sourcil levé avec malice. Et comment s'est-elle comportée avec David?

— Ils se sont entendus comme larrons en foire.

— Et toi?

— Sly loue ses services pour me protéger. C'est la seule raison de sa présence à mon côté.

— Où est-il donc en ce moment ?

Spencer haussa les épaules en signe d'ignorance. Pour tout dire, le récent comportement de David représentait un mystère à ses yeux. Il était resté à portée de voix tout le dimanche ; ce qui ne constituait pas une prouesse, Mary Louise les ayant retenus à la maison avec un barbecue organisé au bord de la piscine. La journée durant, David s'était montré remarquablement discret, caché derrière ses lunettes noires. Il était resté très calme pendant le voyage de retour. Ensuite, il l'avait accompagnée chez elle. Après avoir passé la maison au peigne fin, il l'avait quittée en lui recommandant de brancher soigneusement le système d'alarme.

En partant, le matin même, Spencer avait découvert devant chez elle un beau jeune homme installé dans une BMW passablement démodée et poussiéreuse. Grand, bien bâti, le sourire jeune et amical, il s'était présenté à elle comme étant Jimmy Larimore, un assistant que David avait dépêché afin de veiller sur elle.

Il l'avait suivie jusqu'aux bureaux et s'était garé juste derrière elle sur le parking. Puis il avait déplié un journal et s'était mis à lire après lui avoir adressé un petit signe de la main.

— Spencer ?
— Je le crois occupé ailleurs, répondit-elle.
— Alors, ce week-end ?
— Que veux-tu savoir ?

Cecily poussa un soupir.

— Spencer ! J'attends des détails croustillants et tu me laisses sur ma faim...
— Il n'y a rien à raconter, mentit effrontément Spencer.

Son interlocutrice hocha la tête en souriant.

— Je ne te crois pas. Vous étiez plutôt passionnés autrefois !

— Faut-il te rappeler que cela remonte à plus de dix ans ?

— Non, inutile ! gémit Cecily. Je le sais, crois-moi. Si j'avais imaginé qu'un jour j'aurais des pattes-d'oie au coin des yeux... Enfin, que ces rides ne se croient pas définitivement installées ; si la chirurgie doit se révéler efficace, j'en passerai par là.

— Cecily, voyons, tu es magnifique. Tu n'as absolument pas besoin de recourir à la chirurgie.

— Oh, mais si, répliqua dans un soupir la jeune femme. Toi, en revanche, tu es en pleine forme. C'est normal, d'ailleurs, puisque tu n'as pas encore eu d'enfant. Ce que ces petites crapules peuvent abîmer une femme...

Une douleur aiguë comme un coup de poignard vrilla Spencer. Elle aurait volontiers battu Cecily. A la décharge de cette dernière, il fallait dire qu'elle ignorait à quel point Danny et elle-même avaient souhaité un enfant. Elle ne pouvait pas savoir que Danny était mort précisément le jour où ils projetaient d'en concevoir un.

— Les enfants valent qu'on leur sacrifie un peu de beauté, dit-elle. Je t'envie de tout mon cœur.

— Oh ! Spencer, je dois te paraître bien égoïste. J'ai une famille et tu n'as même plus Danny. Je suis désolée, sincèrement. C'est seulement que vieillir me déroute, tu comprends. Au début de notre mariage, nous étions fous l'un de l'autre, Jared et moi. A présent, je suis en dehors du coup, et quand je le surprends admirant à la dérobée quelque jeune personne en minijupe, je voudrais lui arracher les yeux. Remarque, de mon côté aussi je cultive certains fantasmes...

Spencer ne put retenir un sourire. Cecily avait, dans sa manière de s'exprimer, une franchise à la fois comique et triste.

— Allons, Cecily, vous avez plus d'argent qu'il ne vous en faut, deux superbes enfants ; et tu es belle comme un cœur ! Pourquoi te tourmenter ?

— Tu as raison. Raconte-moi plutôt ton week-end avec David, que je puisse vivre par procuration !

— Je ne vois rien d'excitant à éviter d'un cheveu de se fracasser sur des rochers !

— Pas ça. Le reste !

Spencer se renversa contre le dossier de son fauteuil et contempla son amie.

— Cecily...

— Bon, bon, je vois que tu n'as pas l'esprit aux confidences. Tu étais plus marrante autrefois. Enfin... Pourrais-tu te libérer vendredi en huit ? Mon beau-père tient à organiser un barbecue chez lui. Il y aurait Jared et moi, les enfants, et puis Sly et toi. Et, bien entendu, ton garde du corps, quel qu'il soit. Alors, c'est entendu ?

— Je viendrai, promit Spencer.

Cecily se leva ; cependant, parvenue à la porte, elle marqua une pause.

— Tu sais, tu devrais utiliser ton corps de jeune fille avant qu'il ne se flétrisse.

— Merci du conseil, Cecily... Je m'en souviendrai.

— Au revoir, Spencer. Passe une bonne journée, et à bientôt chez Jon.

Juste après le départ de Cecily, Audrey passa le bout de son nez par la porte.

— Tu ne voudrais pas me raconter ton week-end ? demanda-t-elle d'un ton plein d'espoir.

Spencer sourit tout en faisant signe que non. Audrey hésita puis remarqua :

— Tu sais, Spencer, tu as bien le droit de vivre.

— Mais je vis !

— Je veux parler de vie sexuelle.

— Audrey...

— Bon, d'accord, parlons boulot. Tu dois déjeuner chez Christy avec Sly et des membres du comité directeur

225

de chez Anderson, Tyrell et Cummings. Vous devez discuter de la décoration d'un hôtel ancien qu'ils ont acquis à South Beach. Ton agent immobilier a téléphoné pour te rappeler cette maison près du terrain de golf. Ah! et puis Sly voulait te voir dès ton arrivée. Tu es en retard.

— J'y cours! s'écria Spencer, se hâtant vers la porte.

David pénétra dans les locaux de la police et s'orienta vers le bureau des affaires criminelles. En le voyant s'effondrer dans le fauteuil des visiteurs, Jerry Fried leva sur lui un regard peiné.

— Si vous nous laissiez débrouiller tranquillement nos affaires, Delgado! Du neuf sur la mort de Danny?

— Oh, trois fois rien. Je me trouvais avec sa veuve à Newport ce week-end. Devinez ce qui nous est arrivé...

Jerry le dévisagea.

— Aucune idée.

— Un accident. La voiture de location a failli dégringoler dans l'océan.

— Mais ce n'est pas arrivé.

— Nous étions à deux doigts du drame, croyez-moi.

Jerry le fixa intensément.

— Dans ce cas, si vous avez la moindre influence sur la veuve, convainquez-la de rester en dehors de tout ceci. Mettez-la dans un avion pour la Sibérie, suggérez-lui de tricoter des pulls ou de vendre des marguerites; mais qu'elle reste au large du commissariat et cesse de se mêler de ce qui ne la regarde pas!

— Il me semble que la mort de son mari la concerne.

— Possible. Toutefois, découvrir le meurtrier est une autre paire de manches.

— Menaceriez-vous Spencer?

— Bien sûr que non! s'écria Fried, indigné. Enfin,

Delgado ! Est-ce d'avoir quitté la police qui vous a fêlé le cerveau ? Quoi qu'il en soit, vous savez qu'elle court un danger si le meurtrier de Danny soupçonne qu'elle sait quelque chose à son sujet.

— Le meurtrier ou la meurtrière.

— N'essayez pas de jouer au plus fin avec moi !

Fried baissa un instant la tête.

— Bon sang ! Je ne supporte pas l'idée que Danny m'ait caché des éléments d'enquête. Vous en savez probablement plus que moi sur les affaires qu'il étudiait !

David l'observait en silence. Enfin, il se leva.

— Où est le lieutenant ?

De la tête, Fried désigna une porte. David se glissa dans le bureau d'Oppenheim. Ce dernier, qui se trouvait au téléphone, marqua une légère hésitation en apercevant David.

— Je vous rappelle plus tard, dit-il avant de raccrocher. David ! ajouta-t-il plus haut. Allez-vous devenir un habitué du lundi matin, maintenant ? Si c'est le cas, vous feriez mieux de réintégrer la police. Du moins seriez-vous payé pour le temps que vous passez ici.

— Sans façon.

— Je suppose que vous n'êtes pas simplement venu me dire bonjour ?

— Spencer Huntington a failli périr dans un accident de voiture ce week-end.

— Où cela ?

— Dans le Rhode Island.

— Dans le Rhode Island ? répéta Oppenheim d'un ton incrédule.

Il se pencha en avant.

— David, je travaille dans une mégapole, et dans un des comtés réputés comme les plus dangereux de la région. Et vous voudriez que je m'occupe de ce qui se passe dans le *Rhode Island* ?

David posa ses mains à plat sur le bureau du lieutenant et se pencha à son tour, approchant son visage du sien.

— Mon entreprise est florissante, Oppenheim, mais encore de faible envergure. Je n'ai jamais refusé de coopérer avec vous quand c'était nécessaire. Aujourd'hui, j'ai besoin de votre aide sur cette affaire. Franchement, je trouve que vous me devez bien ça.

— Je fais ce que je peux. Mes pouvoirs ne s'étendent pas aux quatre coins de l'univers !

— Faites le maximum. Je vous le demande instamment, répliqua David.

Oppenheim soupira.

— Il s'agit de m'aider à mettre la main sur un tueur de flic, Oppenheim. Bon sang, vous ne doutez pourtant pas de mes qualités de détective ! J'ai des liens avec de bons indicateurs, et je m'introduis dans des milieux où aucun flic ne peut accéder. Je sens que le tour de force réalisé par Spencer au cimetière a déclenché quelque chose. Quoi, je l'ignore, mais j'ai besoin de votre coopération. Je crois Spencer en danger parce que quelqu'un craint qu'elle ne découvre un indice. Et je n'aurai pas les coudées franches pour enquêter si vous ne participez pas à sa protection.

— Je vais voir ce que je peux faire.

David hocha la tête. Il s'apprêtait à sortir, mais au dernier moment, il se retourna.

— Hé, lieutenant ?

— Mmm ?

— Faites du sport ou renoncez aux saucisses. Vous prenez du ventre.

— Merci pour ce judicieux conseil. Et allez vous faire pendre ailleurs !

— Je vous laisse !

— Au fait, quels sont vos projets ?

— Je pensais aller manger des beignets rassis sous un pont avec des clochards.

— Cela me paraît une bonne idée.

— Oh ! c'est une façon comme une autre de passer son après-midi.

Une journée pourrie, voilà ce que fut ce lundi. David passa des heures à Overtown en compagnie de vagabonds et d'individus à la mine patibulaire. « Probablement criminels endurcis, voleurs et violeurs », pensait-il avec amertume, allongé sur son bout de bitume et observant la faune qui évoluait autour de lui. Ses paupières se fermaient quand il remarqua deux hommes qui se précipitaient vers une Mercedes et se livraient à un simulacre de nettoyage des vitres, dans l'espoir d'obtenir une pièce.

Toute pâle derrière son volant, la femme à la Mercedes leur donna de l'argent.

Un peu plus tard, les deux mêmes individus réitérèrent leur manège sur une Jaguar verte. Cette fois, cependant, la conductrice poussa des hurlements hystériques. Décidé à intervenir, David s'approcha.

— Hé ! vous deux, pas d'histoires.

Les deux individus, l'un blanc, l'autre noir, se retournèrent d'un bloc et le toisèrent. Il dut toutefois leur paraître impressionnant dans sa veste de l'armée trop grande, car, sans demander leur reste, ils déguerpirent.

— Ce n'est pas un quartier pour vous, madame..., commença David.

— Et vous, qu'est-ce que vous fabriquez dans les rues ? lui fut-il vertement rétorqué. Vous feriez mieux de chercher du travail !

« Autant pour le bon Samaritain », se dit sombrement David.

229

Pas un nuage dans le ciel ; le soleil tapait sans merci, et l'humidité rendait la chaleur encore plus insupportable. David aurait bien aimé voir apparaître son indicateur.

Il songeait à renoncer et à parcourir les mille cinq cents mètres qui le séparaient de Bayside, où il avait garé sa voiture, quand il vit approcher un jeune Noir tout dégingandé avec lequel Danny travaillait à l'occasion. Le gosse dut l'apercevoir aussi car il détala immédiatement.

David le rattrapa à deux pâtés de maisons de là, en plein cœur d'un quartier chaud. Il n'osait même pas penser à ce que risquait dans ces rues un Hispanique courant après un Noir sans une excellente justification.

— Spike, arrête ! Tu cherches à me faire massacrer, c'est ça ? cria David.

Il s'arrêta et attendit. Ses paroles portèrent ; le jeune Noir s'immobilisa à son tour, tendu à l'extrême.

— Passe ton chemin, mec !

— Il faut absolument que je voie Willie, dit David.

— Tu ferais surtout bien de te montrer plus prudent !

Spike était un bel adolescent souple et délié, à la peau d'ébène luisant. A quatorze ans, il mesurait déjà un mètre quatre-vingts. David travaillait encore avec Danny quand il l'avait rencontré pour la première fois. Le gosse avait été arrêté pour un délit mineur et allait être emprisonné quand Danny, fidèle à son rôle de défenseur du faible et de l'opprimé, était intervenu. Spike était l'aîné d'une famille de six enfants nés de pères différents et d'une mère beaucoup trop occupée à gagner leur vie pour pouvoir surveiller ses rejetons. Ils s'entassaient dans un trois pièces, au milieu d'un quartier mal famé. Pourtant, aucun des gosses n'avait réellement mal tourné, et Danny était convaincu que mettre Spike en prison ne pourrait que le jeter sur la mauvaise pente.

A eux deux, Danny et David avaient tiré Spike de ce

mauvais pas. Il n'avait pas commis d'autres sottises, et s'était constitué un petit pécule en rapportant à Danny les conversations qu'il surprenait. De temps à autre, David avait encore recours à ses services. L'adolescent était intelligent. Il venait d'être brillamment admis à Miami Edison. Et il était aussi suffisamment malin pour entretenir son image de dur dans le quartier.

Spike avança vers David, l'index pointé en avant.

— Je passerai le mot à Willie, mais écoute, mec, écoute bien. On raconte que Ricky Garcia est sur le sentier de la guerre parce que les flics en ont de nouveau après lui. Et il paraît qu'il t'accuse d'y être pour quelque chose. Alors, méfiance, hein ? Et ne t'inquiète pas. Willie saura bien où te trouver.

Sur ces mots, Spike partit en courant car il n'aurait pas été très sain pour lui d'être surpris à discuter trop longtemps avec David. Aussi ce dernier se garda-t-il d'insister. Légèrement déconcerté, il partit en courant le long de Biscayne Boulevard vers Bayside.

Une journée pourrie.

Et une semaine qui ne s'annonçait pas meilleure.

Jimmy Larimore avait filé Spencer jusqu'à sa porte. La tête occupée par un projet, celle-ci avait oublié son charmant garde du corps et ne se rendit compte de sa présence que lorsque, tirant les rideaux de sa chambre avant de se déshabiller, elle l'aperçut sur le trottoir d'en face, appuyé contre sa voiture. Il lui adressa un petit signe auquel elle répondit.

Pour le dîner, elle commanda deux pizzas. Quand elles furent livrées, Spencer en porta une à Jimmy. Il la remercia d'un sourire.

— Vous pouvez entrer, vous savez, proposa-t-elle.

Il sourit de nouveau.

— La nuit est belle. On est bien ici.

Elle le laissa à sa pizza.

Au moment de gagner son lit, elle entrouvrit les rideaux, s'attendant à voir Jimmy à son poste, mais il ne s'y trouvait plus. C'était à présent David qui était assis au volant de sa voiture, de l'autre côté de la rue. Il ne l'aperçut pas car il discutait avec un passager.

Doucement, Spencer referma les rideaux.

Elle n'était pas couchée depuis dix minutes que le téléphone sonna, la faisant sursauter.

— Bonsoir, Spencer, fit une voix masculine.

— David?

— C'est cela. Je suis sous tes fenêtres. M'as-tu vu?

— Tu insinues que je pourrais t'espionner pendant que tu m'espionnes?

— Quelque chose comme ça.

— Où es-tu?

— En bas. Le téléphone cellulaire, tu te souviens?

— Ah oui.

— Va dormir maintenant.

— Et toi?

— Je reste ici un moment.

— Tu profites de l'air frais de la nuit?

— C'est ce que Jimmy t'a raconté?

— Exactement!

— Essaierais-tu par hasard de séduire le pauvre garçon?

— Va te faire voir, d'accord? répliqua-t-elle d'une voix suave.

Elle dut résister à l'envie de raccrocher brutalement. Elle venait de reposer le combiné quand la sonnerie retentit de nouveau. Spencer prit l'appareil.

— Quoi encore?

Un silence tendu accueillit sa question. Enfin, elle entendit quelqu'un s'éclaircir la gorge, puis une voix masculine s'éleva.

— Madame Huntington ?
— Oui, répondit-elle, circonspecte.
— Je me nomme Vichy. Gene Vichy. Madame Huntington, la police est à mes trousses.

Spencer retint son souffle.

— Ils doivent avoir leurs raisons, finit-elle par articuler.
— Votre grand-père et moi-même fréquentons le même club nautique. Je pensais que nous pourrions peut-être nous y rencontrer. Par hasard, j'entends.

Spencer s'humecta les lèvres.

— Pourquoi ?
— Parce que je veux vous convaincre de mon innocence, bien sûr. Et puis, peut-être...
— Oui ?
— Il se peut que je détienne certaines informations susceptibles de vous intéresser.

Le rire de Gene Vichy, bas et rauque, glaça le sang de Spencer.

— Je serai au club lundi, à l'heure du déjeuner. N'en parlez surtout à personne. Dans le cas contraire, vous en serez pour vos frais, car je ne me montrerai pas. Et venez seule, naturellement. Enfin, si mes informations vous intéressent.
— Pourquoi lundi ?
— Bonsoir, madame Huntington.
— Attendez...

Mais on avait déjà raccroché.

✲

Bien qu'elle ne fût pas en mal d'occupations, Spencer trouvait que la semaine n'en finissait pas de s'étirer. A force d'être sur le qui-vive, elle attendait presque avec impatience que quelque chose se produise. Depuis Newport, elle n'avait guère eu de réelle conversation avec David. Tous les soirs, Jimmy Larimore lui adressait un signe quand elle fermait ses rideaux. Ensuite, David prenait la relève, parfois pour la nuit entière. Et, réglé comme une horloge, il appelait Spencer tous les soirs à 23 heures précises.

Il semblait toujours inquiet et lui demandait invariablement si elle allait bien. Elle avait à peine le temps de répondre que déjà il raccrochait.

Il ne savait pas ce qu'il perdait ! S'il lui en avait laissé l'occasion, elle lui aurait rapporté sa conversation avec Gene Vichy. Naturellement, ce dernier lui avait recommandé le secret, mais comment aurait-il su qu'elle s'était confiée à David ?

Et peut-être aurait-il réussi à démasquer Vichy. En tout cas, il l'aurait surveillée encore plus étroitement. Déjà, il s'était adjoint un troisième homme, qu'elle apercevait parfois garé devant la maison voisine.

Pour l'heure, le problème était de convaincre Sly de l'emmener déjeuner au club nautique, ce lundi précisément, et de trouver un prétexte pour s'éclipser et découvrir ce que Vichy savait. Ou, aussi bien, ce qu'il ignorait. En tout cas, elle ne risquait rien parmi la foule qui se pressait toujours là-bas.

Et encore... Tous ces gens n'avaient vraisemblablement pas protégé la femme de Vichy. Enfin, puisqu'on n'avait pas pu prouver la culpabilité de ce dernier, il fallait le tenir pour innocent.

A moins qu'il n'ait abattu et sa femme et Danny...

Quand le vendredi arriva, Spencer fut ravie de lever le nez de ses plans d'aménagement pour découvrir qu'Audrey avait laissé entrer Sandy Gomez, son agent immobilier. Spencer l'accueillit chaleureusement, pria Audrey de bien vouloir leur apporter du café et se rassit pour écouter Sandy lui décrire sa dernière trouvaille.

— Quand tu la verras, tu me sauteras au cou, Spencer ! Ou plutôt non, rectifia-t-elle en agitant la main. Pas de baiser, un dîner fera l'affaire ! Je t'assure, c'est la maison rêvée pour toi. Dans l'état où elle était il y a soixante ans. Ils n'ont même pas encore dépêché d'équipe de nettoyage. La seule et unique occupante qu'ait connue la demeure depuis sa construction, en 1925, vient juste de déménager pour une résidence plus commode pour elle. Spencer, il faut que tu voies cette merveille ! Des tuiles importées de Malaga ! Une architecture à tomber raide d'admiration ! Tu peux la restaurer pour le compte de l'entreprise ou bien la conserver pour *toi*.

— C'est bon, tu m'as convaincue ! Quand pourrai-je la visiter ?

Sandy, une minuscule brune débordant d'énergie, eut un large sourire et agita un trousseau de clés sous le nez de Spencer.

— Quand tu veux, *chica* ! Quand tu veux ! Je suis si certaine que tu achèteras cette maison que je te confie les clés ! Tu m'appelleras pour me faire part de ton offre, et j'entamerai aussitôt les transactions avec le propriétaire.

Sandy n'était pas parvenue à la porte que Spencer appelait déjà Sly pour le prévenir de son absence. Dans la voix de son grand-père, elle perçut la panique.

— Tu vas tout de suite visiter cette maison ?
— Oui, pourquoi ?
— Parce que... hum...

Il était rarissime de voir ainsi Sly à court de mots.

— Ah ! s'exclama soudain Spencer. J'ai compris. David et ses gorilles ne me chaperonnent pas quand je suis au bureau, c'est ça ?

— Pas tout le temps, concéda Sly, puisque je suis là.

Il demeura quelques instants silencieux avant d'ajouter :

— Et Jared également. Quant à Audrey, c'est probablement la plus redoutable de nous tous, ajouta-t-il en essayant de conférer à ses propos une note de légèreté.

— Justement, Jared pourrait m'accompagner. Il serait bon qu'il voie la propriété si l'entreprise Montgomery doit l'acquérir.

Sly hésita un court instant.

— Très bien. J'appelle ton cousin.

— Je l'appellerai moi-même. Allons, Sly, je suis assez grande pour me débrouiller toute seule !

— Promets-moi de me faire savoir quand tu seras de retour.

— Vos désirs sont des ordres, monsieur !

Spencer raccrocha puis téléphona à Jared. Il dut entendre l'excitation qui vibrait dans la voix de Spencer car il promit aussitôt de se libérer pour l'accompagner.

Spencer conduisait. La maison était située à quelques pâtés de maisons de celle de Sly. Peut-être représenterait-elle plus qu'un investissement, se disait Spencer. L'endroit regorgeait de charme. Ce n'était pas qu'elle n'aimât plus son logement ou qu'elle souhaitât oublier Danny. Seulement, il serait certainement bon pour elle de prendre un nouveau départ. Et puis Sly vieillissait. Oh ! il gardait une forme parfaite, ses facultés demeuraient plus aiguisées que jamais, et il s'insurgerait certainement contre l'idée d'être surveillé par sa petite-fille, mais tout de même... Sly à une rue de là, ce serait bien pratique...

— Vue d'ici, elle a belle allure, dit Jared comme Spencer s'engageait sur l'allée circulaire.

Elle avait certainement belle allure. Plus que de toute autre chose, elle avait cependant besoin d'un coup de peinture. Le règlement à Coral Gables était très strict : pour les façades, on n'autorisait qu'un certain nombre de couleurs. Face à celle-ci, toutefois, on avait du mal à déterminer la couleur d'origine : rose, crème... ? Des moisissures verdissaient la façade ; les branches d'une glycine avaient pris d'assaut les balcons voûtés et leurs balustrades de fer forgé, de même qu'elles avaient colonisé presque en totalité les quatre colonnes grecques qui montaient la garde sous le massif porche d'entrée.

— Tu as la clé ? s'enquit Jared.

Spencer fouilla dans son sac à la recherche du trousseau que lui avait confié Sandy, et le lui tendit. Empruntant une allée aux dalles fendues qui menait à la porte, ils furent surpris de découvrir au passage une fontaine représentant un ange. Chose étonnante, elle fonctionnait, et la cascade d'eau produisait un son à la fois aérien et apaisant.

Jared tourna la clé dans la serrure et poussa la porte. Ils pénétrèrent dans un hall poussiéreux mais aux dimensions superbes. Le plafond s'élevait en forme de coupole au-dessus de leurs têtes ; un escalier montait en s'incurvant à l'étage, et deux passages voûtés menaient l'un vers une immense salle de séjour, l'autre, dans le sens opposé, vers la cuisine.

D'un commun accord, ils se dirigèrent vers la salle de séjour, une des plus vastes que Spencer ait jamais vues. En réalité, il s'agissait plus d'une salle de bal que d'une pièce à vivre. Au fond, des arcades ouvraient sur une véranda privée. Les poutres portaient encore des traces de fines peintures au pochoir et deux portes-fenêtres donnaient sur un patio et une vieille piscine aux parois toutes craquelées.

— La restauration nécessitera d'importants travaux, fit observer Jared.

— C'est notre métier, répliqua Spencer. Et puis, admire cette pièce !

Des yeux, elle fit le tour de la salle. Le plafond culminait deux étages plus haut, et, à la hauteur du premier, une galerie courait. Spencer imaginait déjà un trio de musiciens installés là pour une réception. Les portes-fenêtres seraient ouvertes sur les étendues mollement vallonnées du terrain de golf, sur le patio restauré et la piscine.

— Jared, c'est sensationnel ! s'écria-t-elle.

— Tu es bien la seule femme de ma connaissance qui puisse se tenir au beau milieu des toiles d'araignées et trouver là-dedans quelque chose de sensationnel !

Spencer croisa son regard.

— Je sais que toi aussi tu te représentes l'endroit tel qu'il pourrait être.

— Et tu sais également que tu peux la revendre au triple de sa valeur pour peu que tu marchandes à l'achat.

Elle se contenta de hausser les épaules. Elle ne tenait pas à avouer qu'elle pourrait vouloir la maison pour elle.

— J'aimerais examiner de plus près les peintures, dit-elle.

— Désires-tu visiter l'étage ? demanda Jared.

Il en avait suffisamment vu pour juger et paraissait s'ennuyer un peu. Il aimait surtout l'aspect commercial de son métier ; acheter, vendre, louer, voilà ce qui lui plaisait. Spencer, elle, aimait le travail de restauration pour lui-même. De ce point de vue, il n'était venu que pour lui faire plaisir. Mais tous deux savaient que le prix demandé était dérisoire et que, une fois restaurée, cette demeure serait sans doute le fleuron de l'entreprise Montgomery.

Ils se dirigèrent vers l'escalier.

— Nous devons un bon dîner à Sandy pour la remercier de nous avoir fait découvrir pareil trésor, dit Spencer.

— Sandy se fait assez de bénéfices sur notre dos, rétorqua sèchement Jared.

— Elle travaille dur et excelle dans son métier! insista Spencer.

Elle le considéra, les sourcils froncés. Il était d'humeur massacrante aujourd'hui. Habituellement, il ne s'amusait pas ainsi à dénigrer les gens.

Parvenue au palier, Spencer se dérida et poussa un cri de ravissement. Il était immense. En face, la porte de la suite principale se trouvait environ à dix mètres de là. Sur sa gauche, la galerie s'accrochait au mur, plus spacieuse qu'on ne l'imaginait depuis le rez-de-chaussée. Elle offrait sur la salle de séjour, en contrebas, une vue à couper le souffle. Jared rejoignit Spencer.

— La balustrade est bien basse, commenta-t-il.

— C'est pour la perspective. D'en bas, elle paraît plus haute.

Spencer caressa la rampe de bois patinée par le temps. Elle remarqua quelques barreaux pourris.

— C'est une honte que cette maison soit demeurée si longtemps à l'abandon, fit-elle remarquer.

— La balustrade est susceptible de lâcher à une douzaine d'endroits, renchérit Jared, se penchant par-dessus pour mieux regarder.

Tandis qu'elle observait son cousin, Spencer se sentit envahie par un vague sentiment de malaise.

— Fais attention, Jared! Tu viens toi-même de dire qu'elle était peu sûre.

— Je trouve étrange qu'elle ait été conçue si basse, même pour la perspective. Imagine que de jeunes enfants habitent cette maison ; deux garçonnets qui se chamaillent souvent, par exemple. L'un pousse l'autre, et hop! il passe par-dessus bord. Quelle chute vertigineuse jusqu'au sol!

Jared frissonna. On l'aurait dit lui-même sur le point de basculer.

— Jared !

— Tu devrais regarder en bas, Spencer. C'est vraiment impressionnant. Viens voir...

Il tendit un bras vers elle. Et, bien qu'elle se répétât qu'il était son cousin, sa chair et son sang, son regard d'halluciné effraya soudain Spencer.

Un inquiétant sourire retroussait ses lèvres.

— Spencer...

Il avançait vers elle. Elle voulut reculer ; trop tard. Les doigts de Jared se refermaient sur son poignet. Spencer plongea son regard dans le sien, prête à se battre. Cependant, il mesurait plus d'un mètre quatre-vingts ; il était grand, fort et en excellente forme physique.

— Jared..., dit-elle doucement.

— Spencer...

Sa voix semblait un sifflement venu des profondeurs de son être. Un frisson de terreur secoua Spencer.

— Spencer !

Cette fois, son prénom avait été prononcé par une voix forte et masculine venue de l'étage inférieur.

Jared lâcha instantanément son bras et recula. Spencer prit une profonde inspiration. Son cousin parut se reprendre.

— Spencer ! fit de nouveau la voix.

Se tenant à une distance prudente de la balustrade, Spencer regarda en bas. Son cœur battait toujours violemment car, avant même qu'elle ait aperçu son visage crispé levé vers elle, et son épaisse chevelure brune bouclant sur son front, elle avait reconnu David.

David. Dieu soit loué !

David qui apparaissait comme le sauveur.

Il était temps...

13.

— C'est David, dit Jared. Hé ! Delgado, imagine-toi enfant dans une maison comme celle-ci, hein ?

Spencer s'était déjà enfuie en direction de l'escalier. A mi-chemin, elle se heurta à David qui, la saisissant aux épaules, scruta son visage.

Etrange. Sous son regard, elle se sentait soudain idiote. Jamais Jared ne l'aurait poussée, bien sûr. Pas plus qu'il ne se serait jeté par-dessus la balustrade.

— Nous l'aurions saccagée, poursuivit Jared qui descendait derrière elle.

Quand il serra la main de David, il paraissait aussi innocent que l'agneau qui vient de naître.

— Non, je ne peux m'imaginer avoir grandi ici, dit David.

D'un air perplexe, il dévisagea Spencer puis continua de grimper l'escalier. Parvenu à l'étage, il se dirigea vers la galerie qui, au premier abord, avait tellement séduit Spencer.

— N'approche surtout pas de la balustrade ! prévint-elle.
— Ça va, David ne s'y appuie pas, dit Jared.

En voyant Jared rejoindre David et lui désigner quelque chose qu'il ne put voir qu'en se penchant, Spencer sentit sa gorge se nouer. Il lui semblait que les deux hommes frôlaient un terrible danger.

— Cessez de vous conduire en gamins et éloignez-vous de cette balustrade ! s'écria-t-elle, très irritée.

Avec un bel ensemble, ils se détournèrent du spectacle pour la considérer d'un air étonné.

— Je voulais simplement montrer à David comment les poutres maîtresses avaient été taillées, déclara Jared.

Sans répondre, Spencer alla inspecter les chambres à coucher. Elle essayait de se concentrer sur la maison, mais n'y réussissait pas totalement. Quelque chose lui criait que ce cousin, dont elle avait toujours été si proche, avait failli l'assassiner quelques instants plus tôt. Pourtant, s'il avait nourri d'aussi noirs desseins, aurait-il accueilli l'irruption de David avec autant de sérénité ?

Cela paraissait très improbable. Elle allait un peu vite en besogne. Jared avait également encouragé David à s'approcher de la balustrade, et rien ne s'était produit. Non, plus elle y réfléchissait, et plus elle se disait qu'il était impossible que Jared ait eu l'intention de la tuer.

Malheureusement, ces bonnes pensées ne parvenaient pas à la rassurer.

Elle poursuivit néanmoins son inspection. Cinq chambres occupaient le premier étage. La suite principale, spacieuse, jouxtait un délicieux salon donnant sur la piscine et le terrain de golf. Sans être exiguë, la salle de bains était proportionnellement petite. La plupart de ces belles demeures possédaient les mêmes caractéristiques : des pièces d'apparat superbes, et à côté, des espaces modestes, sans doute moins importants à l'époque, tels que les salles de bains ou les placards.

Toutefois, cette demeure se prêtait admirablement à un réaménagement. Par exemple, la chambre était bien assez vaste pour qu'on rogne sans inconvénient sur sa superficie au profit de la salle de bains.

David et Jared la rejoignirent dans la suite. Adossé à un mur, son cousin l'observait avec un affectueux amusement.

— Que cherches-tu encore puisque tu sais très bien que tu vas l'acheter ?

Il regarda David.

— Spencer n'apprécie pas la balustrade de la galerie. C'est probablement ce qu'elle modifiera en premier.

La jeune femme croisa les bras sur sa poitrine.

— Que cela me plaise ou non, il faudra bien l'abattre. Mais en priorité, ce seront l'installation électrique et la plomberie qui nécessiteront des travaux ; et sans doute, en partie, le lattis du toit. Voilà ce qui devra être réglé avant que je songe au type de balustrade que je souhaiterai installer !

— Que *tu* souhaiteras installer, répéta David. Tu n'as donc pas ton mot à dire ? demanda-t-il à Jared.

Sans quitter Spencer du regard, Jared sourit.

— Je donne habituellement mon avis, bien sûr. Et Sly aussi. Mais je ne crois pas qu'il s'agisse ici d'une acquisition professionnelle, n'est-ce pas, Spencer ? Tu envisages bien d'acheter cette maison pour ton propre compte ?

David dévisagea Spencer avec incrédulité.

— C'est vrai ?

— Pourquoi pas ? répliqua-t-elle, sur la défensive.

Du regard, David jaugea la pièce.

— Cela représente pas mal de travaux.

Avec un soupir, elle répéta l'argument précédemment avancé à l'intention de Jared.

— C'est notre métier.

— Pourquoi nous as-tu suivis ? s'enquit soudain Jared, rembruni. Je sais que Sly t'a chargé de la protection de Spencer, mais tu admettras tout de même qu'en ma compagnie elle ne court aucun risque.

Durant la seconde d'hésitation que marqua David, Spencer se demanda s'il se pouvait que Sly n'eût pas confiance en Jared. Cependant, déjà David reprenait :

— Reva organise une réception en l'honneur des dix ans de mon neveu. Et comme elle n'a pas beaucoup vu Spencer ces dernières années, elle espérait que celle-ci voudrait bien m'accompagner. Et naturellement, si tu veux venir avec Cecily et les enfants, elle sera ravie.

Sans mot dire, Spencer et Jared le dévisageaient.

— Qu'en penses-tu, Spencer ? demanda doucement David.

— Je...

— Cecily et les enfants adoreront venir, répondit Jared. A quelle heure faut-il arriver ?

— 19 h 30. Mais tu sais, dans cet environnement à moitié cubain, avec une demi-heure de retard, on est encore à l'heure ! Spencer ?

— Euh... Je viendrai, bien sûr, répondit-elle, mal à l'aise.

Reva désirait-elle réellement sa présence ? Ou David avait-il improvisé ce mensonge pour ne pas laisser deviner à Jared qu'il nourrissait des soupçons à son égard ?

— Il faut toutefois que je repasse au bureau afin de prévenir Sandy que je suis décidée à acheter.

— Tu aimerais vraiment vivre ici ?

— Pourquoi pas ? C'est tout près de la maison de Sly, et il me semble judicieux de me rapprocher de lui.

David hocha la tête.

— Et puis, elle adore cette propriété, intervint Jared, posant les mains sur les épaules de Spencer.

A son contact, cette dernière se recroquevilla légèrement. Jared dut percevoir un changement dans son attitude car il demanda, les sourcils froncés :

— Tu vas bien ?

— Très bien. Partons.

Ils regagnèrent le rez-de-chaussée. Il restait une foule

d'endroits que Spencer n'avait pas visités, mais peu importait, elle s'était forgé son opinion. Elle aimait cette maison et voulait l'acquérir. Cependant, par-dessus tout, en cet instant, elle désirait s'enfermer dans la solitude de son bureau. Elle n'arrivait pas à croire au soupçon qui l'avait traversée. Sûrement, elle avait rêvé, et il ne fallait surtout pas que David remarque son trouble.

Elle se hâta vers sa voiture. Jared s'installa sur le siège du passager, et elle démarra, toujours suivie de David.

Durant le trajet, Jared ne cessa de bavarder. Il avait été beaucoup plus attentif que Spencer se le figurait, et il s'étendit longuement sur les possibilités d'agrandissement des salles de bains. Ses suggestions se révélaient par ailleurs excellentes, bien dignes d'un membre de l'entreprise Montgomery.

— Je fais venir un architecte dès lundi, dit-elle. J'ai la ferme intention de régler l'affaire le plus rapidement possible.

— Tu comptes réellement l'acheter pour toi ?

— Cela t'ennuie ?

— Spencer ! J'ai autant besoin d'une seconde maison que de me casser une jambe, voyons ! Comme si je n'avais déjà pas suffisamment d'impôts à acquitter... En outre, tu sais combien Cecily se montre dépensière. En revanche, cette maison est idéale pour toi. Et tant pis si l'acquisition ne doit pas profiter à notre entreprise ; je t'apporterai toute l'aide que je pourrai.

Non, assurément, Jared n'avait pas voulu lui faire de mal ; il n'avait même pas pu songer à la pousser par-dessus la balustrade...

Sur le parking de l'entreprise, David se gara juste à côté d'eux.

— Je passe voir Sly, annonça-t-il en les suivant dans l'immeuble.

Spencer abandonna les deux hommes dès l'entrée, et, passant sans s'arrêter devant Audrey, courut se réfugier dans son bureau. Le cœur battant, elle ferma la porte derrière elle et s'y adossa. Un instant, elle considéra ses mains toutes tremblantes.

Et si Jared avait réellement tenté de la tuer ?

Cependant, quel intérêt aurait-il eu à la supprimer ?

Elle s'assit derrière son bureau et posa la tête sur son sous-main. Pourquoi certaines personnes en tuaient-elles d'autres ? Baignant dans le milieu, elle avait beaucoup entendu parler de mobiles. Il n'existait que peu de crimes sans mobile, on le lui avait assez rappelé lors de ses interrogatoires. Chaque fois que les policiers la mettaient sur la sellette, ils se répandaient en excuses, certes, mais n'en arguaient pas moins qu'une femme a bien souvent des raisons de se débarrasser de son époux. Ce qui, dans le cas de Danny, ne tenait pas debout, car elle n'avait pas l'ombre d'un mobile...

D'autres, en revanche, en avaient un.

Ricky Garcia, par exemple, avait pu agir par vengeance ; quant à Trey Delia, on ne pouvait sérieusement le décréter sain d'esprit. En réalité, tous les gens mêlés aux affaires qu'examinait Danny au moment de sa mort avaient des raisons de souhaiter sa disparition. A moins que, plus simplement, son amour de la justice en ait indisposé plus d'un.

Mais Jared ? Pourquoi son cousin la haïrait-il ?

Un coup frappé à la porte la tira de ses réflexions.

— Spencer ?

David poussait déjà la porte.

— M. Delgado ignore apparemment qu'on doit se présenter avant de faire irruption chez les gens ! s'écria derrière lui Audrey, manifestement très contrariée. J'ai voulu appeler le service de sécurité, mais il paraît que, justement, c'est *lui*.

Se levant, Spencer dévisagea ses deux visiteurs.

— Je dois te parler, dit David.

— Il refuse de partir ! se plaignit Audrey.

Spencer sourit à la jeune femme, qui hocha la tête et se retira. Avant qu'elle ne disparaisse, David lui jeta un vif coup d'œil, et elle haussa les épaules.

— Tu prends des risques, Delgado, déclara Spencer en lui désignant une chaise. Tu aurais pu me trouver en peignoir.

— Cela ne me paraît pas trop dangereux, rétorqua David tout en examinant les tableaux suspendus au mur.

Enfin, il se détourna, s'assit sur la chaise faisant face au bureau, et se pencha vers Spencer.

— Très bien, venons-en au fait. Que s'est-il passé ?

Spencer afficha un air surpris.

— Je ne comprends pas.

— Un événement s'est produit dans la maison. Tu as accueilli mon arrivée avec autant de soulagement que si j'étais le Messie.

— Il ne s'est rien passé, David, je t'assure, mentit Spencer. J'ai simplement ressenti un malaise près de la balustrade en constatant son mauvais état. Je t'ai prié de ne pas t'en approcher, souviens-toi.

Croisant les mains sur ses genoux, David la dévisagea, nullement convaincu.

— Que penses-tu de la maison ? demanda Spencer.

— Fantastique, répondit-il froidement.

— Pourquoi tant de sarcasme ?

David parut un instant déconcerté par la rebuffade.

— Je le pense vraiment. La galerie nécessite certainement des réparations, mais on y jouit d'une vue superbe. Je l'imagine très bien dotée d'un petit sofa de style...

— Victorien ?

— Mmm. Et peut-être de quelques étagères avec des

livres. Ça ferait un coin très agréable. De là, on profite de tout l'arrière de la maison ainsi que du séjour. Non, vraiment, pour certains, elle paraîtrait trop vaste, mais connaissant tes goûts, je la trouve parfaite.

Un sourire éclaira le visage de Spencer.

— Quel événement! Ce doit être la première fois que tu m'approuves.

David se leva.

— Tu te trompes, Spencer. Bon, j'ai encore à faire; il faut que j'y aille. Je peux passer te chercher chez toi à 19 heures...

— Inutile, j'ai ma voiture! Mais j'imagine que tu me suivras de toute façon?

— Exact.

— En ce cas, je t'attendrai.

Après le départ de David, Spencer ne se retrouva pas pour autant sans surveillance. Quand elle rejoignit son véhicule, Jimmy Larimore était là.

— Alors, Spencer, bonne journée?

— Plutôt, oui.

Il la suivit jusque chez elle et se gara devant la maison. Une fois descendue de voiture, Spencer se dirigea vers lui.

— Dites-moi, Jimmy, dois-je comprendre que je fais l'objet d'une surveillance de tous les instants?

— C'est à peu près cela, répondit-il en haussant les épaules. Mais voyez avec David.

— J'en ai l'intention. Merci, Jimmy.

Elle se dirigeait vers la maison quand elle se ravisa soudain.

— Puisque vous êtes de congé ce soir, cela vous plairait-il de sortir?

— Je serai de la fête. Reva invite toujours les membres de l'agence quand elle donne une soirée.

— Ah, très bien.

Il sourit.

— Dès que David montre le bout de son nez, dit-il gaiement, je file prendre une douche et me changer !

Après s'être douchée, Spencer enfila un jean, un chemisier de coton mauve et des tennis. A 19 heures tapantes, la voiture de David s'arrêtait devant la porte. Il attendit sous le porche qu'elle vînt le rejoindre.

Assise près de lui dans la voiture, Spencer se surprit à examiner son sévère profil.

— Si je ne te connaissais pas, je croirais que tu as peur de moi, fit-elle remarquer.

Il lui jeta un rapide coup d'œil.

— Mais j'ai peur de toi, Spencer. Tu peux même dire que je suis terrifié.

Elle reporta son regard vers la route.

— Désolée. Est-ce de coucher ensemble deux fois en dix ans qui a sur toi un effet si désastreux ?

— C'était très bon, Spencer, répondit-il d'un ton léger.

Il regardait droit devant lui la route ombragée d'arbres. Le feuillage, repoussé depuis le passage du cyclone Andrew, avait repris tout son lustre ; des bougainvillées croissaient le long des barrières, exhibant toutes les nuances de pourpre, d'orangé, d'écarlate.

— Simplement, j'aime mieux faire l'amour avec une partenaire qui ne s'effondre pas en larmes juste après. Je ne suis plus un enfant, Spencer. Je ne peux négliger les mauvais aspects d'une relation pour le seul plaisir de baiser. J'ai horreur de causer du chagrin à quelqu'un.

— Tu n'es pas tout ce que je désire au monde ! s'écria Spencer, profondément blessée.

Et embarrassée aussi. Elle aurait souhaité n'avoir pas ouvert la bouche.

— Non, effectivement, je ne suis pas Danny ! riposta-t-il avec hargne.

249

Et Spencer vit ses doigts se crisper sur le volant.
— Tu m'as mal comprise.
— Et qu'aurais-je dû comprendre exactement ?
Elle hocha la tête avec véhémence.
— Je ne peux pas expliquer. C'est... La vie est trop dure. Continuer de vivre est trop dur.

Oh, Seigneur ! Que disait-elle ? Ses propres paroles résonnaient sinistrement à ses oreilles. Parviendrait-elle jamais à traduire ses sentiments ? Elle avait aimé Danny ; mais elle avait aimé David davantage encore. Et elle pourrait de nouveau l'aimer avec la même passion. Ce n'était pas honnête vis-à-vis de Danny, et pourtant...

— Qu'essaies-tu de me dire, Spencer ?
Soudain très lasse, elle soupira.
— Je ne sais pas vraiment moi-même... Reva habite-t-elle loin d'ici ? reprit-elle, misérable.
— Juste après le prochain virage.

Spencer fut très soulagée d'arriver. Toute souriante, Reva vint à leur rencontre. Au fond, peut-être souhaitait-elle vraiment les revoir, Jared, Cecily et elle-même.
— Merci de nous honorer de ta présence ! s'exclama Reva en l'étreignant chaleureusement.
— Merci pour l'invitation ! Mmm, ça sent drôlement bon !
— Cuisine cubaine. Cela nous change de l'estomac de mouton farci d'abats de *grandpa* Michael. C'est qu'il y tenait à son plat national écossais ! dit-elle en riant.
— Je n'y ai jamais goûté, avoua Spencer.
— Il ménageait ses invités ! Mais entrez donc ; la famille brûle d'impatience de te voir, David ! Spencer, tu ne connais pas mes enfants. Ils étaient présents à l'enterrement de Danny, mais...

Sa voix la trahit. On voyait qu'elle se serait volontiers battue pour sa maladresse.

— Je crois me souvenir d'eux. Tu as un beau petit garçon qui ressemble à ton frère, non ?

Reva esquissa une grimace.

— Ne dis surtout pas ça devant mon mari. Il est persuadé que Damien est son portrait craché ! Allons, entrez.

Prenant la main de Spencer, Reva la guida vers la maison.

Ils traversèrent une vaste salle à manger, puis un salon donnant sur un patio avec piscine. Une dizaine d'enfants s'ébattaient dans le bassin tandis que les adultes se partageaient entre le bar en bois de merisier et les fauteuils d'extérieur disposés autour des tables de jardin.

Reva présentait George, son mari, à Spencer quand on l'appela à la rescousse depuis la cuisine.

— Excuse-moi, Spencer. Je te laisse en de bonnes mains, je t'assure !

Spencer se rappelait avoir rencontré George à l'enterrement de Danny. De taille moyenne, les cheveux blonds, le visage émaillé de taches de rousseur et les yeux verts très expressifs, c'était un homme d'une physionomie agréable. Il serra avec chaleur la main de Spencer.

— Nous sommes très heureux que vous ayez répondu à notre invitation. Je ne sais si vous vous souvenez de moi...

— Bien sûr.

— Moi, je vous connais bien. Reva m'a tellement parlé de vous.

Spencer se sentit rougir. Elles s'étaient si peu vues ces derniers temps... Reva n'avait pu évoquer que le passé, l'époque de ses relations tumultueuses avec David.

— Ah..., fit-elle, un peu gênée.

— Elle m'a confié que vous étiez la première personne rencontrée sur le territoire des Etats-Unis qui, en la considérant comme son égale, lui avait donné l'espoir de pouvoir un jour y bâtir son foyer. J'ai également appris que votre grand-père leur avait permis, à David et elle, de fréquenter une excellente école. Et elle se plaît à dire qu'elle n'y a survécu que grâce à vous!

— Je vous demande pardon?

George sourit.

— Votre amitié a été sa carte de visite. Voyant que vous l'acceptiez, les autres ont suivi. Je crois que vous lui manquez beaucoup.

— Elle... elle me manque également.

En prononçant ces paroles, Spencer se rendit compte à quel point c'était vrai.

— Il n'est guère facile de se rencontrer, reprit-elle, maladroitement. Entre son métier, des emplois du temps chargés et, dans votre cas, les enfants et leurs propres activités, on n'a guère de temps pour voir les amis autant qu'on le voudrait.

— Je comprends, naturellement. J'espère pourtant que nous aurons le plaisir de vous revoir, maintenant que vous connaissez le chemin de notre maison!

— Je l'espère également.

— Spencer!

Le son de la voix connue la fit se retourner brusquement. Haute comme trois pommes et aussi ronde que ce fruit, débordante d'énergie et la chevelure toujours très brune, *tia* Anna approchait, les bras tendus. Spencer n'avait pas revu depuis dix ans la tante paternelle de David et Reva qui, après Michael MacCloud, les avait le plus entourés et avait soigné bien des bobos du corps comme de l'âme.

Et à présent, elle serrait Spencer contre son ample poitrine.

— *Povrecita!* roucoula-t-elle sans la lâcher. Pauvre petite! *Como esta?*

— Je vais bien, répondit simplement Spencer.

— Tu es toute maigrelette! Je vais m'occuper de te

remplumer. Va t'asseoir dehors, je te prépare une assiette ainsi qu'à mon fantasque neveu qui mange debout la plupart du temps... Allons, va t'asseoir près de lui !

Spencer leva les yeux et découvrit David qui, au bord de la piscine, observait les ébats des enfants. Souriant à des gens qu'elle ne connaissait pas et qui lui sourirent en retour, Spencer se dirigea vers la grande table blanche aux pieds de fer forgé que lui avait indiquée Anna et, tirant une chaise, s'assit.

Un instant plus tard, Anna approchait, tenant dans chaque main une assiette sur laquelle se trouvait empilé de quoi nourrir une équipe de football.

— Et voilà ! annonça-t-elle, cependant qu'elle en tendait une à Spencer. Tu reconnaîtras mon *arroz con pollo*, le steak *palomino* de Natalia, les haricots noirs et le riz de Reva, des bananes frites, de l'*ensalada*, du bon pain cubain et les saucisses grillées de George ! Bon appétit, maintenant !

Puis, élevant la voix :

— David ! Viens t'installer à table avec Spencer.

Se retournant, David découvrit avec étonnement sa tante qui le dévisageait avec insistance.

— Je t'ai préparé une assiette ! Tu jeûneras demain, ajouta-t-elle avec un clin d'œil à l'adresse de Spencer.

— Bien obligée, si j'avale tout ça ! répliqua cette dernière en riant.

David les rejoignit. Il venait de s'emparer d'une chaise quand une autre tante s'approcha pour l'embrasser, puis ce fut au tour de Damien, le petit garçon dont on fêtait les dix ans. C'était un enfant mince et élancé, avec de grands yeux expressifs d'un bleu très sombre. Encore tout humide du bain, il frotta sa main mouillée contre sa cuisse dans l'espoir de la sécher, puis il la tendit à Spencer qui, en souriant, lui souhaita un joyeux anniversaire.

— Je vous remercie de votre visite, dit-il poliment. Nous sommes heureux de vous avoir parmi nous.

Puis il hésita et reprit avec cette curiosité propre aux enfants à l'esprit éveillé :

— *Tia* Anna dit que vous portez le deuil depuis longtemps et que nous devons essayer de vous faire passer une soirée agréable. J'espère que ce n'est pas trop dur pour vous depuis la mort de votre mari. Nous avons tous été si tristes. Je ne sais pas si vous vous souvenez, mais nos parents nous ont emmenés, ma sœur et moi, à l'enterrement.

— Je me souviens. C'était très gentil de me soutenir pour cet adieu à Danny. Et ne t'inquiète pas trop. Il arrive à tout le monde de perdre un être cher ; avec le temps, il faut réapprendre à vivre... En tout cas, je sais maintenant que je vais passer une excellente soirée !

— Danny était le meilleur ami de *tio* David. Maman dit que c'était quelqu'un d'extraordinaire, qu'il voulait réparer les injustices et qu'il aurait commencé par la Floride.

Ce petit garçon plaisait beaucoup à Spencer. Avec son sérieux, sa politesse, son intelligence et sa sensibilité, si étonnante pour son âge, il lui rappelait David.

Lors de leur première rencontre, ce dernier s'était montré ainsi grave et solennel : enfant perdu dans un univers inconnu où Danny l'introduisait soudain ; très mûr pour son âge car forcé par les événements de grandir trop vite ; un peu triste, mais aussi débrouillard et intelligent, et, à cause des vicissitudes de son existence, prompt à sympathiser avec les malheurs d'autrui.

— Tout cela est vrai, dit-elle à Damien. Danny était extraordinairement bon et, s'il avait vécu, je suis sûre qu'il aurait changé la face du monde.

— Il doit terriblement vous manquer.

Spencer sentait peser sur elle le regard de David.

— Il nous manque à tous, parvint-elle à répondre. Mais

c'est ton anniversaire, Damien. Danny adorait les soirées, et il aimait que les gens s'amusent, alors amusons-nous ! Comme je ne connaissais pas tes goûts, j'ai préféré t'offrir un bon d'achat pour le magasin Toytown. Ainsi, tu pourras choisir ton propre présent.

— Vous n'auriez pas dû..., commença Damien, et Spencer pensa qu'il était l'enfant le mieux élevé qu'elle ait jamais rencontré.

Cependant, les yeux bleu sombre brillèrent malicieusement quand il ajouta :

— Mais je suis rudement content que vous l'ayez fait. Merci beaucoup, madame Huntington !

— Cesse donc de t'ébrouer sur notre nourriture ! intervint David avec une feinte sévérité, et va donc jouer tant que tu ne souffres pas encore de rhumatismes...

En riant, le petit garçon se jeta dans les bras de son oncle, acheva de le tremper puis repartit en courant vers la piscine. David l'observait, attendri et plein d'orgueil. Enfin, il se tourna vers Spencer.

— Comment as-tu réussi à lui trouver un cadeau en si peu de temps ?

Elle haussa les épaules.

— Je n'ai peut-être pas d'enfant, mais j'ai des amis qui sont parents et gardent toujours de côté des bons d'achat pour les cas d'urgence.

— Hum, très avisé.

— Très utile, en tout cas. Je voudrais savoir, David : Reva tenait-elle vraiment à ma présence, ou est-ce Sly qui t'a encore lancé à mes trousses ?

— Les deux. Reva m'avait réellement prié de t'inviter. En même temps, Sly m'a passé un coup de fil. Cela le contrarierait beaucoup de te perdre de vue. Pourquoi cette question ?

— Comme ça, répondit légèrement Spencer.

Puis, changeant délibérément de conversation :

— Alors, pas d'enfant pour ton propre compte ?

— Puis-je vous rappeler que je ne suis même pas marié, madame Huntington ?

— De nos jours, cela n'a plus d'importance.

— Pour moi, si. Je rencontre trop de gosses paumés dans les rues. Mais que je sois pendu..., ajouta-t-il soudain.

Interdite, Spencer se retourna. Jared et Cecily venaient d'arriver, accompagnés de leurs enfants. Quand Ashley aperçut Spencer, son joli petit visage s'assombrit et, poussant un cri, elle se précipita vers elle. Spencer referma ses bras sur la petite et l'assit sur ses genoux.

— Eh bien, chérie, que t'arrive-t-il ?

Ashley ne répondit pas ; elle se contentait d'étreindre sa tante avec une énergie farouche. Spencer échangea avec David un regard où se lisait son incompréhension. Un instant plus tard, après avoir salué leurs hôtes, Jared et Cecily les rejoignaient à leur table.

— Oooh ! s'exclama Cecily, toute cette nourriture ! Rien qu'à la regarder, je sens s'accumuler les kilos. Oh ! et puis, tant pis, j'y goûte. Demain sera un autre jour...

Jared avança un siège à sa femme et s'assit près d'elle. Ignorant sa petite sœur, William vint planter un rapide baiser sur la joue de sa tante.

— Bonjour, chéri ! Ça va ? Si tu as apporté ton maillot, tu peux rejoindre les autres.

William regarda en direction de la piscine avec une certaine réticence.

— Viens, je vais te présenter, proposa David. Excusez-moi.

La main dans la main, ils quittèrent la table. Spencer observa de loin les présentations et, une fois de plus, en voyant Damien accueillir William avec la ferme intention de l'intégrer à son groupe, elle eut le sentiment d'être revenue des années en arrière.

Elle caressa la soyeuse chevelure d'Ashley, dont la tête ne quittait pas son épaule, et jeta un regard interrogateur à Cecily.

— Que lui arrive-t-il ?

Cecily soupira.

— Elle a été très choquée par l'annonce de ton accident. Ashley chérie, regarde bien tante Spencer. Tu verras qu'elle n'est pas blessée.

Ashley hocha la tête sans pour autant s'écarter de Spencer.

— Tu ne pourras pas dîner, avec cette petite cramponnée à toi, dit Jared.

A ce moment, il leva les yeux sur David, qui revenait prendre place à table.

— Bah ! fit Spencer, j'arriverai bien à attraper quelques bananes !

Ces fruits étaient délicieux, doux et sucrés à souhait. Cependant, s'abstenir de manger ne représentait pas une punition pour Spencer car elle se sentait soudain nauséeuse.

Son malaise avait-il un rapport avec la présence de Jared ? Etait-elle oppressée par la crainte qu'il lui inspirait ? Elle faillit se mettre à hurler.

— C'est sympa d'être venus avec les enfants, disait David à Jared et Cecily.

— Vous ne trouvez pas que cela ressemble à un *old home week* ? demanda Cecily.

Le *old home week*, coutume ancienne, consistait à accueillir les parents et amis exilés à l'étranger, qui revenaient après de nombreuses années rendre visite à ceux qui étaient demeurés au pays.

Un éclat de rire général accueillit la remarque de Cecily ; au même instant, Reva approchait et, tirant une chaise, s'y laissait tomber.

— Qu'est-ce que j'ai fait ? s'enquit-elle, étonnée.

— Je venais juste de dire que notre réunion ressemblait à un *old home week*, expliqua Cecily. Je n'arrive même pas à me rappeler la dernière fois où nous nous sommes trouvés tous réunis. Naturellement, quelques-uns manquent à l'appel.

— Terry-Sue, fit Jared avec un soupir résigné.

Cecily lui allongea un coup de pied.

— Je la vois de temps en temps et je peux te dire que ses énormes seins n'ont plus si fière allure !

— Oh, chérie, comme c'est moche de débiner ainsi une copine !

— Nous sommes presque tous là, tout de même, reprit Reva. Nous cinq et...

Elle eut un de ces regards qui indiquaient qu'elle avait le sentiment d'avoir gaffé.

— Nous cinq... et Danny, termina tranquillement Spencer. Tu sais, Reva, je supporte d'entendre prononcer son nom, maintenant. Cela me fait même plutôt plaisir.

Reva rougit.

— Je n'arrive toujours pas à y croire... Alors, c'est vrai ce qu'on raconte ? Il paraît que tu as déniché une superbe maison ?

— Superbe quand on s'appelle Spencer, précisa Cecily. Elle aime les baraques où règnent des relents de moisi ! Parlez-moi plutôt de plomberie moderne, Jacuzzi, Interphone et toutes les commodités qu'offre le confort moderne !

— On peut très bien associer ancien et moderne, fit observer Spencer d'un ton las.

La question demeurait entre elles deux un sujet permanent de discorde.

Reva tendit la main pour caresser la douce chevelure d'Ashley. La petite fille leva les yeux sur elle et sourit.

— Bonjour, Ashley. Je m'appelle Reva. Tu viens me voir ?

L'enfant marqua une légère hésitation avant de se laisser glisser des genoux de Spencer pour grimper sur ceux de Reva.

— Passe un jour visiter ma maison, proposa Spencer. Elle est...

— Vide de fantômes ! grogna Jared.

Interdite, Spencer le dévisagea.

— Désolé, murmura son cousin.

— Elle est toute proche de celle de Sly, acheva Spencer d'un ton ferme.

Reva approcha sa tête de celle d'Ashley et se mit à la bercer.

— Et vide de fantômes, répéta-t-elle doucement. Cela ne peut te faire que du bien de déménager. J'ai une petite fille à te présenter, poursuivit-elle, s'adressant cette fois à Ashley. Elle s'appelle Diana et elle a huit ans. Tu veux la voir ?

Ashley hocha timidement la tête.

— Je reviens, dit Reva.

En son absence, Jimmy Larimore, enfin arrivé, se joignit à eux. Deux autres subordonnés de David vinrent également échanger quelques mots avant de se mêler au reste des invités.

A table, la conversation roula autour du golf, puis on parla du passé et de la façon dont les choses avaient évolué. Cecily et Jared remplissaient leurs assiettes ; pour sa part, Spencer touchait à peine au contenu de la sienne. De temps à autre, elle jetait un coup d'œil à son cousin, et quand il surprenait son regard, il lui adressait un sourire encourageant.

Non, décidément, elle ne pourrait rien avaler.

— Ce n'est pas juste ! s'écria soudain Cecily. Comment peux-tu laisser ces mets délicieux ?

S'arrachant au brouhaha général, les trois autres se mirent à dévisager Spencer.

— Il y a si longtemps que je n'ai pas goûté à la cuisine cubaine... Je la trouve un peu riche.

Le regard de David la transperçait, comme s'il voulait à tout prix lui transmettre son message : « Oh ! mais si, chérie ; rappelle-toi, tu y as récemment goûté ! »

Elle piqua du nez. La prenant en pitié, David se leva et emporta son assiette. Il revint avec une bière pour Jared et un verre de vin blanc pour Cecily. Au supplice, Spencer demanda la même chose que sa cousine.

Peu à peu, les rangs des invités s'éclaircissaient. Les tantes et les enfants regagnaient les uns après les autres leur domicile. Spencer aperçut Diana, jolie poupée de porcelaine dont les douces manières avaient immédiatement séduit Ashley.

A minuit, bien que son mari lui répétât qu'ils semblaient en pleine forme, Cecily commença à parler de coucher les enfants.

Autour de la table, une joyeuse ambiance régnait. Les rires ne s'éteignaient pas plutôt que quelqu'un reprenait : « Vous vous souvenez quand nous avons... »

Cette lointaine époque regorgeait de souvenirs heureux, au rang desquels Danny tenait une immense place. Son nom revenait sur toutes les lèvres. Spencer n'avait pas dit l'exacte vérité en prétendant qu'elle ne souffrait plus de l'entendre prononcer ; mais en même temps, ce rappel la comblait d'une amère douceur. Lorsqu'on évoquait Danny, ses sentiments oscillaient à présent entre souffrance et attendrissement ; et ce subtil cocktail de bon et de mauvais, où prédominait toutefois de plus en plus le bon, la laissait tiraillée entre l'envie de rire et celle de pleurer. Assise là avec ses amis, elle se rendait compte avec une acuité particulière qu'il était temps pour elle de se réconcilier avec ses sentiments.

En ravivant son ancienne passion, David favorisait

l'oubli de Danny. Et, de la même façon, du bon et du mauvais inextricablement mêlés sortaient de leur relation actuelle. Elle aurait tellement aimé réapprendre à vivre. Si seulement l'assassin de Danny était démasqué...

Et si seulement elle cessait d'avoir peur.

Elle sentait en permanence le regard de David posé sur elle, et but trop de vin jusqu'au moment du départ. Quand elle se leva, elle sentit les effets de l'alcool mais s'efforça toutefois de garder un maintien digne. Par bonheur, elle ne devait pas conduire. Ashley s'agrippa à elle, menaçant de pleurer.

— Elle est épuisée, dit Cecily.

— Ne meurs pas, tante Spencer! bredouilla la petite.

Spencer sentit courir un frisson glacé le long de son échine. On aurait dit que la fille de son cousin prononçait des paroles prémonitoires. Elle tenta de se reprendre. Danny était mort en pleine force de l'âge et bien portant, et Ashley, ayant entendu dire que sa tante avait couru un danger, éprouvait des craintes bien explicables.

A moins qu'elle n'eût pressenti que son propre père essayait d'assassiner sa tante...

Mais pour quelle raison le ferait-il? se demanda Spencer pour la énième fois.

« Je ne vais pas mourir, chérie », s'apprêtait-elle à dire, quand une vague de froid l'envahit. Qu'est-ce qui l'autorisait à prononcer une telle déclaration?

— Je te promets de faire mon possible pour ne pas mourir, affirma-t-elle.

— Croix de bois?

— Croix de bois, croix de fer, si je mens, je vais en enfer! déclara solennellement Spencer.

Les adieux n'en finissaient plus. Jared, Cecily et leurs enfants partirent les premiers.

— Merci encore d'être venue, dit Reva à Spencer, restée

en arrière, tandis que George accompagnait David à la voiture.

— Merci encore de m'avoir invitée! déclara Spencer.

Elle se sentit soudain gênée, mal à l'aise. Elle avait été heureuse d'entendre George affirmer que Reva ne lui en voulait pas, mais tout de même...

— Reva...

Celle-ci parla en toute hâte, comme pressée de finir sa phrase avant que les hommes ne remarquent qu'elles ne les avaient pas suivis.

— Sois sûre, Spencer, que je souhaite sincèrement te revoir. Mais pas avec David. Non, je ne veux pas te voir avec lui.

— Reva!

— Je déteste qu'il ait mal, et il souffre dès que tu es dans les parages.

La remarque surprit trop Spencer pour qu'elle trouvât à répliquer. Elle s'apprêtait à s'éloigner quand Reva la prit dans ses bras et l'étreignit très fort.

— Désolée, Spencer. Je t'assure, je suis désolée...

— Spencer, il est tard! cria David, mettant ainsi fin à leur conversation.

Quand Reva l'eut lâchée, elle se dirigea comme une somnambule vers la voiture, où David attendait, la main sur la portière du passager. Spencer se glissa sur son siège. Tandis qu'ils roulaient, elle laissa aller sa tête contre le dossier, et ferma les yeux sur des pensées terriblement amères. Après toutes ces années... Comment les anciennes blessures pouvaient-elles se rouvrir avec une si indicible violence?

Ils demeurèrent silencieux jusqu'à ce que David immobilise la voiture devant la maison de Spencer.

— Es-tu contente d'être allée chez Reva? demanda-t-il alors.

— Bien sûr, mais...
— Mais tu n'aimes plus la nourriture cubaine ?
Spencer sourit.
— J'étais seulement un peu nerveuse. J'ai trouvé cette soirée parfaite. Je souhaite quelquefois...
— Eh bien ?
— Que nous puissions regarder vers l'avenir. Le passé me pèse parfois comme un boulet. Enfin, aucune importance.
— Propos d'ivrogne ? plaisanta-t-il.
— Peut-être.
— Viens, rentrons.
Docilement, elle descendit de voiture et gagna la porte, qu'elle ouvrit.
— N'oublie pas l'alarme, Spencer.
Elle le regarda.
— Passes-tu réellement la nuit dans ta voiture ?
Il haussa les épaules.
— Ça arrive. Et quelquefois, Jimmy me remplace. Ou Juan. Tu l'as rencontré ce soir ?
— N'est-ce pas le type à la voiture bleue ?
David fronça les sourcils.
— Une voiture bleue ?
Spencer hocha la tête.
— Je n'ai pas noté la marque. Un vieux modèle des années 80, d'un bleu assez sombre et très sale.
— Tu veux parler de la voiture de tes voisins ? fit David, l'air de plus en plus préoccupé.
— Tu plaisantes ! Elle roule en Mercedes et lui en Volvo.
Tandis qu'elle parlait, David se retourna si brusquement que la crainte envahit Spencer. Il avait entendu quelque chose. Elle-même avait maintenant l'impression d'avoir surpris un léger bruit, comme un froissement de feuilles dans la brise. Sauf qu'il n'y avait pas de brise.

263

— Rentre ! lui intima-t-il.

— Mais, David, je...

— Pour l'amour de Dieu, rentre dans la maison ! Et préviens la police si je ne suis pas revenu dans une demi-heure.

Il la poussa sans ménagement vers l'entrée.

— N'allume surtout pas et branche immédiatement l'alarme !

Sur ces mots, il claqua la porte sur elle. Elle demeura un moment à contempler le battant, tremblant de tous ses membres. Elle entendit David s'éloigner en direction du jardin, puis ce fut le silence. Elle se rendit alors dans la salle de séjour, où elle alluma la lumière, avant de se rappeler les consignes de David et d'éteindre en toute hâte. Elle eut l'idée d'aller tirer les rideaux puis se ravisa. Elle distinguait l'intérieur de la pièce et, à travers les portes vitrées, le patio et la piscine.

Il y eut comme un mouvement dans la nuit. Silencieusement, Spencer traversa la maison, bien décidée à découvrir le fin mot de l'histoire. Ses yeux commençaient à s'habituer à la pénombre, et elle scruta les abords de la piscine. Au bout d'un moment, le cœur battant, elle découvrit un homme qui attendait, accroupi près d'un buisson.

Il fallait prévenir David !

Elle dit demi-tour, prête à gagner en hurlant la porte d'entrée.

Mais cela se révéla impossible car sa course fut arrêtée comme par un mur de béton. Une main se posa sur sa bouche, et son cri de terreur mourut dans sa poitrine.

14.

— Je t'avais pourtant dit de brancher l'alarme ! grinça la voix de David à l'oreille de Spencer.

Il ôta la main de devant sa bouche, et relâcha l'étreinte. Par-dessus l'épaule de Spencer, il scrutait l'obscurité.

La jeune femme mit un moment à comprendre qu'elle se trouvait hors de danger.

— Tu as failli me faire mourir de frayeur, protesta-t-elle.

— Cela t'apprendra à brancher l'alarme !

David demeurait immobile, le regard braqué sur la piscine et ses abords. Spencer se retourna.

A l'ombre du buisson, l'intrus, se croyant à l'abri des regards, se redressait prudemment.

— Comment pourrais-je me glisser derrière lui sans qu'il me remarque ? chuchota David.

— Par la cabine de bains qui se trouve à côté du vestibule.

A pas feutrés, David se dirigea vers l'entrée. Un nuage glissa, découvrant la lune, et la silhouette devint plus distincte. On voyait à présent qu'il s'agissait d'un individu portant un revolver ; le canon luisait au clair de lune.

Spencer s'élança à la poursuite de David. Elle le rattrapa au moment où il s'apprêtait à ouvrir la porte de la cabine.

— N'y va pas, David! implora-t-elle d'une voix étouffée. Il est armé!

— Et alors? rétorqua David, une nuance d'exaspération dans la voix. Moi aussi je suis armé!

— Je t'en prie, appelle la police... Laisse-les s'occuper de cette affaire.

— Si nous tergiversons, il risque de nous échapper, et nous perdrons toute chance de découvrir ce qui se trame. Pour une fois, Spencer, obéis-moi, s'il te plaît! Reste en sécurité ici pendant que je lui mets la main au collet.

Elle recula d'un pas. David parvint à ouvrir la porte sans un bruit.

— Referme derrière moi, Spencer, pour l'amour du ciel!

Il avait disparu. Priant de toutes ses forces pour parvenir à refermer la porte aussi silencieusement que David l'avait ouverte, Spencer obtempéra. Ensuite, elle se hâta à travers le hall obscur afin de retourner à son poste de guet. Elle vit David se frayer un chemin dans les buissons. A ce moment, un nuage masqua la lune. Hormis les lumignons de la piscine, rien n'éclairait plus le jardin, de nouveau plongé dans les ténèbres. Spencer serra les dents. Les secondes s'écoulaient avec une insoutenable lenteur.

Soudain, une détonation claqua sèchement dans la nuit, suivie d'un cri étranglé.

Maudissant David pour son imprudence, Spencer interrogeait en vain les ténèbres quand brusquement elle se jeta en arrière : deux silhouettes venaient d'apparaître dans le champ lumineux; et, bientôt, elle put distinguer David qui menaçait de son arme un homme d'une quarantaine d'années, de taille moyenne, portant un costume passablement élimé et dont le visage s'ornait d'un œil au beurre noir. Sur un signe de David, les mains moites, le cœur battant, Spencer ouvrit la porte-fenêtre. Il poussa l'homme à l'intérieur de la maison.

— Allume, Spencer, ordonna-t-il.

Elle alluma, permettant ainsi à David de découvrir le visage de son prisonnier.

— Harris! s'exclama-t-il avec stupeur.
— Delgado? fit l'homme, la voix vibrante d'espoir.
— Qu'est-ce que vous fichez ici?
— J'appelle la police? s'enquit anxieusement Spencer.

David la considéra avec désappointement.

— C'est un flic.
— Oh!

Spencer dévisagea celui que David avait appelé Harris.

— Que faisiez-vous dans mon jardin?
— Je suis chargé de vous protéger, répondit-il, l'air penaud. Ordre du lieutenant Oppenheim.
— Oppenheim vous a envoyé ici? s'exclama David.

L'autre haussa les épaules.

— Plus exactement, je patrouille dans le quartier avec la mission bien précise de surveiller Mme Huntington ainsi que sa maison, particulièrement quand elle est absente, et que vous et vos hommes êtes occupés à la filer.
— Possédez-vous une voiture bleue?

Harris secoua la tête en signe de dénégation.

— J'ai une Plymouth beige.
— Où se trouve-t-elle garée? interrogea David.

Spencer leva une main.

— Attendez-moi, dit-elle en se dirigeant vers la cuisine.
— Qu'est-ce qui te prend? demanda David.

— Etant donné que M. Harris est un policier, il me semble que la moindre des choses est de soigner son œil avant qu'il n'enfle davantage. Je vais chercher de la glace. Ne dites rien avant mon retour !

Naturellement, les deux hommes n'en firent qu'à leur tête, et, quand Spencer revint, elle les trouva plongés en pleine discussion.

— Décidément, l'altruisme ne paie pas ! maugréa-t-elle en poussant Harris vers le sofa situé à côté de la cheminée.

— Je vous prie de m'excuser, dit ce dernier. Je vais reprendre pour vous, depuis le début. J'étais dans votre jardin parce que j'y avais suivi quelqu'un, madame Huntington.

Spencer regarda tour à tour David et Harris.

— Qui ?

D'un air navré, Harris haussa les épaules.

— Désolé, madame Huntington, j'ai perdu sa trace. Nous travaillons habituellement à deux, mais ce soir, nous étions à court d'hommes et je me suis retrouvé tout seul à patrouiller. Je circulais dans le quartier quand j'ai cru voir un individu sauter par-dessus la clôture de votre jardin. Comme je ne voulais surtout pas qu'il s'enfuie en apercevant la voiture, je me suis garé en bas de la rue et j'ai emprunté le même chemin que lui pour pénétrer chez vous. J'ai entendu bouger à l'arrière de la maison, alors je me suis approché à pas de loup, et j'ai vu une silhouette à la porte-fenêtre, juste là. Ensuite, quelque chose a fait fuir l'intrus, j'ignore quoi. Les nuages ont dévoilé la lune, son éclat m'a ébloui un instant, et quand j'ai rouvert les yeux, le mystérieux individu avait disparu. Espérant qu'il reviendrait, je me suis dissimulé dans les buissons...

Il s'interrompit, hochant la tête.

— La suite, vous la connaissez.

— Ne devrions-nous pas appeler des détectives ou je ne sais qui ? demanda Spencer à David. Ils pourraient rechercher des empreintes.

— Ils ne trouveraient rien, affirma Harris, s'adressant à David. L'inconnu portait des gants.

David fronça les sourcils.

— Comment avez-vous pu remarquer ce détail ? Il faisait sombre, et vous vous trouviez à distance.

— Il était vêtu de noir des pieds à la tête. Je crois même qu'il portait un masque. Dans le cas contraire, j'aurais perçu la réverbération de la lune sur sa peau nue.

— Qu'est-ce qui vous permet d'affirmer de façon si péremptoire qu'il s'agissait d'un homme ? s'enquit Spencer.

Il réfléchit.

— Cela m'a paru évident sur le coup. Maintenant encore, j'en suis persuadé. Mais enfin...

Il soupira.

— Ainsi que je vous l'ai appris, ce... cette personne portait un masque et des vêtements noirs. Tout ce que je peux affirmer, c'est que son corps était couvert de la tête aux pieds. Vous ne trouverez pas d'empreintes.

— Pas d'empreintes digitales, peut-être. Mais il se peut que les gars du labo découvrent des traces de semelle, ou d'autres indices. On ne sait jamais. Je vais les appeler.

Harris poussa de nouveau un soupir, et Spencer comprit la raison de son découragement quand une équipe fut dépêchée sur place. Elle était reconnaissante à la police d'agir avec tant de zèle ; elle admirait ces hommes qui ne rechignaient jamais à la tâche en dépit de salaires insuffisants.

Pourtant, tout de même, jamais nuit ne lui parut aussi interminable.

Elle dut répondre à certaines questions, encore que la présence de David et Harris lui en épargnât un bon nombre. La maison fut fouillée de fond en comble, les empreintes digitales relevées sur les poignées de portes et le jardin passé au peigne fin. La plupart des traces de pas appartenaient à David ou à Harris ; cependant, un jeune et souriant technicien apprit à Spencer qu'une empreinte de talon, trouvée parmi les autres, allait peut-être orienter efficacement les recherches.

Quand ils estimèrent leur travail terminé, il était plus de 4 heures du matin.

Spencer s'en tirait avec un violent mal de tête, dû en partie à l'abus du vin, et en partie à la fatigue de ces dernières heures. Tandis qu'elle préparait du café pour les policiers, elle avala un cachet d'aspirine, avec pour seul résultat des crampes d'estomac.

L'ulcère la guettait, se dit-elle. Elle était trop jeune pour supporter toute cette tension. Ou trop vieille. Elle ne savait quelle explication adopter.

Enfin, vint le moment où, debout près de David, elle vit s'ébranler le dernier car de police. David serait le prochain à partir, songea-t-elle avec lassitude.

— Oui, je dois veiller à brancher l'alarme. Je te promets de ne plus oublier.

Une lueur rose montait à l'est, dans le ciel.

— J'y veillerai moi-même, répliqua David. De toute façon, je passerai la fin de la nuit sur le sofa.

— Convoque quelqu'un d'autre ; tu tombes de fatigue.

— Va te coucher, Spencer.

— Je refuse que tu veilles sur ce sofa. Je peux te préparer la chambre d'ami...

— Bon sang, Spencer ! s'écria David en fourrageant rageusement dans sa chevelure. File au lit... Je serai très bien en bas.

— Un lit serait beaucoup plus confortable, insista Spencer.

— Je ne veux rien de confortable.

— Très bien, si ça te plaît de jouer les martyrs !

Sans un regard pour lui, Spencer se hâta de gagner l'escalier. Elle se sentait sur le point de s'écrouler de sommeil.

— Oui, joue les martyrs si ça t'amuse ! répéta-t-elle, parvenue sur le palier.

La mine sombre, David la regarda s'éloigner. En l'entendant claquer violemment sa porte, il tressaillit.

— Je souffre depuis l'instant où tu as jugé bon de réapparaître dans ma vie..., murmura-t-il.

Il retourna dans la salle de séjour, et s'étendit sur le sofa. De là, il pouvait surveiller le patio.

Harris ! Qui l'eût cru ?

David était content de découvrir qu'Oppenheim l'avait finalement pris au sérieux. A mesure que les semaines s'écoulaient, il était, pour sa part, de plus en plus convaincu que Spencer courait un danger, et que les accidents dont elle avait été victime n'étaient pas fortuits. Il se demanda pourquoi Oppenheim ne l'avait pas prévenu de la surveillance qu'il exerçait sur Spencer, et conclut qu'il n'avait pas voulu faire une promesse qu'il risquait de trahir par manque de personnel.

Ainsi, Harris avait vu quelqu'un pénétrer dans le jardin. Et les enquêteurs possédaient une empreinte de talon. Naturellement, il se pouvait qu'elle appartînt à un éboueur, ou bien à un releveur de compteur. Mais ce pouvait aussi être une piste sérieuse.

Il songea à toute cette poudre blanche répandue à travers la maison, d'ordinaire si impeccable. Sans l'ombre d'un doute, dès le lendemain, Spencer s'attellerait à un grand nettoyage.

Qui pouvait bien rôder dans le jardin ? Et sous quel prétexte ? Un cambrioleur ? En dépit de l'attachement qu'il portait au Grove, David reconnaissait qu'il s'agissait d'une zone de haute criminalité, et que les cambriolages y étaient malheureusement monnaie courante. Il pouvait donc s'agir d'un rôdeur en quête d'une télé ou d'une chaîne stéréo.

Pourtant, tout son être lui criait que, en pénétrant chez Spencer, l'intrus avait un dessein bien particulier ; il cherchait quelque chose ou quelqu'un.

La voiture de Spencer se trouvant garée devant sa porte, l'inconnu avait fort bien pu penser qu'elle était chez elle. Dormant à l'étage. Il n'y avait rien de plus facile que de cerner les habitudes des gens, David le savait mieux que quiconque.

L'eau de la piscine luisait au clair de lune. Il ferma les yeux, anxieux d'effacer cette vision. Il lui était arrivé de passer ici des après-midi entiers avec Danny, qui adorait l'eau et le soleil. Ils s'asseyaient près de la piscine et buvaient de la bière en discutant des derniers matchs des Dauphins ou des Panthères de Floride. La plupart du temps, cependant, à cause de la passion de Danny pour le base-ball, c'étaient les Marlins qui se trouvaient sur la sellette.

Et soudain, le souvenir déchirant du jour où s'était produite l'agression contre Danny lui revint.

Au lieu de murmurer sans fin le nom de Spencer, si seulement il avait pu lui livrer une indication, un minuscule détail qui l'eût mis sur la piste !

Incapable de rester en place, David se leva.

— Pourquoi, Danny ? Dieu m'est témoin que je fais de mon mieux ! Mais pourquoi n'as-tu rien dit ? Qu'est-ce qui me mettra sur la voie ? Je ferais n'importe quoi, vieux frère. N'importe quoi. Tu comprends, je l'aime, elle aussi.

Sans douceur, il se massa le menton. Voilà, on y était. Il l'aimait. Il l'avait toujours aimée et l'aimerait toujours...

Le soleil se levait. Il ne se passerait plus rien cette nuit. Simplement, il était beaucoup trop énervé pour la laisser seule.

Il allait s'étendre sur le lit de repos quand il se ravisa et, silencieusement, monta à l'étage. Sur le palier, il marqua une pause avant d'ouvrir sa porte, toujours sans un bruit.

Enfouie dans un grand T-shirt ayant appartenu à Danny, Spencer dormait profondément, ses cheveux répandus sur l'oreiller telle une auréole d'or. Jusque dans le sommeil, ses traits demeuraient crispés, comme si ses rêves étaient loin d'être agréables. Il songea à s'approcher, et à caresser doucement son visage pour en dissiper la tension ; mais à cet instant, il aperçut sur la table de chevet une photo de Danny et elle dans un parc d'attractions, riant aux éclats parce qu'une chèvre essayait de brouter le col de Danny pendant que le photographe officiait.

Doucement, David referma la porte et entreprit de regagner le rez-de-chaussée. Le front barré d'un pli, il s'assit sur la dernière marche de l'escalier.

Au fond de lui, il avait espéré que peut-être elle finirait par accepter la mort de Danny, et surmonter son sentiment de culpabilité. Qu'elle finirait par s'avouer que...

Mais la photo trônait toujours près de son lit, et elle dormait revêtue des T-shirts de Danny.

David aurait tellement aimé que ce soient les siens qu'elle porte...

Il savait qu'il aurait dû se lever, aller s'étendre sur le sofa ; pourtant, il se sentait incapable de bouger. Il était tellement fatigué. Il appuya sa tête contre le mur.

Et ce fut là que Spencer, en descendant, le découvrit au début de l'après-midi. Quand elle lui tapota l'épaule, elle crut sa dernière heure arrivée car il s'éveilla en grondant tel un ours, tous les muscles bandés.

— Spencer ! s'écria-t-il en la reconnaissant.

Il se passa une main dans sa chevelure ébouriffée.

— Bon sang, qu'est-ce qui t'a pris de me secouer comme ça ?

— Je voulais simplement te réveiller.

Il s'écarta d'elle avec brusquerie et se massa la nuque, les mâchoires crispées.

— Je t'avais dit de rentrer chez toi, lui rappela-t-elle.

— Si tu crois que j'aurais eu l'esprit tranquille.

— Cette fois, je n'aurais pas oublié de brancher l'alarme.

Le regard de David indiquait clairement qu'il en doutait fort. Elle franchit les dernières marches, se collant contre la rampe pour éviter de le frôler.

— Je vais préparer le café, annonça-t-elle. Si tu désires prendre une douche, poursuivit-elle, mal à l'aise, il y a certainement ici de quoi te changer.

— Tu as conservé les vêtements de Danny ?

— L'occasion de m'en débarrasser ne s'est pas présentée, répliqua-t-elle, sur la défensive.

— Il existe pourtant des tas d'associations qui collectent ce genre de choses. Donne-les-leur, Spencer. Danny aurait aimé savoir qu'on fait bon usage de ses vêtements.

Spencer le dévisagea avec froideur.

— Je me souviendrai de tes conseils. Et si cela te contrarie de porter des habits de Danny, il y a ici un T-shirt à l'emblème des Dauphins qui est en réalité à toi. Il avait dû te l'emprunter et oublier de te le rendre.

Sans attendre de réponse, Spencer gagna la cuisine.

Elle dut s'y prendre à deux fois avant de parvenir à préparer du café. Ensuite, elle alla admirer le jardin, si parfaitement calme et serein. L'épais feuillage ondulait et l'eau cristalline de la piscine dansait dans la lumière du soleil. Comme les précédentes, la journée s'annonçait torride, et l'air chaud vibrait déjà au-dessus du dallage. Cette maison lui manquerait si elle devait la vendre ; elle aimait son jardin entouré de barrières. Certes, la veille au soir, Harris et un inconnu les avaient franchies ; mais la plupart du temps, son jardin lui apparaissait comme un coin de paradis, à l'écart de l'agitation du monde. Danny et elle y avaient passé bien des heures ensemble.

Essayait-elle de conjurer le passé, suivant le conseil de Jared ? Elle avait pourtant le sentiment que le fantôme de Danny la poursuivrait sa vie durant, et qu'il lui fallait plutôt apprendre à vivre avec. C'était un fantôme plein de bonté, et cela était sans doute le plus dur à supporter. Oh ! si seulement elle parvenait à accepter...

Brusquement, elle se retourna. David se tenait derrière elle, une tasse de café à la main. Il portait le T-shirt des Dauphins et exhibait un visage rasé de près. Ses cheveux humides étaient plaqués en arrière.

— Jimmy devrait bientôt arriver, dit-il. Il va me remplacer car je dois m'absenter. Qu'as-tu projeté pour aujourd'hui ?

Le ton était coupant. Spencer croisa les bras sur sa poitrine.

— Je commence à trouver la situation franchement ridicule.

— Inutile d'argumenter. Je ne suis vraiment pas d'humeur à le supporter !

— Et moi, je ne suis pas d'humeur à laisser un tyran régenter ma vie ! C'est complètement fou...

Elle s'interrompit.

Oui, c'était fou. Elle ignorait le tour que prendraient les événements, pourtant, une chose était certaine : elle redoutait Jared. Même si ce ne pouvait être lui qui avait sauté la clôture, la veille au soir ; à cette heure-là, il se trouvait en voiture, avec sa femme et ses enfants.

— Eh bien ? la pressa David, penchant la tête de côté.

Spencer secoua la tête.

— Rien.

— Spencer...

— Jimmy ne saurait tarder, n'est-ce pas ? S'il me prend l'envie soudaine de faire des folies, j'imagine qu'il te mettra bien vite au courant.

— N'essaie pas de filer en avion ou je ne sais comment. J'aurai vite fait de te remettre la main dessus.

— David...

— Si tu crois que c'est marrant de devoir lutter contre toi toute la sainte journée !

Sur ces mots, David fit demi-tour et se dirigea vers la sortie.

Confortablement installé dans le jardin de sa maison de Miami-Sud, Oppenheim jouissait de sa journée de congé en observant les jeux d'un de ses petits-enfants qui pataugeait dans la piscine. Quand il vit David approcher, une sourde plainte lui échappa.

— J'ai lu le rapport complet de Harris, s'empressa-t-il de dire.

— Vous savez donc qu'un inconnu s'est introduit par effraction dans la propriété ?

— Ecoutez, David. J'adore Coconut Grove, c'est un de mes endroits favoris. Je l'aime même le vendredi et le samedi, lorsque les rues sont bondées, que les terrasses des cafés débordent, que les clubs laissent filtrer des accords de musique et que la circulation se bloque ! Seulement, c'est par excellence un haut lieu de la criminalité. On n'y compte plus le nombre de cambriolages.

— Il ne s'agit pas d'un cambriolage, et vous le savez fort bien.

— Si vous regardiez la vérité en face, David ? Un grand-père qui loue vos services parce qu'une poutre est tombée dans une maison en ruine ! Spencer Huntington qui fourre son nez là où il ne faut pas, même dans un cimetière. Un mauvais fonctionnement des freins d'une voiture de location, à Newport, pas moins ! Plus une tentative de cambriolage. Et c'est pour ça que vous venez encore me déranger !

— Ce n'était pas mon intention. Vous avez déjà mis Harris sur le coup.

— Alors que voulez-vous de plus ?

— Je venais simplement m'assurer que vous aviez compris que Spencer était réellement en danger.

— Doux Jésus..., murmura Oppenheim.

— Allez-vous laisser quelqu'un sur l'affaire ?

— Dans la mesure de mes possibilités.

— Merci, dit David.

Il s'éloigna, agitant la main en direction du garçonnet de trois ans qui jouait dans la piscine.

— David ! cria Oppenheim.

— Oui ?

— Il serait préférable que vos hommes la surveillent ce week-end. Nous sommes surchargés le samedi soir. Vous connaissez la ville ; les week-ends peuvent y être meurtriers.

« Sans jeu de mots », pensa pour lui-même David.

— Nous ne la lâcherons pas du week-end. J'aimerais pourtant me rendre au labo.

— Une trace de botte, pas d'empreintes digitales, bref, rien qui puisse nous mettre sur la piste. Nous avons bien relevé les vôtres, mais, pas d'inquiétude, nous ne vous suspectons pas.

— Mille mercis, répliqua David, très sec.

Il décida qu'il se rendrait malgré tout au labo. Il y trouva Hank Jenkins, de garde pour la nuit. Une chance, puisque c'était justement lui qui avait reçu les échantillons la veille.

— Des bottes de marque courante, pointure trente-neuf... Pour ce que ça nous avance, dit Hank, haussant les épaules. De bonnes chaussures, certes, mais il doit en circuler des centaines de milliers d'exemplaires de par le monde. Du trente-neuf, c'est un peu petit. La profondeur de l'empreinte semble indiquer que votre rôdeur l'est également ; un mètre soixante-cinq pour soixante-cinq kilos peut-être. Il se pourrait même que ce soit une femme.

— Une femme ? répéta David, surpris.

— Eh bien, il existe des cambrioleurs femelles !

— Il ne s'agissait pas d'une vulgaire tentative de cambriolage, affirma David.

Il remercia Hank et sortit, les yeux sur sa montre. 21 heures passées. Soudain, il se sentit très las. Trop vieux sans doute pour dormir recroquevillé sur des marches.

La certitude, plus forte que jamais, qu'il ne devait à aucun prix la laisser seule le ramena chez Spencer. Dans le tournant, il aperçut la Plymouth beige garée en face de chez elle, Harris à l'intérieur, une tasse de café à la main. Ce dernier la leva en guise de salut ; David lui adressa en retour un signe de la main.

La voiture de Jimmy stationnait dans l'allée, mais de Jimmy, nulle trace. Avec une sourde rancune, David supposa qu'il pouvait être dans la maison.

Il s'y trouvait. En short et T-shirt ayant appartenu à

Danny, Jimmy vint en personne répondre à son coup de sonnette. Il eut quand même le bon goût de marquer sa stupéfaction en reconnaissant son supérieur.

— Mme Huntington m'a proposé de rentrer prendre une pizza. Comme Harris montait la garde dehors, je n'y ai pas vu d'inconvénient. De toute façon j'ai l'œil ; pour ça, vous savez que vous pouvez me faire confiance...

David hocha la tête. Dans deux minutes, Jimmy allait se mettre à bégayer.

— Il faisait si chaud... Elle a passé sa journée à lire près de la piscine. Et je me suis baigné, moi aussi, sur son invitation.

David dévisageait Jimmy sans mot dire.

— Je vous assure que je n'ai pas relâché mon attention une seconde, David.

— Ça va, Jimmy. Encore que ce ne soit pas une façon très conventionnelle de surveiller un client.

Il soupira.

— Ça va parce que Harris était là ; mais imaginez qu'il se soit absenté...

— Il était entendu qu'il me préviendrait.

— Mmm.

— Eh bien, dit maladroitement Jimmy, puisque vous êtes revenu, je peux me retirer.

Il considéra ses pieds nus.

— J'enfile mes chaussures et j'y vais.

De nouveau, David hocha la tête. Il attendit que Jimmy aille saluer Spencer et revienne, ses chaussures à la main.

— Bonsoir. Dois-je reprendre la garde demain matin ?
— Oui.
— Vers 8 heures ?
— Parfait.

Jimmy parti, David brancha l'alarme avant de pénétrer dans la maison. C'était plus prudent, car il redoutait d'être distrait ensuite par la vue de Spencer, allongée dans sa chaise longue et doucement éclairée par les lumignons de la piscine. Son bikini n'avait pas dû être conçu dans le seul dessein de séduire ; il n'était pas réduit à deux minces lanières de tissu comme c'est souvent le cas. En réalité, il n'était pas spécialement indécent, comparé à ce qu'on pouvait voir sur les plages de Floride.

L'ennui, c'était la façon incroyablement érotique dont Spencer portait ce bout de chiffon. Elle lisait, calé sur ses genoux relevés, un exemplaire de l'*Architectural Digest*, un verre embué de fraîcheur à portée de sa main, sur le guéridon de fer forgé. Sa chevelure humide était rejetée en arrière, et avec son visage dépourvu de maquillage, elle paraissait très jeune et innocente.

Mise en scène destinée à le séduire ? Probablement pas, car, lorsqu'elle l'aperçut, un soupir ennuyé s'échappa de ses lèvres.

— Et si j'achetais un énorme doberman, cela te déciderait-il à rentrer chez toi ? Nous pourrions courir les chenils dès demain.

David s'approcha et, s'emparant de son verre, en avala une gorgée. Du thé glacé. Il espérait quelque chose de plus fort. Il s'installa dans une chaise longue en face de Spencer, croisa les mains et la détailla sans vergogne.

— Jolie tenue. Tentative de séduction à l'encontre du pauvre Jimmy, hein ?

— Au cas où tu ne l'aurais pas remarqué, derrière moi se trouve un trou rempli d'eau qu'on nomme « piscine ». Et je porte ce que les gens portent pour entrer dans les piscines, c'est-à-dire un maillot de bain.

— Et quel maillot de bain !

— Parfaitement décent.

— Enfin, c'est mieux qu'une serviette ou rien du tout, constata-t-il aimablement.

— Allons droit au but. Tu m'accuses vraiment de chercher à séduire ton subordonné ?

Sous le ton léger, amusé, perçait l'agacement. David haussa les épaules.

— Tu es forte à ce petit jeu ; je suis bien placé pour le savoir.

— Et pourquoi, s'il te plaît, chercherais-je à le séduire ? C'est pourtant bien toi qui as fait remarquer que je ne semblais pas follement heureuse d'être tombée dans tes bras.

— Hum, formulation intéressante. C'est peut-être justement là que réside le problème, Spencer. Il s'agit de moi. Tu serais sans doute deux fois plus heureuse si tu étais tombée dans les bras des joueurs d'une équipe de football.

Spencer s'assit et repoussa sa revue.

— Quel idiot tu fais parfois, David. Un véritable crétin !

Elle se leva, gagna la piscine et exécuta un magnifique plongeon qui l'entraîna vers le bord opposé, le plus loin possible de lui. David l'observa un moment. Il songeait que, sur le dernier point, elle avait tout à fait raison.

Il se leva à son tour, se débarrassa en un tournemain de son T-shirt des Dauphins, envoya promener ses chaussures et ses chaussettes et quitta jean et caleçon.

De l'autre côté de la piscine, Spencer braquait sur lui le regard de ses yeux bleu océan.

— Que comptes-tu faire ? lui cria-t-elle.

— Nager.

A son tour, il s'élança et fendit l'eau cristalline dans sa direction. Il pensait qu'elle tenterait de lui échapper, mais elle demeura sur place, l'observant intensément tandis qu'il émergeait près d'elle.

Il aurait voulu dire quelque chose, n'importe quoi. Il en

fut incapable. Alors, il avança une main, l'attira à lui, et la plaqua contre les froids carreaux du bord. Sa bouche écrasa la sienne tandis que, d'une main, il faisait glisser son slip le long de ses hanches.

Il était devenu comme fou. Son désir de la posséder était tel qu'il en devenait violent. Une faible plainte s'échappa des lèvres de Spencer. Elle se raidit, mais brièvement. Puis ses doigts lui caressèrent la joue, les épaules ; ses ongles griffèrent légèrement son dos. Il lui prit alors la main et la posa sur son sexe érigé. Le contact lui arracha un sourd gémissement.

Elle s'écarta de lui.

— Nous ne devrions pas faire ça, dit-elle d'une voix entrecoupée.

— Je sais.

Oh! non, bien sûr. Jamais ils n'auraient dû se comporter de cette manière. Seulement David savait que s'il ne la possédait pas sur l'heure, il en mourrait.

Les caresses de Spencer portant son excitation à son comble, il fit voler son soutien-gorge et sa bouche se referma avidement sur une pointe rose, qu'il se mit à taquiner de la langue et des dents.

— David..., c'est fou, gémit-elle.

— C'est une définition de la folie.

Ses beaux yeux bleus reflétaient son égarement. Il sourit.

— C'est encore plus fou que tu ne le supposes. Rendstoi compte : nous tournons en rond. Nous allons répéter les mêmes gestes en espérant une issue différente ; mais ce sera la même histoire éternellement recommencée. Nous allons faire l'amour, tu vas pleurer et je partirai, furieux contre moi-même. Exact ?

— Alors, ne faisons pas...

Il pressa un doigt sur ses lèvres.

— Je préfère passer pour un fou.

Sans prévenir, il la saisit sans douceur par les hanches, l'assit sur le rebord de la piscine et lui écarta les cuisses pour y enfouir son visage. Spencer trembla et cria. Puis elle cria encore, plus fort. Alors, il l'attira à lui et la laissa retomber sur son sexe. Il la maintenait contre le bord de la piscine, tout tremblant de la force de son désir. Ses bras refermés autour d'elle, il acheva de la pénétrer.

Comment aurait-il pu échapper à l'envoûtement ? Cela semblait si naturel de lui faire l'amour ; pourtant, c'était aussi un peu mourir.

Très vite, il explosa en elle, et sa tension se résolut en un long spasme. Elle se laissait aller dans ses bras, toute molle, les bras noués à son cou.

Il ne bougea pas. Longtemps, ils demeurèrent enlacés, immobiles.

Enfer et damnation ! Il n'en croyait pas ses yeux. Il avait attrapé des crampes en tenant son regard rivé à une fente de la clôture, mais ça en valait la peine ! Quelle nuit ! Et l'idée qu'il avait réussi à déjouer la surveillance du flic en faction devant la maison accroissait encore sa jubilation. Il se pencha de nouveau. Ses genoux tremblaient, son sang courait plus vite dans ses veines. Il fit passer son poids d'un pied sur l'autre.

Enfin, David la lâcha. Elle tremblait. L'eau était encore tiède, mais la grosse chaleur du jour s'était enfuie. Des frissons parcouraient Spencer. Soit elle avait froid, soit elle pleurait.

— Ne pleure pas... Je ne le supporterai pas ! cria-t-il presque.

— Je ne pleure pas.

Il prit son visage entre ses mains pour scruter ses yeux bleus. A ce moment, tous deux entendirent un bruissement dans le feuillage bordant la clôture.

— Fils de pute ! jura David.

Déjà, il bondissait hors de l'eau et enfilait son jean d'un mouvement souple. Ainsi vêtu, il se précipita dans le jardin. Il sautait la clôture quand il entendit ronfler un moteur de l'autre côté du pâté de maisons. Comme un fou, il fonça dans les buissons du jardin mitoyen, et trébucha sur un arroseur automatique.

Un chien aboya.

Il atteignit la rue au moment où une voiture démarrait dans un crissement de pneus.

Une voiture bleue.

15.

Sans perdre de temps à chercher dans l'eau les pièces de son maillot de bain, Spencer s'élança hors de la piscine et s'empara de son peignoir. Une soudaine nausée lui tordit l'estomac. On les avait observés pendant qu'ils faisaient l'amour; ce viol de son intimité lui paraissait intolérable.

Quand David franchit en revenant la clôture du jardin, elle faillit hurler. Accablée, elle le regarda approcher. Il l'ignora et se dirigea vers les portes-fenêtres.

— Rentre et enferme-toi, ordonna-t-il.
— Dois-je brancher l'alarme?
— C'est fait. Mais qu'a-t-il bien pu arriver à Harris? marmonna-t-il, se parlant à lui-même.

Spencer verrouilla les portes donnant sur le jardin et le suivit jusqu'à celle de devant. David scrutait l'obscurité avec une expression de profond mécontentement.

— Envolé! Et dire qu'il devait nous prévenir s'il partait. Que le diable l'emporte! A deux, nous aurions pu coincer notre homme.
— As-tu vu...
— Une voiture bleue qui s'éloignait à vive allure. Aucune chance de la rattraper à présent. J'appelle la police. Il faut faire un rapport sur ce voyeur et tirer au clair l'histoire de la disparition de Harris. Quelle nuit, vraiment!

Il s'exprimait avec le plus grand naturel, comme s'il avait déjà oublié leur bref moment d'intimité. Pour sa part, Spencer se sentit rougir de la tête aux pieds.

— Tu ne peux appeler la police ! Que leur dirais-tu ?

— Tout simplement que quelqu'un nous épiait, caché derrière les buissons.

— Ils demanderont des détails.

David la considéra avec ironie.

— Ne t'inquiète donc pas. Pour rien au monde je ne trahirais le honteux secret de sainte Spencer, veuve Huntington.

— Va te faire foutre, David !

Il leva un sourcil moqueur.

— Deux fois dans la même nuit ? Ça devient une habitude.

Spencer se détourna de lui et courut vers l'escalier. Une envie de pleurer la reprenait. Cela désorienterait David, c'était sûr ; surtout quand elle-même se sentait si déroutée par ses propres sentiments. Mais aussi, pourquoi se moquait-il ?

Pourtant, sa dureté était compréhensible, dans une certaine mesure. Spencer l'avait autrefois cruellement blessé, et, en homme désireux de se protéger, il refusait certainement de se remettre en position de souffrir par elle...

Parvenue au palier, Spencer se retourna.

— En tout cas, cette fois, tu n'oseras pas rejeter le blâme sur moi !

— Pas si sûr. A mes yeux, le bikini entre dans la même catégorie que la serviette de bain, le peignoir et la nudité.

— Tu es un...

— Je ne te reproche rien, Spencer, d'accord ? Ce soir, j'assume la pleine responsabilité de mes actes.

Sans répondre, Spencer se dirigea vers sa chambre, où elle se mit à faire les cent pas. Elle entendit David parler au téléphone; il semblait que la conversation ne prendrait jamais fin.

Il devait s'entretenir avec Oppenheim. Cambriolages et meurtres relevaient en principe de deux départements différents; cependant, dans des cas comme celui-ci où les deux chefs d'accusation se trouvaient mêlés, ils travaillaient la main dans la main. D'autres policiers viendraient sur le terrain chercher de nouveaux indices. Spencer s'en moquait pas mal, à partir du moment où ils ne l'interrogeaient pas...

Elle hésita, puis se dirigea vers le placard à linge, d'où elle tira un oreiller. Après l'avoir glissé dans une taie, les draps assortis sous le bras, elle se pencha sur la balustrade du premier. Plus aucun bruit de voix ne montait du rez-de-chaussée.

— David?

Il approcha du pied de l'escalier.

— Le sofa est plus confortable que les marches, assura-t-elle en lui expédiant la literie par la voie des airs.

Il parvint à attraper l'oreiller, mais les draps finirent leur course sur la rampe de l'escalier.

— Merci, dit-il.

Spencer hocha la tête d'un air sévère avant de réintégrer sa chambre. Allongée sur son lit, elle contempla la photo prise au parc d'attractions. Au bout de quelques instants, les larmes aux yeux, elle avança une main tremblante et la retourna. Elle se sentait bien près de sangloter. Pourtant, ce soir, c'était différent des autres soirs. Elle ne pleurait pas sur Danny, mais sur elle-même.

Après avoir fait son lit, David effectua une ronde à travers la maison, vérifiant la fermeture des portes, des fenêtres et le fonctionnement de l'alarme. Quand il s'estima satisfait, alors seulement, il s'octroya la permission de s'allonger.

Le sofa constituait un lit passable.

« Mon vieux, se disait-il, si tu dois toujours remettre ça avec Spencer, que ce soit au moins à l'heure du coucher. Cela te permettrait de passer confortablement la nuit ! »

Faux. Jamais plus il ne s'allongerait sur le lit de Danny avec sa femme. Il la baiserait plutôt dans la piscine, ironisat-il. Et dire qu'il avait failli accuser le pauvre Jimmy de se laisser aller dans l'exercice de ses fonctions !

Sans répit, David se retournait sur son lit de fortune, et les draps s'entortillaient autour de son corps.

Harris ne perdait rien pour attendre. Il passerait un sale quart d'heure quand il lui mettrait la main dessus. Qu'est-ce qui se tramait donc ici ? La nuit dernière, un rôdeur de petite taille investissait les lieux ; ce soir, c'était au tour d'un voyeur. La même personne ? Ou deux individus différents ? Et pourquoi ?

On sonnait à la porte d'entrée. David ouvrit les yeux et les referma bien vite, aveuglé par l'éclatante clarté du soleil. Puis, persuadé qu'il s'agissait de Jimmy, venu prendre son tour de garde, il gagna la porte d'un pas incertain et interrogea le judas.

En chemise blanche et short beige, droit comme un I selon son habitude, Sly attendait qu'on vînt lui ouvrir. David se fit la réflexion qu'il avait belle allure, mais devenait un peu trop maigre pour sa taille. Il coupa l'alarme et ouvrit la porte.

— Bonjour, dit Sly. Tout va bien ?

— Euh... Oui, répondit David brièvement, désireux de ne pas s'étendre sur la soirée.

— Le café est prêt ?

— Spencer n'est pas levée..., commença David.

Au même instant, démentant ses propos, les pieds nus et

les cheveux attachés sur la nuque, Spencer descendait l'escalier.

— Sly !

— Je venais vous inviter à prendre le petit déjeuner avec moi.

— Désolé, Sly, déclara David. Pour ma part, j'ai quelques petits détails à tirer au clair ce matin.

Sly lui jeta un coup d'œil aigu.

— Quelle tête tu as, mon garçon.

— Merci.

— Je ne tolérerai aucun refus de ta part, Spencer, reprit Sly.

— Je n'ai pas l'intention de t'en opposer. Nous pourrions nous rendre ensuite à l'église.

Elle consulta sa montre.

— Ou plutôt avant. J'enfile mes chaussures et je prends un sac. Veux-tu que David te prépare du café ?

— Tu plaisantes. Je ne veux pas mourir !

— Jimmy sera ici d'une seconde à l'autre, dit encore Spencer. Nous pourrions peut-être lui proposer de nous accompagner ?

Pourquoi provoquait-elle ainsi David ? Réprimant un frisson, elle tourna la tête vers lui. Il observait un point par-dessus l'épaule de Sly.

— Justement, Jimmy se gare, dit-il. Je suis sûr qu'il sera ravi de l'invitation.

Il reporta son attention sur elle, son regard soudain glacial.

— Il apprécie tout ce que Spencer a à lui offrir.

Sur cette flèche, David alla chercher sa chemise et ses chaussures. Sans prendre la peine de les enfiler, il salua Sly et sortit.

De nouveau, Spencer sentit la nausée l'envahir. Encore plus violemment que les autres fois. Sûrement, elle allait récolter un ulcère. Trop d'émotions la rongeaient depuis bien longtemps. Cependant, n'était-elle pas le principal artisan de ses peines ? Elle se demanda si elle parviendrait jamais à expliquer à David que, peu à peu, elle en venait à accepter la mort de Danny.

Seulement, existait-il un moyen de dire quoi que ce soit à David ?

David rentra chez lui se doucher et se changer avant de gagner l'agence. Tout en laissant le répondeur lui restituer ses messages, il sortit des dossiers, qu'il commença d'éplucher. Les trois premiers appels concernaient des demandes d'enquêtes. Reva s'en occuperait lundi.

Le quatrième provenait du laboratoire. Les flics avaient passé au peigne fin le sol et les buissons derrière la clôture de Spencer. Cette fois, ils n'avaient trouvé qu'une empreinte assez mauvaise, que le labo avait identifiée comme appartenant à un mocassin, pointure quarante-quatre.

Au cinquième appel, David faillit tomber à la renverse. Le message émanait d'un des policiers ayant enquêté sur l'accident de Newport.

« Nous ignorons si c'est important ou non, monsieur Delgado, mais l'agence de location a porté un fait plutôt étrange à notre connaissance. Le mécanicien qui avait révisé la voiture ultérieurement confiée à Mme Huntington a disparu, quelques jours après l'accident. Naturellement, l'agence nous rend responsables de la fuite du technicien, prétendant que nous l'avons sans doute importuné par nos questions. L'ennui, c'est que lorsque nous avons épluché sa demande d'emploi, nous nous sommes aperçus que tous les renseignements indiqués dessus étaient faux. Son numéro de Sécurité sociale appartient en réalité à une personne décédée depuis près de vingt ans. Bref, nous avons fini par prendre ses empreintes sur un de ses outils et nous avons découvert qu'il s'agit d'un condamné, évadé de la prison où il purgeait une peine de dix ans pour vol à main armée. Et devinez pour qui il a travaillé dernièrement ? Pour quelqu'un que vous connaissez bien : Ricky Garcia. Voilà, c'est tout. Mais si je puis vous être d'une aide quelconque, je vous laisse mon numéro... »

David nota.

Spencer passa la journée en compagnie de Sly et de Jimmy.

Elle n'avait pas été si détendue depuis longtemps. Durant le petit déjeuner, elle s'interrogea sur l'opportunité de demander à Sly de l'emmener déjeuner au club nautique, le lundi suivant. Elle craignit toutefois qu'il ne prévienne David, ruinant ainsi ses chances d'obtenir des renseignements de Gene Vichy. Pour autant qu'elle sache, David la considérait en sécurité dans les bureaux de l'entreprise Montgomery ; selon toute vraisemblance, il la laisserait donc en paix le lendemain. Au dernier moment toutefois, par la ruse, elle amènerait Sly à l'inviter.

Après l'église et le déjeuner, ils allèrent visiter la maison que Spencer projetait d'acquérir.

— Envisagerais-tu par hasard de l'acheter pour être plus près de moi ? s'enquit Sly.

— Tu me connais assez pour trouver la réponse.

— Dis-moi, insista-t-il. Est-ce pour cette raison ?

— Je dois avouer que l'idée de t'avoir pour voisin me plaît assez.

— Que feras-tu de l'autre maison ?

— J'imagine que je devrai la vendre. Je n'ai pas les moyens d'en entretenir deux.

Prenant son temps, Sly examina la grande salle de séjour,

l'escalier, la galerie. Spencer ne put réprimer un frisson en se remémorant son effroi du premier jour, quand elle se tenait là-haut, au coude à coude avec Jared.

Elle avait dû rêver les noires intentions qu'elle lui prêtait ! Avec tout ce qui se passait par ailleurs, c'était pure folie que de redouter son cousin.

— Qu'est-ce qui ne va pas, Spencer ? demanda Sly, sensible à son changement d'humeur.

— Rien.

— Tu as la tête de quelqu'un qui a aperçu un fantôme.

— Pas du tout. Quel enquiquineur !

— Dès lors qu'il vieillit, l'homme n'obtient plus aucun respect.

— Cesse de te plaindre. Tu es plus jeune que des gars qui pourraient être tes petits-fils ! L'âge est un état d'esprit, tu le sais bien.

— Je le sais. Même si mes reins, eux, ne sont pas forcément d'accord. Et laisse-moi te mettre en garde, jeune péronnelle, la jeunesse n'est pas une garantie de sécurité !

— Ah ! mais j'ai un grand-père qui se charge de veiller sur moi nuit et jour.

— Plains-toi !

Se rappelant son épouvante de l'autre jour, Spencer s'avoua qu'il était plutôt agréable de se sentir protégée. Evidemment, elle se réjouissait moins de savoir que cette protection était exercée, la majeure partie du temps, par David.

— Je vais vous montrer le reste de la maison.

Elle se tourna vers Jimmy.

— Cela vous intéresse ?

— Sûr, répondit-il poliment.

Elle sourit. La maison n'impressionnait nullement Jimmy. Tout ce qu'il voyait, c'était son état de délabrement.

Seulement, Jimmy ne voulait pas heurter ses sentiments.

Jimmy était un parfait garde du corps.

※※

Elle invita tout son petit monde à dîner le soir. Gigot d'agneau au four, pommes de terre nouvelles, asperges, salade assaisonnée avec une vinaigrette aromatisée à la framboise. Elle prépara le repas dans la plus grande sérénité, et ses invités lui firent des compliments sur l'excellence de sa cuisine.

Sly partit aux alentours de 21 heures ; Jimmy annonça alors qu'il regagnait son poste devant la maison.

A 23 heures, renonçant à attendre David, Spencer décida de se coucher. Toute sa tension revenue, elle ne parvint cependant pas à s'endormir. Combien de temps parviendrait-elle encore à tenir ? Elle eut brusquement le souhait que quelque chose, n'importe quoi, se produise, et vite.

Elle avait fini par s'endormir quand elle se réveilla en sursaut. Elle alla regarder par la fenêtre. David montait la garde, négligemment appuyé à sa voiture. Toute une partie d'elle-même désirait lui proposer d'entrer ; mais une autre lui murmurait qu'il valait mieux qu'il demeure à distance.

Elle se recoucha. Oui, plus elle le tiendrait à l'écart, mieux elle se porterait. Cependant, son agitation grandissait. Elle ferma les yeux ; impossible de dormir. Elle arrangea son oreiller, se leva, fit les cent pas dans la chambre, se recoucha et tapota de nouveau son oreiller.

Ce fut encore une longue nuit d'insomnie. Quand vint le matin, elle se sentait très faible. Le café lui-même avait un sale goût.

David se gara en face du club. Une heure auparavant, Sly l'avait appelé pour lui indiquer l'endroit où Spencer et lui se rendaient. Le club nautique étant très fréquenté, David, d'abord, ne s'inquiéta pas outre mesure. Et puis, sans raison apparente, l'anxiété grandit en lui. Après tout, il n'avait pas déjeuné au club depuis une éternité; pourquoi ne pas profiter de l'occasion pour les y rejoindre?

Il longeait l'immense piscine qui surplombait la jetée et ses bateaux de plaisance, fins et élégants comme des chevaux de course, quand il s'entendit héler. Il se retourna. Cecily Monteith lui faisait signe, allongée sur une chaise longue, des lunettes noires sur le nez et le corps luisant d'huile solaire.

— Toi alors, on peut dire que tu ne lâches pas ta protégée d'une semelle! Ça fait une éternité que je ne t'ai vu dans les parages.

— Normal. Ça fait une éternité que je n'ai pas mis les pieds au club.

Cecily regarda paresseusement autour d'elle.

— Moi, j'adore cet endroit. Surtout l'été : c'est bien pratique, on y donne des cours de voile aux enfants.

— Es-tu venue avec Sly et Spencer?

Cecily secoua la tête en riant.

— Le business, très peu pour moi! Ce que j'aime, c'est le farniente et le soleil. Je t'offre une boisson?

— Merci. Je pars à leur recherche.

— Un ennuyeux déjeuner d'affaires! fit-elle avec une grimace.

Soudain, son sourire se fit enjôleur. Elle pouvait se montrer tour à tour brutale, honnête, drôle parfois, et parfois douce. Et, quand ça lui prenait, très rosse. Elle n'avait guère changé depuis l'école supérieure, pensa David. Mais après tout, pas un d'entre eux n'avait dû changer au fond de lui-même; là où cela comptait vraiment.

— Assieds-toi un instant, suggéra-t-elle. Je voudrais te parler de Spencer. Elle m'inquiète.

— A quel sujet?

— Allons, assieds-toi rien qu'une minute !

Il s'assit. Une serveuse en short approcha. Il commanda une bière.

— Sly pense que Spencer court un danger, dit David. Mais je croyais que tous les autres le prenaient pour un parano.

— Oh, peut-être. Je n'en sais rien. Ce n'est pas la sécurité de Spencer qui me préoccupe... Je veux dire, elle a un merveilleux chevalier servant pour la protéger, non ?

— Cecily...

— Ne joue pas les rabat-joie. Je plaisantais.

On apporta sa bière à David. Tout en buvant, il prit conscience du fait que Cecily caressait avec plaisir l'idée de se trouver à demi nue en compagnie d'un autre que son mari. Elle était encore très séduisante. Quelle pitié de manquer à ce point de confiance en soi...

— Tu disais ? demanda-t-il, essayant de la remettre sur la voie.

— Eh bien, je la trouve drôlement mal fichue... Enfin, tu me comprends.

— Pas du tout. Que veux-tu dire, à la fin ?

Cecily soupira.

— Peut-être ai-je commis une erreur.

— Peut-être.

De nouveau, elle soupira.

— J'aurais probablement mieux fait de tenir ma langue...

— Trop tard, Cecily, tu en as trop dit ! Maintenant, ou tu parles, ou je t'étrangle !

— Oooh, j'adore quand tu me bouscules !

— Cecily...

— Allons, ne fais pas cette tête-là !

Elle attendit encore quelques instants, savourant son pouvoir sur lui.

— Eh bien, reprit-elle, n'as-tu pas remarqué qu'elle a laissé intact son repas chez Reva l'autre soir? Et Sly a fait un foin de tous les diables parce qu'elle n'a pas touché à son petit déjeuner, hier.

— Où veux-tu en venir?

Elle se pencha vers lui.

— Je serais curieuse de savoir qui elle fréquente, c'est tout. Je te le dis, preux chevalier, ma sainte cousine est dans une position délicate. Elle est enceinte, tu comprends? Et je donnerais cher pour savoir qui est le père. Danny est mort depuis trop longtemps pour qu'il s'agisse d'un enfant posthume.

Il l'aurait volontiers battue. Il se contenta toutefois de poser brutalement son verre et de se lever.

— Puisque tu brûles d'en savoir plus long, interroge donc Spencer. Mais, à mon avis, elle pourrait bien t'envoyer paître en te répondant que cela ne te regarde pas.

— Espérons seulement qu'elle ne considérera pas que ce ne sont pas non plus tes affaires, rétorqua Cecily d'un ton suave.

— Merci pour la bière, répliqua sèchement David.

Et, jetant sa veste sur son épaule, il se dirigea vers le bar.

16.

Convaincre Sly de l'inviter à déjeuner au club était une chose ; s'en débarrasser le temps de rencontrer Vichy en était une autre.

Enfin, prétextant des coups de téléphone à donner, Spencer réussit à s'éclipser au moment où il commandait les cafés. A partir de là, ce fut simple comme bonjour.

— Madame Huntington...

Vêtu de blanc des pieds à la tête, sa chevelure d'argent soigneusement coiffée vers l'arrière, tout fringant, Gene Vichy ôta ses lunettes noires en l'invitant à prendre place en face de lui.

Spencer s'assit. Elle le jaugeait du coin de l'œil. Un homme remarquable, vraiment. De beaux traits, les lèvres sensuelles, l'œil frais. A tout âge, il avait dû être le tombeur de ces dames.

Et peut-être même au sens propre du terme.

— Puis-je vous offrir un café ? Ou une boisson plus forte ?

— Je prends le café avec mon grand-père. Venez-en simplement au fait, monsieur Vichy.

— Mon Dieu ! Quelle petite créature pressée. Vous êtes plus énergique que votre époux, madame Huntington.

— Si vous n'avez rien à me dire...

— Simplement ceci : je n'ai pas tué votre mari.

Vichy se renversa contre le dossier de sa chaise.

— Je n'ai tué ni Vickie ni votre mari. C'est vraiment cocasse. On me soupçonne d'avoir tué ma femme d'un coup sur la tête, et d'avoir tiré sur votre mari. Ça ressemble à une partie de Cluedo, vous ne trouvez pas ? La femme dans la chambre à coucher avec un objet contondant, votre mari dans la rue avec un revolver. Seulement, la vie réelle ne ressemble pas à un jeu, madame Huntington. J'ai demandé à vous rencontrer parce que j'espérais que vous croiriez en la sincérité de mes propos. Je suis las du harcèlement de la police, et je voudrais vous convaincre de les prier de me laisser en paix. Et si ça ne marche pas, naturellement, je me verrai contraint de vous poursuivre en justice.

— Pardon ? s'exclama Spencer, interloquée.

— Vous avez fort bien entendu.

Elle se leva et le dévisagea avec incrédulité.

— Monsieur Vichy, laissez-moi vous dire que vous n'avez pas l'ombre d'une chance de gagner un procès contre moi. Je ne vous ai rien fait ! Aussi feriez-vous mieux de remballer vos menaces et...

— Il t'a menacée ?

C'était plus un grondement qu'une voix humaine. Tremblant intérieurement, Spencer se retourna.

David !

— Non..., commença-t-elle.

Vichy s'était à son tour levé. Très pâle, il dévisagea David.

— Si vous touchez un de mes cheveux, Delgado, je vous poursuis pour coups et blessures.

— Pauvre type... Si jamais tu t'avises de prononcer seulement le nom de Spencer, je te mets dans un état tel que tu ne seras plus en mesure de poursuivre quiconque en justice.

— David ! tenta d'intervenir Spencer.

Vichy sourit finement.

— Des menaces ? Vous les paierez cher.

— Je ne suis plus flic ! Tu ne pourras pas atteindre la police à travers moi, Vichy. Et tu sais quoi ? A ta place, je n'irais pas me fourrer entre leurs pattes !

— Monsieur Delgado, hélas ! la vulgarité de vos propos dénonce votre basse extraction. Les gens de votre espèce ne devraient pas être admis dans ce club.

— Monsieur Vichy, les gens de la vôtre ne devraient être admis nulle part. Et je peux vous assurer que je vais tout mettre en œuvre pour qu'il en soit ainsi ! Allons, viens, Spencer.

— David...

Qu'est-ce qui lui prenait donc ? Il serrait son bras à le broyer et marchait si vite que, juchée sur ses talons, elle parvenait à peine à le suivre.

Etait-il furieux parce qu'elle ne lui avait pas fait part de ce rendez-vous ? Impossible, elle pouvait très bien avoir rencontré Vichy par hasard. A cet instant, elle se rendit compte que David l'entraînait vers les bateaux.

— David, Sly est resté...

— Sly retourne au bureau, dit brièvement David. Toi, tu viens avec moi.

— Une minute, s'il te plaît...

— Pas question !

Elle ne regimba plus jusqu'à ce qu'ils eussent atteint le yacht de Sly. David connaissait bien le *Reckless Lady*, avec ses six couchettes et son confort ; ce bateau appartenait à Sly depuis une bonne quinzaine d'années.

— Grimpe, intima-t-il.

— Plutôt mourir !

— A ta guise. Je te tuerai de mes propres mains si tu ne montes pas !

Il sauta à la proue et lui tendit la main. Elle tenait là une occasion unique de s'échapper, mais craignit cependant qu'il ne la rattrape avant qu'elle rejoigne le club.

— Si tu crois que c'est marrant d'arpenter le pont d'un bateau en chaussures à talon...

— Tu gardes des vêtements en réserve à bord. Et plus de paires de chaussures que n'en possède Imelda Marcos.

— Je ne monterai pas.

— Viens !

Comme il lui tendait une nouvelle fois la main, elle la saisit et il la hissa à bord. Ensuite, il largua les amarres et la planta sur le pont pour aller à la poupe lancer le moteur. Elle le suivit avec d'infinies précautions. Le temps qu'elle arrive, il avait fait marche arrière, et le bateau, tournant le dos à son mouillage, se dirigea vers la baie.

— Où allons-nous ? cria Spencer, afin de se faire entendre par-dessus le rugissement du moteur.

— Tu le verras bien.

Toujours précautionneusement, Spencer descendit l'échelle qui menait aux cabines. Pour y accéder, on traversait la cuisine, puis le salon et la salle de jeu. De part et d'autre d'un couloir, se trouvaient deux petites cabines, et une plus grande au fond, sous la proue. David avait raison sur un point : elle gardait à bord, dans un placard, des vêtements confortables. Elle enfila un short, un débardeur et des tennis.

Quand elle regagna le pont, le yacht fendait régulièrement les flots. Spencer s'installa à la poupe, dans un fauteuil. Elle ne comprenait toujours pas ce qui lui arrivait. David ne pouvait se mettre dans un tel état à cause d'une rencontre impromptue avec Gene Vichy. Il fallait donc qu'il ait eu connaissance de son projet. Mais dans ce cas, pourquoi ne pas l'avoir empêchée de s'y rendre ?

Il se tenait face au vent, sans daigner la regarder. Enfin,

quand ils dépassèrent Bear Cut, il coupa le moteur. Une chaleur intense emplissait l'atmosphère. C'était une de ces journées d'été où l'air semble danser et grésiller. La réverbération du soleil sur l'eau faisait naître des myriades de diamants. Seule la molle ondulation des vagues troublait la surface de l'océan, et le bateau oscillait doucement.

David jeta l'ancre. Un îlot sableux, hérissé d'arbrisseaux, émergeait à faible distance.

— Maintenant, David, tu t'expliques, ou bien je te jure que je tente de regagner la côte à la nage!

— Très bien. Pourquoi me l'avoir caché?

Il s'agissait donc de son entrevue avec Vichy.

— Je ne t'ai rien caché du tout. Il m'a appelée, mais...

— De quoi parles-tu?

— Et toi?

— Qui t'a appelée?

— Explique-toi d'abord, s'entêta-t-elle.

— Ce petit jeu ne nous mènera à rien! s'écria David, impatienté.

Il portait un complet de toile dont il avait simplement ôté la veste. Il desserra son nœud de cravate et la fit glisser par-dessus sa tête. Enfin, il déboutonna sa chemise.

— Qui t'a appelée, Spencer? Vichy?

— Je...

Elle s'apprêtait à mentir, mais sous le regard qui s'attachait au moindre de ses gestes, elle comprit qu'il valait mieux avouer.

— Oui, Vichy m'a appelée vendredi. Il voulait me parler et a proposé le club comme lieu de rendez-vous. J'ai jugé préférable d'écouter ce qu'il avait à me dire.

— Quelle imprudence, Spencer! Il fallait absolument me mettre au courant. Comment veux-tu que je t'aide si tu t'obstines à jouer contre moi?

— Il se pouvait qu'il ait un renseignement précieux à me livrer.

David s'assit. Tête basse, il fourrageait dans ses cheveux. Enfin, il la regarda.

— D'accord, Spencer. Mais je t'en supplie, à partir de maintenant, faisons équipe ensemble.

— Traiteras-tu à égalité avec moi ?

— Spencer, je ne supporterais pas de te voir assassinée. Je dois au moins à Danny de te protéger !

— Je vois, dit-elle d'un ton neutre.

— Maintenant, nous allons jouer au jeu de la vérité.

— Si tu veux, répliqua Spencer, un peu troublée. Pourquoi...

— Non ! Moi d'abord. Quelles relations as-tu nouées depuis la mort de Danny ? Y a-t-il quelqu'un dans ta vie dont tu ne m'aurais pas parlé ?

— Comment ?

— Quelqu'un avec qui tu aurais couché.

Elle le dévisagea, abasourdie. Une main de glace lui broya le cœur.

— Comment oses-tu ? s'écria-t-elle, essayant de garder le contrôle d'elle-même. Tu n'as aucun droit...

— Je dois savoir, Spencer ! Il faut que tu me dises si tu as un amant.

— Tu m'accuses d'avoir une liaison avec un individu qui aurait tué Danny et tenterait à présent de m'assassiner ? C'est ça ?

— Non, dit-il simplement.

— Quoi alors ?

— Réponds à ma question, Spencer. Je t'en prie.

— Ça ne te regarde pas.

— Il se trouve que si ! rugit-il, soudain violent.

Spencer s'écarta. Elle ne l'avait pas vu dans cet état depuis... depuis le jour de leur rupture, dix ans plus tôt.

— Que le diable t'emporte, David ! Quoique je n'en comprenne pas le sens, je vais répondre à ta question. Il n'y a personne dans ma vie. Il y avait Danny, mais il est mort, et maintenant, il y a... Oh! tu sais bien. Voilà, es-tu satisfait ou dois-je prêter serment sur la Bible?

David détourna son regard, qui se perdit dans l'océan. Quand il parla, ce fut d'une voix grave et passionnée.

— Très bien, j'irai droit au but. J'espère que tu me croiras si je t'affirme que je ne cherche pas à m'immiscer dans ta vie; pourtant, il est une chose que tu dois savoir : je suis absolument opposé à un avortement.

— Quoi?

— Je sais tout. Cecily m'a appris que tu étais enceinte.

Par bonheur, un siège se trouvait derrière Spencer. Elle s'y laissa lourdement tomber.

— Quoi? répéta-t-elle.

— Cecily m'a appris...

— Mais..., commença-t-elle pour s'interrompre immédiatement.

David l'observa plus intensément. Plus il la regardait, et plus il était convaincu que Cecily avait vu juste. En même temps, il comprenait que Spencer n'avait nullement cherché à lui cacher la vérité; l'idée d'une éventuelle grossesse ne l'avait tout simplement pas effleurée.

Elle hocha la tête.

— C'est absurde! Comment Cecily pourrait-elle savoir ce que j'ignore? Et puis, nous nous voyons si peu. Je...

— Tu devrais aller te faire examiner.

— Que sais-tu de ces choses?

— Spencer! J'ai une sœur, des yeux pour voir. Et puis, zut! aujourd'hui, tout le monde est correctement informé! Achète un test de grossesse; tu seras tout de suite fixée.

— Oh, non... Pas un test! s'écria-t-elle.

Soudain, il s'alarma, car elle s'était mise à rire, tandis que des larmes inondaient ses joues. Elle enfouit son visage dans ses mains, resta un moment immobile, puis, relevant la tête, le regarda et se remit à rire.

— Spencer...

Il la prit par les épaules et la secoua doucement.

— Arrête !

— Tu... tu ne peux pas comprendre, bredouilla-t-elle. Non, tu ne peux pas !

Elle s'écarta brusquement de lui, traversa le pont en courant et se jeta à l'eau. En un éclair, David se débarrassa de ses chaussures et de ses chaussettes, et plongea à sa suite.

L'eau était chaude. Spencer nageait vers l'îlot, désert en ce lundi après-midi. Quand elle atteignit la plage, elle s'assit, serrant dans ses bras ses genoux pliés. Ses vêtements trempés lui collaient à la peau ; une algue pendait dans ses cheveux.

David la rejoignit.

— Spencer, s'il te plaît...

Il lui prit le menton et la força à le regarder. Ses magnifiques yeux bleus reflétaient une telle tristesse qu'il en eut le cœur brisé. Elle le détestait. La seule idée de porter son enfant la désespérait.

Lui lâchant le menton, il baissa la tête. Les talons de Spencer s'enfonçaient dans le sable. Un crabe traversa, non loin d'eux, l'étroite bande de sable.

— Je te l'ai dit : je n'ai aucune intention de m'imposer...

— Ce n'est pas ça.

Sa voix n'était plus qu'un souffle. Ses yeux brillaient de larmes contenues.

— Tu ne comprends pas, reprit-elle.

Elle se mordit la lèvre.

— Je ne sais si Cecily a tort ou raison...

Faux, songea-t-il. A présent, elle suspectait que Cecily disait vrai, il en aurait mis sa main au feu.

— ... mais je...

— Oui ?

— Je garderai l'enfant, s'il y en a un.

David sentit une faiblesse lui traverser tout le corps. « Merci, mon Dieu. Merci de cette faveur. »

Elle le dévisagea.

— Le jour de sa mort... Danny voulait annuler son rendez-vous avec toi. Il devait rentrer à la maison parce que... pour...

— Pour te faire un enfant, termina David.

Et son regard se perdit à son tour dans l'immensité bleue.

Elle tressaillit.

— Comment le sais-tu? s'exclama-t-elle, soudain farouche.

— Danny était mon ami, Spencer. Je savais que vous désiriez fonder une famille.

Il hésita, avant de reprendre :

— Ne t'ai-je pas trouvée nue, avec une cravate noire, ce jour-là?

— Ce n'est pas juste! Il voulait tellement un enfant. Et maintenant... Quelle mauvaise blague le sort nous joue.

Soudain irrité, David se leva et, la prenant par les épaules, la força à se mettre debout.

— Danny est mort; nous en éprouvons tous les deux beaucoup de chagrin. Nous l'aimions et nous n'aurions jamais voulu qu'il lui arrive le moindre mal. Seulement, Spencer, puisque tu l'aimais tant, souviens-toi de sa générosité! Rappelle-toi qu'il n'aurait souhaité que ton bonheur.

Spencer se dégagea et recula d'un pas. Elle ne voulait pas entendre ce discours. Pas de la bouche de David, et pas maintenant.

— Je veux rentrer, dit-elle.

— D'accord, mais nous devrons emprunter le même chemin.

Elle hocha la tête. En d'autres circonstances, il aurait peut-être souri. Le spectacle d'une Spencer Montgomery complètement désorientée n'était pas si fréquent.

Marchant dans l'eau, elle se mit à nager. Il la suivit mais s'arrangea pour atteindre avant elle l'échelle de poupe et lui tendre la main.

Elle marqua une légère hésitation.

— Allons, Spencer. Ne sois pas sotte.

De la colère dans le regard, elle saisit la main tendue. Sitôt à bord, elle se réfugia dans la cabine, où elle se doucha et se changea.

Juste avant qu'ils n'accostent au ponton du club, elle reparut, en robe jaune et sandales, le visage pâle mais le regard clair. Elle aida David à amarrer le bateau. Comme il sautait à terre sans la regarder, elle l'appela.

— David...

— Qu'y a-t-il?

— Je te prie de m'excuser. Je ne voulais pas me montrer si détestable. C'est seulement que je ne réussis pas à croire à la réalité de ce qui m'arrive. Laisse-moi un peu de temps, veux-tu?

Hochant la tête, David l'aida à sauter à quai près de lui. Elle se dirigeait vers le parking quand elle s'immobilisa. David, qui l'avait suivie, la rattrapa.

— Sly est parti avec ta voiture, lui rappela-t-il. Je te raccompagne.

Elle redressa les épaules, sur la défensive, mais, finalement, le suivit sans protester.

— Chez toi? s'enquit-il.

— S'il te plaît. Quoique... Je vais plutôt passer chercher ma voiture au bureau.

Elle semblait avoir repris pied dans le monde des vivants, se disait David, tout en traversant Coconut Grove. Déjà, le flux de la circulation s'épaississait. Un certain nombre d'écoles privées ayant fleuri sur le pourtour de la baie, bus de ramassage scolaire et voitures des parents venant chercher leurs enfants à la sortie des cours encombraient, en fin d'après-midi, les rues en lacets.

Le cœur de David se mit soudain à battre. Le monde était rempli d'enfants... Il avait toujours aimé les gosses, avec leur enthousiasme, leur confiance si totale qu'ils croyaient aux miracles. Un profond désir de paternité l'envahissait. Il voulait partager avec ses enfants le rêve de liberté qui avait animé son père, et celui de réussir en Amérique, que Michael MacCloud lui avait légué. Il désirait des enfants pour les voir grandir dans ce creuset de populations, où tout était possible.

A une époque, il avait même désiré en avoir avec Spencer.

David crispa ses mains sur le volant. Il ne voulait pas que, en les voyant trembler, Spencer devine combien il était ému.

Il la laissa à la porte des bureaux de l'entreprise Montgomery.

— A tout à l'heure chez toi, dit-il.

Elle acquiesça d'un signe de tête. Au moment où elle refermait sa portière, il la bloqua.

— Spencer ?
— Oui ?
— N'oublie jamais que tu es en danger. Je dois tenir la promesse que j'ai faite à Sly, même s'il ne te plaît pas de me voir.
— Je ne discute pas, répliqua-t-elle.

David demeura un moment immobile, fixant la porte par laquelle elle avait disparu à l'intérieur du bâtiment. Enfin, se secouant, il appela Jimmy.

— Peux-tu venir rapidement ? Il n'est plus question de la perdre de vue, ne serait-ce qu'une seconde !
— Je viens aussi vite que me le permettra la circulation.

David allait répliquer quand il se rendit compte que Jimmy était déjà en route. Avec un sourire, il coupa la communication.

Il avait une foule de choses à faire, se disait-il en démarrant. D'abord, il aimerait poser quelques questions à un certain M. Vichy. Ensuite, il lui fallait mettre la main sur Willie, joindre la police de Newport et faire le point avec ses anciens collègues de Miami.

Malheureusement, aujourd'hui, tout cela devrait attendre.

A sa sortie des bureaux, Spencer aperçut Jimmy. Elle lui adressa un signe de la main, tout en s'efforçant de paraître détendue, alors qu'intérieurement elle bouillonnait. Tandis qu'elle roulait en direction de son domicile, elle se demanda comment Cecily avait pu deviner son état avant elle. Evidemment, celle-ci pouvait aussi se tromper.

Il était vrai qu'elle ne se sentait pas dans son assiette ces derniers temps. Pas vraiment malade, mais pas à son aise non plus. Ce qui ne signifiait pas grand-chose.

Ce qui avait plus de sens, c'était ce retard, chez elle qui était habituellement réglée comme du papier à musique. Seulement, la perpétuelle tension dans laquelle elle vivait en ce moment pouvait avoir joué son rôle...

Parvenue devant sa porte, Spencer s'arrêta, et, tel un automate, descendit de voiture. Jimmy se gara derrière elle. Elle cherchait la bonne clé dans son trousseau quand, levant les yeux, elle découvrit David qui l'attendait, adossé à une colonne du porche. Il lui prit les clés des mains.

— David..., murmura-t-elle gauchement. J'ai vraiment besoin d'un peu de temps pour réfléchir...

— Moi aussi. Sauf que je tiens à savoir sur quoi je réfléchis.

— Ce qui veut dire ?...

— Qu'il nous faut interroger l'oracle.

— Mais je n'ai pas...

Il lui désigna le sachet de la pharmacie qu'il tenait à la main.

— Je l'ai acheté. Voici venue l'heure de vérité, Spencer. Fais le test. Ensuite, je te promets de te laisser tranquille.

A l'idée que le test pouvait se révéler positif, Spencer eut la sensation que son sang se retirait de son corps. Pour un peu, elle aurait éclaté de rire. Elle s'en garda toutefois, car elle savait les larmes trop proches.

Certain que Delgado avait repéré la bleue, il avait préféré changer de voiture et roulait à présent dans une vieille Mercedes noire.

De toute façon, il était désormais impossible de se garer près de chez elle. Sous un déguisement de releveur de compteur, il s'était frayé un passage dans les jardins du voisinage, arrachant suffisamment de branches pour obtenir une vue satisfaisante de la maison Huntington à partir de l'endroit où il se trouvait garé. Maintenant il pouvait décrire les allées et venues des véhicules et leurs horaires.

Il s'empara de son téléphone.

— Mme Huntington est rentrée. Delgado l'attendait à sa porte. Larimore est arrivé derrière elle et il est reparti presque aussitôt. Je pense que Delgado et Mme Huntington sont à l'intérieur pour la nuit.

— Qu'est-ce qui vous fait penser ça ?

Il ricana.

— Une intuition.

On parlementait à l'autre extrémité de la ligne. Enfin, l'ordre vint, bref :

— Restez sur place.

Il entendit le déclic du combiné. On avait raccroché.

Il continua d'observer la maison, se demandant s'il oserait approcher une nouvelle fois la clôture. Mais, pas si bêtes, ils ne retourneraient pas dans la piscine ! Ils savaient maintenant que la barrière ne protégeait pas leur intimité.

309

N'empêche, Delgado avait bien failli lui mettre la main au collet.

Qu'allait décider le boss au sujet de la femme ? Quel gâchis s'il décidait de l'éliminer... Lui, en tout cas, espérait bien saisir l'occasion de tenter sa chance avec elle auparavant !

Un peu énervé, l'imagination en feu, il descendit de voiture. La consigne était de ne prendre aucun risque ; pourtant, s'il pouvait l'apercevoir, fût-ce un instant... Après tout, il n'y avait aucun flic à l'horizon, et l'autre privé s'était déjà tiré. Quant à Delgado, il était bien trop occupé pour lui chercher noise.

Il dénicha un petit monticule qui lui permettrait de voir par-dessus la clôture.

Une branche craqua derrière lui ; il fit volte-face.

Trop tard !

Avec la violence d'un bélier d'acier, quelque chose s'écrasa sur sa figure. Le dernier bruit qu'il entendit avant de perdre connaissance, ce fut le craquement que fit l'os de son nez en se brisant.

17.

— C'est trop fort ! De quoi te mêles-tu ? Je ne te dois rien, et...
— Fais-moi plaisir.
— Pourquoi ?
— Parce que je m'évertue à te sauver la vie.
— Même avec la meilleure volonté du monde, ça me serait bien difficile. Les instructions précisent qu'on doit faire le test le matin.

Ils se tenaient dans la cuisine de Spencer. Sans aucun enthousiasme, elle s'était emparée du sachet et avait pris connaissance de son contenu.

Elle se versa un verre de vin, qu'il lui arracha des mains. Ensuite, elle voulut boire un soda de régime, ce qui déplut tout autant à David.

— Puis-je boire un verre d'eau ?
— Ça dépend. J'espère que la tuyauterie ne contient pas de plomb.
— Arrête, veux-tu ?
— Je n'arrêterai pas.
— Nous ne savons même pas si...
— Justement. Fais le test.

David lui prit la notice des mains.

— Il est indiqué qu'on peut faire le test plus tard dans

la journée, à condition de ne pas être dans les tout premiers jours de la grossesse.

Spencer lui arracha la notice.

— C'est le cas.
— Tu mens !
— Ça alors !

Ramassant le coffret, Spencer sortit de la cuisine et se dirigea vers l'escalier.

— Hé ! que crois-tu faire ? s'écria-t-elle quand elle s'aperçut que David l'avait suivie.
— Je n'ai pas confiance en toi.
— Tu n'iras pas plus loin, David. N'insiste pas !

Les doigts de David se crispèrent sur la rampe.

— Jure que tu seras honnête.

Elle hésita.

— Spencer ?
— Je te le jure...

Arrivée au premier, elle entendit le bruit du pas de David, arpentant la salle de séjour.

La préparation du test ne prenait qu'une minute, mais il en fallait trois pour obtenir le résultat. Spencer posa le tube sur la commode. Dans le miroir, elle surprit son reflet et fut tout étonnée de l'excitation qui brillait dans son regard. Oh ! si seulement les circonstances avaient été différentes...

Elle ferma les yeux. Tant d'émotions contradictoires l'agitaient ; elle avait la sensation qu'un volcan bouillonnait en elle. Au début, le choc l'avait ébranlée. Ils avaient tellement désiré un enfant, Danny et elle. Le fait qu'elle en attende un de David, et sans l'avoir prémédité, ressemblait à une mauvaise farce.

Et puis, elle avait peur. Pourquoi, elle ne savait pas exactement. Peut-être parce que l'amour que David et elle éprouvaient l'un pour l'autre avait été si fort qu'il avait tout détruit, sans pour autant mourir... A l'époque, ils n'avaient pu l'assumer, et à présent, Danny se dressait entre eux.

Quelles étaient les intentions exactes de David ? Il avait promis de ne pas s'immiscer dans sa vie, mais il exigeait qu'elle garde l'enfant. Espérait-il qu'ils parviendraient à oublier le passé et à regarder enfin vers l'avenir ?

Soudain, Spencer redescendit sur terre. Depuis combien de temps attendait-elle ? Un rapide coup d'œil à sa montre lui apprit qu'il s'était écoulé seulement une minute et demie.

Elle se passa de l'eau froide sur le visage.

Sur ces entrefaites, on tambourina à la porte d'entrée, et elle entendit David l'appeler.

David avait fermé la porte derrière lui en sortant. Il pensait aller faire un petit tour au fond du jardin, là où il était pratiquement certain d'avoir entraperçu une silhouette derrière les buissons.

Neutraliser ce bâtard n'avait pas été trop difficile. Bien sûr, il n'avait pas eu l'intention de lui fracturer le nez. Mais aussi, c'était la faute du type. A-t-on idée de tourner la tête au moment où un coup de poing s'abat sur vous ?

Il pesait lourd, le salopard, se disait David, suant sang et eau pour traîner l'intrus jusque dans la maison. Il pesait d'autant plus lourd que, plongé dans l'inconscience, il se laissait complètement aller. David possédait toutefois une expérience suffisante pour savoir qu'un poids mort peut redevenir vif en moins de temps qu'il n'en faut pour le dire. Aussi, dans l'attente que Spencer vienne lui ouvrir, attacha-t-il les mains de l'inconnu dans le dos avec sa propre cravate.

Enfin, la porte s'ouvrit. En découvrant l'homme au visage ensanglanté, Spencer poussa un cri d'horreur.

— Notre espion, dit David. Un Hispanique.

— J'appelle la police, murmura-t-elle.

— Attends !

— Mais pourquoi ?

— Apporte-moi de l'eau fraîche, une serviette et quelques cubes de glace.

— Mon Dieu ! Que lui as-tu fait ?

— Il a le nez cassé.

David soupira.

— Je ne voulais pas l'amocher, Spencer, mais rappelle-toi que cet individu nous aurait descendus sans sourciller. Il faut que je lui parle.

— Je n'en veux pas ici !

— Laisse-moi le tirer jusqu'à l'entrée. Pas plus loin, je te le promets. Et je t'en prie, apporte de la glace.

A contrecœur, Spencer se rendit à la cuisine tandis que David appuyait l'homme, toujours inconscient, contre le mur. Quand Spencer revint avec la glace enveloppée dans une serviette, David l'appliqua sur le visage du blessé, qui gémit. Un instant plus tard, ses paupières battaient et il essayait de se redresser. Quand il aperçut Spencer et David, il se remit à geindre.

— Qui êtes-vous ? interrogea David. Et pourquoi nous espionnez-vous ?

— *Batardo !* murmura l'homme.

Il voulut porter une main à son nez et s'avisa alors que ses deux poignets étaient attachés.

— Mme Huntington veut appeler la police.

— *Bueno.*

— Je lui ai conseillé de n'en rien faire. Je veux d'abord que vous m'expliquiez ce que vous fabriquez ici. Votre nez vous fait-il souffrir ?

L'homme se raidit. Le cheveu et l'œil noirs, la carnation olivâtre, il possédait effectivement toutes les apparences d'un Hispanique. Il se mordit l'intérieur de la joue tout en dévisageant David.

— Sous quel motif me feriez-vous arrêter, j'aimerais bien le savoir ! Vagabondage, violation de domicile ? Imbécile ! Combien de temps me tiendriez-vous en prison avec cela ?

— Maintenant que je n'appartiens plus à la police, j'ai les coudées franches ; et, pour cette raison, je ne suis pas pressé de vous faire embarquer. Je connais des tas de moyens de faire disparaître de la circulation des pourritures dans votre genre. Bon, je répète ma question : pourquoi nous espionnez-vous ?

L'homme jura en espagnol. Une imprécation très éloquente, que Spencer avait entendue tout récemment dans la bouche de David.

— Une dernière fois : que faisiez-vous ici ?

L'inconnu gardait le silence, David leva la main, comme pour le frapper. L'autre hurla, essayant, mais en vain, de se protéger le visage.

— Attendez !
— Alors ?
— Si je parle, je suis un homme mort.
— Pour qui travaillez-vous ?
— Vous ne comprenez pas : si je dis quoi que ce soit, je suis cuit.

David considéra l'homme d'un air pensif.

— Tu peux appeler la police, dit-il à Spencer.
— Je croyais que tu voulais savoir...
— Je sais. Il travaille pour Ricky Garcia. Appelle les flics. Et aussi un médecin. Son nez nécessite des soins.

Peu de temps après, un fourgon de la police se rangeait devant la maison. Cette fois, on ne posa pas de questions à Spencer ; elle se contenta de rester à côté de David pendant qu'il expliquait la situation. Quand on embarqua l'homme dans le fourgon, un jeune policier en uniforme prévint David :

— Nous avons très peu de charges à retenir contre lui, vous savez.

— Je vous parie n'importe quoi qu'il ne sera pas pressé de sortir. S'il refuse de se montrer coopératif, à tout hasard, cuisinez-le donc sur le meurtre de Danny Huntington.

— Vous pensez qu'il a trempé dans l'affaire ?

— Non, mais je suis persuadé que la surveillance qu'il exerçait sur la maison de Spencer est en rapport avec l'assassinat de Danny. Tenez Oppenheim au courant ; je serais curieux d'avoir son avis. Et avertissez-moi si le gars est libéré.

— Bien, monsieur Delgado. Madame Huntington, bonsoir.

— Bonsoir et merci, répondit Spencer, l'esprit en déroute.

Bientôt, la porte se refermait sur les policiers et l'individu, qui se nommait, selon ses dires, Hernando Blanco.

— Ils ont fait vite, commenta Spencer. Mais comment peux-tu être si certain qu'il s'agit d'un homme de Garcia ?

— Parce qu'il sait qu'il y passera s'il ouvre la bouche. Il y a autre chose.

— Quoi ?

— Un type autrefois en relation avec Garcia a trafiqué la voiture de location qui a failli nous tuer à Newport. Il a disparu immédiatement après l'accident ; mais les flics ont relevé ses empreintes et ont décortiqué sa fiche de renseignements.

— Et alors ?

— Tu ne trouves pas que c'est une drôle de coïncidence ?

— Tu penses donc que Ricky Garcia a tué Danny ?

— Ou fait tuer.

Spencer se sentait presque coupable du soulagement qui l'avait envahie. Si seulement Garcia pouvait être l'assassin ! Cela induirait au moins une chose : l'innocence de Jared.

Elle n'avait pas vraiment cru son cousin impliqué dans le meurtre, mais il l'avait tant effrayée, l'autre jour. Curieusement, elle se rappelait avec netteté l'avoir un instant soupçonné de vouloir se précipiter dans le vide...

— Pourquoi m'aurait-il espionnée ?

— Parce que tu pouvais te révéler dangereuse. Comme tu le dis toi-même, tu es responsable de l'emprisonnement de Delia. Ricky Garcia n'a sûrement aucune envie de se retrouver à son tour derrière les barreaux.

— Et maintenant, que va-t-il se passer ?

— J'aimerais avoir une nouvelle conversation avec Ricky. Et puis, compulser encore une fois les dossiers.

Il hésita.

— Danny gardait certainement des papiers ici ?

— Après son agression, j'ai remis les dossiers des affaires dont il s'occupait à Oppenheim.

— Ne resterait-il pas des notes plus personnelles ?

— Si, dit-elle lentement. Des coupures de journaux et autres documents... Ils sont restés dans son bureau.

— Je vais commencer par là.

A ce moment, il la dévisagea d'un air étrange.

— Alors ?

— Alors quoi ?

— Le test ?

— Le test ! s'écria Spencer en se ruant dans l'escalier.

317

A mi-chemin, toutefois, il la rattrapait.

— David, tu n'as pas le droit !

Sourd à ses protestations, il la dépassa, pénétra tel un bolide dans la salle de bains et découvrit le tube blanc sur le dessus de la commode. S'en emparant, il tourna le dos à la porte.

— C'est absolument..., commença Spencer qui arrivait derrière lui.

Mais comme il lui faisait face, ses yeux noircis, ses lèvres décolorées et ses traits durs et tirés, elle se tut.

— Positif, dit-il.

Positif...

Elle se rappelait encore ce jour où elle avait essayé un autre test et vu la petite ligne bleue lui annoncer que oui, le moment était venu. Et elle revit le visage de Danny, plus net que jamais.

Je suis au bleu, Danny! Je suis au bleu!

Et puis il était parti à la rencontre de David ; et l'univers s'était écroulé.

Tout se mit à tourner autour de Spencer. Et avant qu'elle n'eût compris ce qui se passait, l'obscurité s'abattit sur elle.

Ricky Garcia aimait South Beach. A ses yeux, il n'existait aucun endroit comparable au monde.

Ici, les cafés ouvraient largement leurs portes sur la brise délicieusement rafraîchissante de la nuit et l'on entendait en permanence le murmure du ressac.

Et, côtoyant la plage, il y avait la marée humaine qui allait et venait, aussi tumultueuse que la marée liquide. Où que le regard se posât, on voyait des gens marcher, seuls, à deux, ou par petits groupes. Les cheveux courts ou longs ; Hispaniques, Anglos, Allemands ou Canadiens ; touristes ou autochtones ; vêtus de cuir ou de dentelle ; tous déambulaient sous les néons, éclaboussés de mauve, de rose et de turquoise. Et les orchestres déversaient leur musique jusque sur les trottoirs, vibrations légères le jour, plus rythmées la nuit.

Et les femmes... Toutes ces femmes...

Des jeunes et des moins jeunes ; des blondes, des brunes et des rousses ; de grandes femmes superbement élancées ; femmes à la peau sombre — Haïtiennes, Brésiliennes, Honduriennes — et femmes à la peau blanche venant du Nord ; femmes en pantalon étroit, en mini-jupe ; femmes au bras de leur amant, femmes hantant les trottoirs...

Ricky les aimait toutes. Il aimait la nuit, il aimait la musique de jazz. Il aimait le café au lait servi sur toutes les terrasses. Souvent, il s'asseyait seul à une table, rassuré par la présence de ses deux gardes du corps, à quelques mètres derrière lui.

Il arrivait que la police se mêle de lui poser des questions ; pas trop fréquemment toutefois. Après la mort de Danny Huntington, ils s'étaient intéressés de près à ses activités. Idem quand sa veuve avait réapparu à Coconut Grove.

Pas plus tard que ce soir, deux flics étaient venus, et s'étaient installés en face de lui, lui gâchant la vue.

Mais comme ils ne pouvaient retenir aucune charge contre lui, ils lui avaient finalement fichu la paix. Le moyen de faire autrement ? Il utilisait les services d'excellents avocats, et cela ne l'aurait nullement gêné de traîner la police en justice.

Et voilà que sa tranquillité se trouvait encore troublée. Comme il allumait un fin cigarillo, un de ses hommes vint lui glisser à l'oreille :

— Hernando est à la prison du comté de Dade.

Son allumette flamba puis s'éteignit.

— Hernando est un imbécile, décréta-t-il. Et les imbéciles sont toujours plus utiles morts que vifs.

D'une chiquenaude, il balaya une minuscule peluche accrochée à la manche de sa chemise de soie grise.

L'homme inclina la tête et s'éloigna. Tout avait été dit.

Il était temps pour lui de prendre les choses en main, songea Ricky. Mais cela attendrait encore un peu, car pour le moment...

Il aperçut une fille, ses courbes généreuses moulées dans un pantalon de velours noir. Ses cheveux ondulaient, noirs comme du jais, et sur sa peau jouaient des reflets de bronze. Elle riait un peu bêtement, mais quelle importance... Il n'avait pas l'intention de passer sa vie avec elle.

Ricky leva la main. Un de ses hommes aborderait la fille et l'attirerait dans son appartement avec de belles paroles et quelques billets. Et elle viendrait.

L'intuition de Ricky ne le trompait jamais quand il s'agissait des femmes.

Et son jugement ne l'avait pas non plus trahi au sujet de Spencer Huntington.

Oui, il fallait agir maintenant.

Il s'en chargerait lui-même.

Cecily sortit de la douche fort mécontente d'elle-même. Une fois de plus, elle s'était trop longuement exposée au soleil. Quand parviendrait-elle à se montrer raisonnable ? Elle tenait donc à voir sa beauté l'abandonner définitivement ?

Son flacon de lotion à la main, elle tendit la tête par la porte entrouverte de la salle de bains. Allongé sur le lit devant la télévision, Jared zappait sans répit d'une chaîne à l'autre.

— Tu es rentré ! s'étonna-t-elle.
— Tu le vois bien.

Elle vint s'asseoir au bord du lit.

— C'est fait ? Tout est réglé ?
— Pas du tout.
— Enfin, Jared ! Elle a été absente du bureau la majeure partie de la journée...

Il roula sur le côté et la considéra. Cecily se fit la réflexion qu'il paraissait très las, fripé. « Beau quand même, ma foi. »

— Elle est rentrée après le déjeuner, une vraie tornade ! Je ne l'ai jamais vue dans cet état. Elle avait le nez partout en même temps ; les dossiers, l'ordinateur, tout y est passé. Si j'avais entrepris quoi que ce soit, j'aurais été dans de beaux draps !
— Il faut en finir, Jared ! Nos vies en dépendent...
— Et celle de Spencer...
— Oh ! ça suffit avec ta précieuse petite cousine ! Tu dois penser à nous, aux enfants. Ecoute, je crois avoir mis aujourd'hui Spencer dans un pétrin dont elle mettra quelque temps à se sortir. Profites-en pour régler cette affaire !

Poussant un sourd gémissement, Jared enfouit son visage dans l'oreiller.

— C'est bon, Cecily, dit-il d'une voix étouffée.

Il semblait épuisé. Comme un homme ayant atteint l'extrême limite de ses forces.

— Tout ira bien ensuite. Je te le promets. Après...

Cecily se rapprocha de lui, et il posa la tête sur ses genoux. Elle lui massa doucement les tempes.

— C'est drôle, Cecily. Je t'aime.
— Qu'y a-t-il de si drôle ?

— C'est peut-être devenu une habitude.
— Tu veux que je te confie quelque chose de vraiment marrant ?
— Mmm.
— Je t'aime aussi.

Il sourit. Puis, l'empoignant, il l'attira à lui pour l'embrasser.

Tout irait bien, oui. La vie serait de nouveau belle dès que Jared en aurait terminé avec Spencer.

Spencer ouvrit les yeux. Elle se trouvait allongée sur son lit, l'esprit encore tout embrumé. David, assis près d'elle, guettait son réveil.

— Ça va ? s'enquit-il.
— Oui. C'est seulement... que je n'étais pas bien préparée à la nouvelle.
— Je m'en suis aperçu. Bon, récapitulons. Nous faisons l'amour, et tu te mets à sangloter ; tu es enceinte et tu t'évanouis. Spencer, si tu n'y prends pas garde, tu vas me rendre cinglé.
— David...

Il se leva.

— Je sais, tu désires rester seule. Eh bien, puisque ça va, je te laisse.

Avec quelque difficulté, Spencer parvint à s'asseoir.

— Tu ne comprends pas.
— Le problème est que je ne comprends que trop bien. Je ne suis pas Danny et je ne le serai jamais. Et cet enfant n'est pas le sien, mais le mien. Le nôtre. Moi, cette pensée me rend heureux. Je veux des enfants, Spencer.
— Mais étant donné les circonstances...
— Je me fiche des circonstances, déclara-t-il en se dirigeant vers la porte.

— David !

Il s'arrêta, sans se retourner.

— Tu ne comprends pas, reprit-elle. Ce bébé, moi aussi je le veux.

David sentit un frisson de joyeuse excitation lui parcourir le corps. Mais il n'osa pas revenir vers elle. Il craignait trop de se livrer à quelque débordement.

— Je voudrais que tu saches une chose, Spencer. Au cas où cela t'aiderait...

Il dut s'interrompre : la respiration lui manquait.

— Je t'aime, reprit-il, s'efforçant d'adopter un ton mesuré. Je n'ai jamais cessé de t'aimer. Souviens-t'en quand tu réfléchiras à ta situation, je t'en prie.

Il sortit et referma doucement la porte derrière lui. Il tremblait. Encore tout étourdi, il gagna le rez-de-chaussée. Dans la cuisine, il trouva le verre de vin de Spencer et l'avala d'un trait.

Spencer portait son enfant. Il allait être père. « Elle peut encore changer d'avis », se rappela-t-il. Pourtant, il savait qu'elle n'en ferait rien. Spencer aimait beaucoup trop les enfants pour ça.

Danny et elle avaient tellement souhaité en avoir.

Ce douloureux rappel fit grimacer David. Il se dirigea vers une porte-fenêtre, et contempla la piscine. Il lui semblait entendre la voix de Danny, son rire...

L'espace d'un instant, il ressentit, comme Spencer précédemment, la cruelle ironie du sort. Enfin, elle était enceinte. Mais malheureusement, de *lui*.

Il ferma les yeux, déchiré.

Et puis soudain, cadeau inattendu, la paix descendit dans son cœur. Il n'avait pas menti à Spencer. Il l'aimait vraiment. De même qu'il avait aimé Danny, son meilleur ami, qu'il avait connu mieux que quiconque.

Danny aurait été bien incapable de leur reprocher leur bonheur.

323

— Il faut en finir avec ça ! dit-il à haute voix.

Très bien. Il aimait Spencer, rien d'autre ne comptait. Elle mettrait au monde son enfant et, contre vents et marée, elle deviendrait enfin sienne.

Tout ce qu'il avait à faire était de la garder en vie jusque-là...

18.

C'était bien de David de se comporter ainsi, se disait Spencer. D'abord, il l'avait entraînée sur ce bateau, ensuite, il l'avait forcée à faire le test de grossesse, et enfin il lui avait avoué qu'il l'aimait encore. Après quoi, il était parti.

Enfin, pas complètement. David travaillait pour Sly ; il ne la livrerait certainement pas à elle-même.

Elle le retrouva un peu plus tard en bas, et il eut le bon goût de s'abstenir de toute remarque personnelle. Comme il souhaitait examiner ce qui restait des papiers de Danny, elle l'amena dans le bureau de ce dernier.

En dépit des apparences, Danny était organisé. Il prétendait souvent qu'il existait une certaine logique dans son désordre. Et ce devait être vrai, car il trouvait toujours immédiatement ce qu'il cherchait.

— Il n'y a vraiment rien d'intéressant, tu sais, dit Spencer à David.

— Je crois que si. Autrement, pourquoi chercherait-on à pénétrer ici ?

— Le type se contentait de surveiller les abords de la maison.

— Harris en a vu un qui entrait dans la propriété.

— Phénomène courant dans les grosses agglomérations. Et puis, je croyais qu'on était censé me tuer ?

— Mon idée, c'est qu'on te veut du mal, mais aussi qu'on essaie de pénétrer chez toi.

— Pourquoi maintenant, alors que la maison est restée inoccupée des mois pendant mon séjour à Newport ?

— Parce qu'*on* n'en a pas vu la nécessité avant que tu viennes remuer la vase.

David s'empara de classeurs, qu'il fourra sous son bras.

— Je vais commencer par ça.

Quittant la pièce, il se dirigea vers la porte d'entrée.

— Tu pars ? demanda Spencer.

— Ecoute, mes vêtements sont tout imprégnés de sel, et je suis fatigué. En outre, j'ai promis de te laisser tranquille. Et puis, pour dire toute la vérité, j'éprouve moi-même le besoin de prendre un peu de champ.

Il partit donc, confiant Spencer à la garde de Juan.

Le lendemain mardi, ce fut Jimmy qui accompagna la jeune femme jusqu'aux locaux de l'entreprise.

De son côté, Spencer avait réellement besoin de réfléchir. Un instant, elle avait le sentiment d'avoir trahi Danny, par la pensée et par les actes. Celui d'après, elle réussissait à recouvrer un peu de bon sens. Il lui semblait qu'il existait quelque part un fait qui lui échappait, quelque chose qu'elle aurait dû savoir, comprendre. Si seulement elle pouvait toucher du doigt cette mystérieuse réalité, tout irait mieux ensuite...

Chaque fois que ses pensées et ses émotions oscillaient ainsi tel un pendule, elle éprouvait le besoin de voir David. Elle aurait voulu le secouer, lui demander s'il l'aimait *vraiment*. Bien sûr, elle savait qu'il existait un lien entre eux, un attachement que ni le temps ni l'éloignement n'avaient pu détruire, et qui reprenait violemment ses droits à la première occasion. Cependant, était-ce de l'amour?

Ce matin-là, elle se révéla incapable de se concentrer sur son travail. Pourtant, elle dut revenir sur terre en recevant un appel de Sandy, qui lui faisait part d'un problème concernant l'acquisition de sa nouvelle propriété. Spencer avait tiré un chèque sur son compte personnel pour le paiement comptant de la maison; or, pour une raison mystérieuse, la banque en avait refusé le débit.

— Je ne comprends pas, avoua-t-elle à Sandy, les sourcils froncés.

Elle mit en route son ordinateur et consulta le fichier des comptes. L'écran lui confirma qu'elle possédait bien la totalité de la somme.

— Le vendeur est sur des charbons ardents, déclara Sandy, très contrariée. Ne peux-tu puiser dans un autre compte?

— C'est ce que je vais faire. Je te fais parvenir le chèque immédiatement.

Sly ne verrait aucun inconvénient à ce qu'elle lui emprunte la somme nécessaire, se disait Spencer. Cependant, il n'était pas question de le faire sans son accord. Sous le regard inquisiteur d'Audrey, elle courut donc trouver son grand-père.

— Sly, j'ignore ce qui se passe avec mon compte; mes chiffres ne coïncident pas avec ceux de la banque. En attendant que je tire cette affaire au clair, pourrais-tu me prêter de l'argent? Il s'agit d'une somme plutôt rondelette.

Sly leva un sourcil.

— Mon argent est le tien, Spencer, tu le sais. Mais explique-toi. Le compte en question, est-ce l'assurance vie que Danny avait contractée?

— Non. Celui-là, je n'y ai jamais touché.

327

— Pourquoi ? Il t'était destiné.
— Je n'en veux pas, Sly. A mes yeux, il est taché de sang. Je n'ai pas encore décidé ce que j'en ferai. Je crois que je le partagerai entre un hôpital pour enfants et la fondation des orphelins de la police.

Sly hocha la tête.
— Cela représente beaucoup d'argent, Spencer.
— J'en ai bien assez pour vivre, répliqua-t-elle d'un ton léger. Je ne suis pas aussi dépensière que les gens se le figurent !

Le vieil homme sourit.
— Pourquoi David fulminait-il ainsi, hier ? demanda-t-il, la prenant au dépourvu.
— Je...

Elle s'interrompit. Elle ne pouvait parler de sa grossesse avec personne ; pas même avec Sly. Surtout pas avec lui. Elle éprouva une brusque envie de rire en imaginant l'expression de sa mère lorsqu'elle apprendrait la nouvelle. « Je sais ce que tu ressentais à l'idée que je puisse épouser David, maman. Maintenant, tu peux dormir sur tes deux oreilles. De mariage, il n'est pas question entre nous. Je porte simplement son enfant illégitime. » Ah, pas de doute, la nouvelle serait bien accueillie !

Pour l'heure, il lui fallait trouver quelque chose à répondre à Sly.
— J'ai rencontré Gene Vichy au club.
— Par hasard ?
— Non. Il m'avait demandé de lui accorder un rendez-vous.
— Je vois.
— C'est tout ? Tu ne me traites pas de folle, d'écervelée, de je-ne-sais-quoi ?
— Est-ce bien utile ?
— Ecoute, je n'ai commis aucune imprudence. Il voulait juste m'assurer de son innocence.

— Tu n'imagines tout de même pas qu'il t'appellerait pour avouer son crime ?

— On ne sait jamais. Il aurait pu laisser échapper un détail intéressant.

— Il paraît que David a coincé un rôdeur dans ton jardin. Un individu qui travaillerait pour Garcia.

— David en est convaincu.

— Il a sûrement raison.

Sly marqua une légère hésitation avant de reprendre :

— Je viens de m'entretenir avec David. On a retrouvé l'homme pendu dans sa cellule, ce matin. Ses trois compagnons n'ont rien remarqué.

Spencer fut soudain prise d'une incoercible nausée.

— Excuse-moi, je te prie, balbutia-t-elle.

Et elle se rua hors de la pièce. Un moment plus tard, elle repassait devant Audrey et se glissait dans son bureau, dont elle referma la porte. Elle y demeura appuyée, la joue collée contre la fraîcheur du bois.

Et soudain, comme alertée par un sixième sens, elle sentit une présence. Toute frissonnante, elle se retourna.

— Jared !

— Je dois... te parler, Spencer.

Elle s'assit, très mal à l'aise, et lui indiqua un siège. Il était d'une pâleur mortelle.

— C'est moi qui ai pris l'argent, Spencer.

— Comment ?

— Des dettes de jeu. Tu étais absente, et je ne pouvais me confier à Sly. Tu comprends, je ne suis pas sa précieuse petite-fille, ajouta-t-il d'un ton rempli d'amertume. Je suis navré, Spencer, il faut me croire. Tu sais, j'ai toujours eu l'intention de te rembourser jusqu'au dernier centime...

Une vague de froid envahit Spencer. Un moment s'écoula avant qu'elle puisse articuler une parole.

— Avais-tu l'intention de me pousser par-dessus la balustrade, l'autre jour ? finit-elle par demander.

— Que dis-tu ?

— Tu m'as bien entendue. Voulais-tu me supprimer, Jared ?

— Dieu du ciel ! Non, Spence !

Il laissa retomber sa tête dans ses mains.

— Non ! Non, je te le jure ! C'est donc à ça que tu pensais ? Un instant, l'idée m'a traversé l'esprit de faire le grand saut, mais te tuer... Jamais je ne supporterais de te blesser, Spence. Pour rien au monde.

Elle se recogna dans son fauteuil, ne sachant plus que croire.

— Pourquoi n'es-tu pas venu me confier tes ennuis ?

— Tu étais toi-même au fond de l'abîme quand c'est arrivé, c'est-à-dire peu de temps après la mort de Danny. Tu n'étais pas en état d'écouter qui que ce soit. Ensuite, tu es partie vivre à Newport. Je ne pouvais tout de même pas ponctionner les comptes de Sly. Il a beau être âgé, il a conservé toute sa vivacité d'esprit.

Jared se leva. Son visage défait paraissait soudain vieilli.

— Dans un premier temps, je n'ai rien dit à Cecily. Nous avons d'ailleurs failli divorcer. Elle s'imaginait que j'entretenais une liaison.

— Cela n'est jamais arrivé ?

— Une aventure passagère, admit-il d'un air gêné. Ça s'est passé quand j'ai commencé à jouer. Par la suite, j'ai avoué à Cecily — pour le jeu, du moins. Quant au reste, je l'ai tu. Je ne supportais pas l'idée de voir mon mariage s'écrouler. Tu comprends, les années passent, et la monotonie s'installe ; alors on recherche la nouveauté, quelque chose qui mette du piment dans l'existence. Mais j'aime ma femme. Et tu connais Cecily. Si j'avais eu le malheur de tomber en disgrâce, je ne suis pas certain qu'elle m'aurait accompagné dans la débine. J'ai parlé de mes ennuis avec mon père, bien sûr. Hélas, étant à la retraite, il ne pouvait guère m'avancer la totalité de la somme que je devais. Je pensais vraiment arriver à te rembourser avant que tu ne découvres mon larcin, mais tu m'as pris de court en décidant d'acheter cette stupide maison. Si tu avais patienté, ne serait-ce que quelques jours, tout serait rentré dans l'ordre.

Anéantie, Spencer dévisageait son cousin. Il fit le tour du bureau, vint s'agenouiller près d'elle et prit ses mains dans les siennes.

— Spencer, je suis navré; il faut me croire. Comment as-tu pu me soupçonner de vouloir te faire du mal?

Peut-être parce qu'elle désirait intensément y croire, elle conclut à sa sincérité. Elle laissa échapper un long soupir.

— Comment es-tu parvenu à restituer l'argent?

— Cela m'a pris du temps. J'ai vendu le terrain de Jupiter. Par chance, j'ai triplé la mise de fonds.

Jared baissa les yeux.

— J'ai dû aussi prélever de l'argent sur les économies destinées aux études des enfants. Enfin, là aussi, tout est rentré dans l'ordre... Vas-tu mettre Sly au courant?

Spencer secoua négativement la tête. Jared eut un sourire amer.

— Tu attends peut-être de récupérer l'entreprise pour me virer?

— Je pourrais attendre longtemps! Sly est solide comme un roc. Quand il partira, nous serons tous deux vieux et séniles. Et alors, j'aurai probablement tout oublié!

— Merci, Spence, murmura Jared.

Il se dirigea vers la porte. Au moment de sortir, il se retourna une dernière fois.

— J'ai travaillé dur pour la boîte, tu peux me croire. Et je suis pour beaucoup dans sa prospérité. Je connais l'architecture presque aussi bien que toi, et j'ai mis mon cœur et mon âme dans la balance. Si je te dis ça, c'est que je ne voudrais pas avoir l'air de mendier.

— Je ne l'ai jamais pensé, Jared.

Il hocha la tête. Elle sentit qu'il voulait ajouter quelque chose mais ne trouvait pas ses mots.

— Deux choses, Jared. Si jamais tu as de nouveaux ennuis, viens me trouver. Tu peux tout de même te permettre d'être franc avec ta cousine!

— Entendu. Et la seconde?

— Ne me parle plus jamais de cette histoire. Et aussi: ne t'approche plus des balustrades; tu aurais pu me faire mourir de peur.

Il avala péniblement sa salive.

— Merci, Spence.

— Ce mot non plus, je ne veux plus l'entendre.

Hochant la tête, Jared sortit. La porte refermée sur lui, Spencer baissa les yeux sur ses mains qui tremblaient. Avait-il dit la vérité? *Toute* la vérité?

Il le fallait. Ce serait trop triste autrement.

David s'assit en bâillant à son bureau. Il but son café, cligna des yeux et considéra les papiers épars devant lui.

« Une mère chatte n'y retrouverait pas ses petits », se dit-il.

Danny avait conservé des dizaines et des dizaines de coupures de journaux, certaines relatant des morts mystérieuses, d'autres concernant des violations de sépultures attribuées à Delia et à ses adeptes.

Delia. Continuait-il à diriger son empire derrière les barreaux de sa prison? David en était persuadé. Ce qui ne signifiait d'ailleurs pas qu'il ait tué Danny ou veuille supprimer Spencer.

David se remit à trier les papiers. Il tomba sur un article traitant d'une affaire de sorcellerie qui avait eu lieu sous le règne de Louis XIV. La maîtresse du Roi-Soleil elle-même avait été impliquée. Elle aimait jouer de différentes potions ; hélas, certains aphrodisiaques qu'elle employait s'étaient révélés des poisons mortels. Cette femme avait évité le châtiment. Elle avait perdu l'affection du roi, bien sûr, mais qu'était une telle punition, comparée au sort des dizaines d'autres qui avaient péri sur les bûchers ?

David écarta l'article. Après quelques secondes de réflexion, il le reprit toutefois et le relut plus attentivement. Il aurait aimé savoir si ces sorcières dévalisaient les cimetières et utilisaient des organes humains, mais il ne trouva rien sur le sujet.

Encore des coupures. Qui évoquaient des crimes imputés à Ricky Garcia.

Et puis, des articles sur la mort de la richissime épouse de Gene Vichy, qu'on avait trouvée sans vie, affaissée contre la cheminée de son élégante chambre. En dépit des trésors que recelait la superbe demeure de Bayshore Drive, seuls les diamants avaient disparu. Aucune autre empreinte que celles des habitués de la maison n'avait été relevée. L'arme du crime était une statuette qu'on avait retrouvée sur le manteau de la cheminée. Cependant, le meurtrier avait sans doute pris la précaution de se munir de gants car on n'y avait relevé que les empreintes de Mme Vichy et de la femme de ménage. Gene Vichy était absent au moment du crime ; et personne n'avait jugé bon d'inquiéter la femme de ménage.

Avec une certaine lassitude, David se frotta les yeux. Puis il appela Reva par l'Interphone.

— Serais-tu assez gentille pour m'apporter une tasse de café ?

Il entendit le rire léger de sa sœur.

— Café cubain, grand frère ? Tu as besoin d'un remontant ?

— N'importe quoi, pourvu que ce soit bourré de caféine !

Il raccrocha et considéra un moment les coupures. Enfin, il feuilleta ses propres notes.

Vichy avait tué sa femme ; de cela, il était certain. Cependant, il semblait bien qu'on fût en présence d'un crime parfait, puisque Vichy se trouvait au club nautique, à l'heure de la mort. Des dizaines de témoins avaient attesté de sa présence.

Peu importait, de toute façon. Vichy avait commandité le crime. Malheureusement, il avait fait un sacré bon boulot : ni les enquêteurs de la brigade criminelle, ni les sbires du procureur, ni aucun détective privé engagé par la famille de la victime n'avaient pu prouver quoi que ce soit.

Le jour où il avait été tué, Danny devait justement l'entretenir de cette affaire. Il espérait qu'ils parviendraient à un résultat en joignant leurs efforts.

Quand Reva entra, une tasse de café à la main, David se massait la nuque.

— On dirait un revenant, constata-t-elle, se juchant sur le coin du bureau.

Il lui prit la tasse des mains, et regarda un instant l'épais, riche et sirupeux café cubain, juste chaud. Puis il n'en fit qu'une gorgée.

— Tu espères toujours résoudre cette affaire, mais il faudrait te montrer réaliste. Tant de temps s'est écoulé depuis la mort de Danny ; accepte l'idée que sa mort puisse demeurer une énigme.

— Impossible.

— Pourquoi ?

— Parce que, tant qu'on ne tiendra pas l'assassin, Spencer courra un danger.

Reva hésita un instant avant de demander :

— Il s'agit de la sécurité de Spencer ou de votre avenir commun ?

Il s'apprêtait à répliquer, mais finalement haussa les épaules.

— Les deux, admit-il.

A la porte, Reva se retourna.

— David ?

— Mmm ?

— Un jour, je t'ai dit des choses pas très gentilles sur Spencer.

— Oui, et alors ?

— Je les retire.

David sourit. Après le départ de Reva, il tenta de se replonger dans son travail. Cependant, les lettres dansaient sous ses yeux. Pris d'une subite inspiration, il décrocha le téléphone et composa le numéro d'Oppenheim. Il dut attendre plusieurs minutes avant d'avoir le lieutenant en ligne.

— Que vous arrive-t-il encore, Delgado ? Habituellement, ceux qui quittent mon équipe me fichent ensuite une paix royale !

— Rendez-moi un service. Ordonnez l'exhumation du corps de Vickie Vichy.

— *Quoi ?*

— S'il vous plaît, lieutenant. C'est très important.

— Ça ne va pas ? La mort a été causée par un objet contondant. On a retrouvé l'arme près du corps, avec des traces de sang. Vraiment, je ne vois pas ce qu'une autopsie...

— Personne n'a recherché le poison. Un produit qui agirait de manière très insidieuse.

Oppenheim demeura quelques instants silencieux.

— Si nous ne trouvons rien, Gene Vichy mettra la ville à feu et à sang.

— J'ai étudié les papiers personnels de Danny. J'ai dans l'idée qu'il était sur une piste.

— Vichy a engagé un tueur, nous le savons. Mais les preuves manquent.

— Il a pu y être contraint parce que le poison n'agissait pas assez vite. Je vous en conjure, lieutenant...

— J'y réfléchirai, Delgado.

— Le temps presse.

Un déclic lui apprit que la communication était coupée. Quelques secondes plus tard, Reva appelait.

— Willie le mouchard en ligne 2, annonça-t-elle.

— Willie! Mais où étais-tu donc passé?

Il y eut un silence au bout du fil. Durant un angoissant instant, David crut que le jeune homme avait raccroché.

— Bon sang, Willie! Tu es toujours là? J'ai traîné des heures sous ce maudit pont dans l'espoir de te trouver, alors mieux vaut pour toi rester en ligne!

— Pourquoi avez-vous fait ça? demanda Willie, perplexe.

— Pourquoi? Mais parce que j'avais besoin de renseignements, tiens!

Il aurait juré que Willie haussait les épaules.

— A ce qu'il paraît, vous fréquentez beaucoup la veuve Huntington? Elle sait où me trouver, elle.

— Que dis-tu?

— Eh bien, Danny lui avait expliqué comment me joindre. Elle collaborait peut-être avec lui, je ne sais pas moi.

— Elle a pris récemment contact avec toi?

— Et comment! répliqua fièrement Willie. D'où croyez-vous qu'elle ait eu le tuyau du cimetière?

David gronda intérieurement. Une chance que Spencer ne se trouve pas sous sa main, il ne se serait pas privé de lui dire ce qu'il pensait d'elle !

Il se reprit. Pas question ; ce n'aurait pas été bon pour le bébé.

— Pourquoi m'appelles-tu, Willie ?
— Pourquoi teniez-vous à me voir ?
— Toi d'abord !
— J'ai besoin d'argent. Et comme je pense avoir quelque chose qui pourrait vous intéresser...
— Vas-y.
— Vous me paierez ?
— Tu le sais très bien.
— Mme Huntington est plus généreuse que vous.
— Ah oui ? Eh bien, je te préviens : si tu n'acceptes pas mes conditions, te peux tout de suite te commander un dentier !

Willie médita ces paroles, puis il soupira.

— Vous êtes très persuasif, monsieur Delgado. Voilà : Ricky Garcia a posté un homme devant chez Mme Huntington depuis son retour.

David serra les mâchoires.

— Je le sais, merci. L'homme est mort.
— Vous l'avez descendu ?
— Non. Il s'est pendu en prison.

Willie était impressionné.

Il y eut un silence.

— Autre chose, monsieur Delgado, reprit-il. Ricky Garcia veut votre peau. Il l'a mentionné à plusieurs reprises, et vous savez comment ça marche.
— Je suis assez grand pour me défendre. Ensuite ?
— Selon certaines sources, il voudrait juste parler à la veuve de Danny. Il aurait des informations qu'il ne veut communiquer qu'à elle. Pas aux flics, surtout.
— Je ne suis plus flic.

— Ça ne change rien. Pour lui, vous continuez de puer le poulet !

— C'est tout ?

— Oui. Ouvrez l'œil, n'est-ce pas ? Et le bon.

— Naturellement. Willie...

Mais on avait déjà coupé la communication. David considéra un instant le combiné avant de raccrocher. « Sois sans crainte, Willie. J'ouvrirai l'œil, et *le bon* ! »

Il savait Jimmy en faction, ce qui ne l'empêcha pas d'avoir un sentiment de malaise. Il se leva, et quitta précipitamment son bureau.

— Je vais à l'entreprise Montgomery, dit-il à Reva en passant. J'ignore combien de temps je serai absent. Si tu as besoin de moi, essaie le téléphone de voiture ou bien le numéro de Spencer.

Quelques instants plus tard, David démarrait. En atteignant les locaux, il constata que ni la voiture de Spencer ni celle de Jimmy n'étaient en vue. Il jaillit hors de sa voiture et se précipita jusqu'au bureau d'Audrey.

— Où est Spencer ?

— Voyons, monsieur Delgado, Mme Huntington a droit à un peu d'intimité.

Toutefois, devant l'expression de David, Audrey fronça les sourcils.

— Un problème ? Si vous m'expliquiez...

De la porte de son bureau, Sly avait surpris l'échange.

— Spencer est rentrée chez elle. Elle a rendez-vous avec son agent immobilier, dit-il.

— Merci ! jeta David, prêt à repartir.

— David..., cria Sly, d'un ton angoissé. Que se passe-t-il ?

— Rien de grave, répliqua David, grimaçant un sourire. Je pensais simplement prendre la relève de Jimmy.

Jared émergea à son tour de son bureau.

— Des ennuis, David ?

— Non, non, assura David, sans toutefois interrompre son mouvement vers la sortie.

Son pas se faisait même plus rapide à chaque enjambée.

David ne croyait pas aux pressentiments. Cependant, il avait été assez longtemps policier pour savoir qu'on ne perdait rien à écouter son instinct. Et son instinct lui soufflait qu'il ferait mieux de se hâter.

Durant le trajet qui le séparait du domicile de Spencer, David maudit la circulation. Et quand il arriva en vue de la maison de Spencer, son cœur se mit à battre sourdement, tandis que ses paumes se couvraient de sueur. Il prit le virage sur les chapeaux de roues, s'immobilisa dans l'allée, et, saisissant son revolver, sortit précipitamment de la voiture.

En son for intérieur, il priait pour qu'il ne soit pas trop tard.

— Des armes David?

— Ken, non, laissa David, sais-tu acheter une arme sur une péniche dans la Seine.

— Sois prudent, je ne voudrais pas, qu'on te touche quelque chose...

David ne croyait pas une grande chose à ce qu'il avait dit à son interlocuteur, pourtant il fit en sorte que ce dernier n'ait rien. Il en sortirait, en tout cas qu'il ferait mieux de se taire.

Quand il rejoignit ses compagnons il trouva Ada et Serge, David debout à côté d'eux, souriant. Chacun s'empara de l'une des deux pelles et de la lance, et lui prit la lance... Il fit signe à ceux qui ne pouvaient se tenir dans la soirée. Il prit la valise sur les épaules, Serge les armes, et se pencha. Ada, elle, se saisissent du revolver, Serge accompagné les mains de la housse.

En tout cas l'intéressé n'avait pas que ne soit pas long.

19.

Spencer ne tenait plus en place. Depuis la confession de Jared, elle ne pensait plus qu'aux notes de Danny. David avait pensé leur trouver de l'intérêt ; cependant, il n'avait pas tout emporté. Peut-être pourrait-elle tirer quelque renseignement des documents qui restaient.

Elle fit part de son intention de rentrer chez elle à Sly et à Audrey, puis se dirigea vers le parking où l'attendait Jimmy.

— Salut, Jimmy ! Je rentre.
— Très bien.

Pourtant, sans songer à monter dans sa voiture, elle le considéra, légèrement perplexe.

— Cela ne vous ennuie pas de me surveiller en permanence ?

Il sourit.

— J'ai fait pire !
— Ah bon ?
— Il m'est arrivé de devoir filer d'affreuses bonnes femmes.
— Je vois.
— C'était juste une plaisanterie, s'empressa de préciser Jimmy.
— Dans ce cas... A la maison, James !

Spencer se glissa dans le flot de la circulation. Un bus scolaire roulant devant elle la ralentissait, mais cela importait peu. On était en zone à vitesse limitée, et puis elle n'était pas pressée.

Quand le bus s'arrêta un peu plus loin, Spencer dut l'imiter. A ce moment, un second bus s'immobilisa derrière elle, et elle se trouva prise en sandwich entre les deux mastodontes et coupée de Jimmy.

Puis les véhicules se remirent en branle. Prenant son mal en patience, Spencer finit par atteindre l'embranchement de son allée. Toutefois, lorsqu'elle descendit de voiture, elle s'étonna de constater que Jimmy ne l'avait pas rejointe. A la place du véhicule familier, une Mercedes noire d'un modèle récent se gara derrière sa voiture, la bloquant.

Spencer regarda autour d'elle. Un silence de mort régnait sur le quartier. Personne en vue ; tous ses voisins se trouvaient encore sur leur lieu de travail.

Elle se hâta vers la porte d'entrée. Deux hommes surgirent alors de la voiture et avancèrent vers elle d'un pas pressé. Spencer se mit à hurler, puis partit en courant, bien déterminée à atteindre sa porte. Mais, plus rapides, les deux hommes la saisirent chacun par un bras. Elle se débattit, en vain, et se retrouva bientôt face à un troisième individu, mince et élégamment vêtu, plutôt bien de sa personne, avec pourtant quelque chose d'inquiétant dans la physionomie.

— N'ayez pas peur, madame Huntington, dit-il. Je désire simplement vous parler. Je me présente : Ricardo Garcia. Mon nom ne vous est pas inconnu, n'est-ce pas ? Veuillez monter dans la voiture.

— Non !

Terrifiée, tremblant comme une feuille, Spencer sentait ses genoux se dérober. Pourtant elle était farouchement décidée à résister à cet homme. Elle n'irait nulle part avec lui, dût-il la tuer sur place ! Seulement, auparavant, elle lui arracherait la peau de ses ongles, laissant aux policiers des indices sur lesquels travailler.

— Soyez raisonnable, madame Huntington. C'est pour votre bien. Voyez-vous, j'aimerais qu'on me laisse tranquillement m'occuper de mes affaires.

— Vos affaires, c'est le crime !

— Certaines personnes sont destinées à mourir prématurément, déclara-t-il sur un ton de regret. Mais ce n'était pas le cas de votre mari.

— Où est Jimmy ?

— Ce charmant jeune homme qui vous filait ? Je crains qu'il n'ait eu un accident.

Les yeux de Spencer s'emplirent de larmes ; elle serra les poings.

— Si vous lui avez fait du mal...

— Allons, madame Huntington, il s'agit d'un accident sans gravité. Un petit problème avec sa direction, je crois. Mais ne vous inquiétez pas pour lui ; il est sain et sauf. Bon, je me suis montré honnête avec vous ; maintenant, vous allez venir avec moi, s'il vous plaît.

— Certainement pas !

Elle se mordit la lèvre en voyant Garcia avancer d'un pas. D'une voix doucereuse, il répéta :

— J'ai dit : « s'il vous plaît ».

Et, tranquillement, il glissa une main sous sa veste, sortit un revolver de son holster et l'appliqua sur la tempe de Spencer en faisant signe à ses hommes de la lâcher.

— Vous allez venir avec moi, *madre de dios* !

Les deux autres se hâtèrent vers la Mercedes, dont ils ouvrirent les portières. Sous la menace de son arme, Garcia força Spencer à les suivre. Au moment où elle allait s'engouffrer dans le véhicule, on entendit hurler des pneus et la voiture de David vint s'immobiliser contre le trottoir. Il en bondit, les deux mains sur un revolver pointé sur Garcia.

— Laisse-la filer! ordonna-t-il.

Garcia prononça quelques mots d'espagnol à l'intention de ses sbires. Ceux-ci dirigèrent leurs armes sur David.

— Attention, Garcia, au moindre mouvement, je te descends, dit doucement David.

— Ils te troueront la peau avant.

— Laisse-la filer, répéta David.

— Il va t'arriver malheur, Delgado!

— Je t'entraînerai dans la tombe, Garcia. Tu me connais. Tu sais que j'ai le temps de te coller un pruneau entre les deux yeux avant que ces minables aient compris ce qui arrivait.

— Tu veux donc mourir?

— Ça m'est égal. Lâche-la. Vite!

Paralysée d'horreur, Spencer sentait le froid du métal contre sa tempe. Elle croyait s'évanouir quand elle se sentit brutalement poussée par Garcia, droit dans les bras de David. D'un geste, il la mit à l'abri derrière lui. Son revolver n'avait pas dévié d'un pouce.

— Si tu as quelque chose à dire, Garcia, c'est le moment!

Le bandit adressa un sourire à Spencer.

— Je n'ai pas tué votre mari, madame Huntington. Et pourtant, sa mort a fait de ma vie un véritable enfer. Alors, depuis que vous êtes revenue en ville, je vous fais suivre. Sans mauvaises intentions, n'est-ce pas? Votre mari était un bon flic. Malheureusement, pas assez bon pour échapper à son sort. Vous ne cherchez pas à l'endroit adéquat, voyez-vous. Vous voulez savoir qui a abattu Danny? Commencez donc par regarder autour de vous. *Comprende*, Delgado?

Sur ces bonnes paroles, Garcia monta dans sa voiture. Tout en l'imitant, ses deux acolytes gardèrent leur arme braquée sur David. Le moteur de la Mercedes rugit, et le véhicule s'arracha à l'asphalte dans un hurlement de pneus.

— Ça va? demanda David d'une voix étranglée.

Spencer hocha la tête. Elle s'étonnait encore que David soit venu à son secours une fois de plus.

— Je vais bien, bredouilla-t-elle, mais Jimmy... Garcia prétend qu'il est vivant, mais il a eu un accident !

— Rentrons.

D'une main hésitante, Spencer cherchait sa clé. David allait l'aider quand elle la trouva. Une fois à l'intérieur, il se dirigea droit sur le téléphone.

— Qui appelles-tu ?

— La voiture de Jimmy... Pas de réponse. Et merde !

Soudain, on frappa.

— Spencer ! Oh ! mon Dieu, Spencer ! fit une voix haletante.

Elle ouvrit la porte. La joue marquée d'une meurtrissure, Jimmy se tenait devant elle.

— J'ai couru, couru...

— Elle est sauve, dit David en les rejoignant.

Jimmy le contempla d'un œil incrédule.

— Comment avez-vous deviné qu'il fallait venir ? Impossible de vous appeler : le téléphone est hors d'usage. Si j'avais eu un passager, il serait mort.

— J'appelle la police, déclara Spencer. Ils rechercheront Garcia.

— Oh, non ! Ne me dites pas que c'était Garcia, intervint Jimmy, toujours hors d'haleine.

— Il est parti, assura David.

— Mon Dieu ! répéta Jimmy.

— Vous avez fait ce que vous avez pu, déclara Spencer.

— Ce n'était pas suffisant !
— Voyons, Jimmy, calmez-vous, insista Spencer. Je préviens la police. Les flics risquent d'avoir des cauchemars s'ils trouvent votre véhicule accidenté, et personne dedans.

David prit l'appareil des mains de Spencer.

— Je m'en charge, dit-il. De ma part, ils s'attendent aux appels les plus extravagants.

— Je m'occupe de Jimmy, fit Spencer.

Plus tard dans la soirée, en compagnie de Spencer, David se penchait de nouveau sur les notes de Danny. Sans grand résultat, d'ailleurs. Jimmy s'était rendu avec les policiers sur le lieu de l'accident, David avait remis un rapport sur son altercation avec Garcia, et un Jerry Fried à l'air très las était venu prendre la déposition de Spencer.

— Je peux le faire arrêter pour agression à main armée, mais avec ses avocats, je doute qu'il moisisse bien longtemps en prison, avait-il prévenu.

— Je sais.

— Etant donné que j'appartiens à la criminelle, ceci n'est pas vraiment mon rayon.

— Mais il s'agit d'un meurtre, celui de Daniel Huntington ! s'était exclamé David.

— Selon la loi, Delgado, c'est une agression.

— Aggravée d'une tentative d'enlèvement ! Enfin, faites de votre mieux, Fried. J'aimerais seulement que vous gardiez en mémoire que c'est votre collègue qu'on a abattu ce matin-là...

A présent, David et Spencer étaient seuls dans le soir tombant. Spencer avait des crampes à force de rester accroupie par terre, mais c'était le seul moyen d'y voir un peu clair dans les papiers de Danny.

— Qu'est-ce que c'est que ça ? demanda soudainement David.

Spencer leva les yeux.

— Quoi ?

— Quelqu'un a annoté cette coupure extraite de la rubrique « Vie locale » d'un journal. On y parle d'un ballet organisé au profit de bonnes œuvres par Vickie Vichy. Je suppose que c'est Danny qui a griffonné mais je n'arrive pas à déchiffrer son écriture. Il y a un numéro de téléphone juste à côté.

Prise d'un vague espoir, Spencer vint examiner la coupure. Elle la reposa aussitôt, très déçappointée.

— Il a juste marqué Audrey, le nom de ma secrétaire. Il a dû avoir besoin de me joindre. Ce numéro est celui du bureau d'Audrey.

— Ah..., fit seulement David.

Il s'étira afin de dissiper son torticolis, puis se frotta les yeux.

— Retour à la case départ, murmura-t-il.

— David ?

— Oui ?

— J'ai... j'ai vraiment eu très peur quand Garcia m'a menacée de son revolver. Mais pis que tout, j'ai été submergée par le terrible sentiment de mon impuissance.

Leurs regards se croisèrent.

— Je te jure, Spencer, que cela ne se reproduira plus.

— David ! Personne ne peut promettre une chose pareille. Je voudrais... Enfin, je voudrais que tu m'apprennes à tirer.

— Spencer ! Tu n'as jamais tenu une arme de ta vie ! Ce n'est pas un jouet, tu sais...

— Justement. Je veux apprendre à m'en servir. S'il te plaît, David.

Il se leva. De toute façon, il était inutile de chercher à éplucher ces notes.

— Très bien, allons-y. As-tu un revolver en ta possession ?

— Celui de Danny. J'aurais dû le rendre, mais je n'ai pu m'y résoudre.

En dépit du règlement, David aurait probablement pu faire entrer Spencer dans les locaux du centre d'entraînement de la police. Il préféra finalement l'amener dans un club de tir de la Huitième Rue.

Elle écouta attentivement ses conseils. Elle se débrouillait plutôt bien ; pourtant, la situation pesait à David.

— Ce gosse va naître avec des problèmes auditifs, dit-il, essayant sous le couvert de la plaisanterie de la dissuader de poursuivre l'expérience.

— Peut-être. Du moins cela lui laisse-t-il une chance de naître.

— Ricky Garcia t'a conseillé de regarder autour de toi, fit soudain remarquer David. Tu as une idée de ce qu'il entendait par là ?

Elle haussa les épaules.

— Ricky Garcia est un bandit et un meurtrier. Pourquoi ajouter foi à ses propos ?

— Je ne sais pas, dit David avec une feinte douceur. Cette remarque te tracasse pourtant.

— Pas du tout !

Il lui prit le revolver des mains et arma la sécurité.

— Assez pour ce soir. Rentrons, il est tard.

Tout en conduisant, David sentait une arrière-pensée lui travailler l'esprit ; cependant, chaque fois qu'il tentait de s'y arrêter, elle glissait comme une anguille. Après tout, ce n'était peut-être pas plus mal. Cela lui évitait de s'interroger sur ses relations avec Spencer.

Il pénétra dans la maison derrière elle et verrouilla la porte.

— Tu ferais sans doute mieux de ne pas te rendre au bureau de toute la semaine, suggéra-t-il.

— Impossible ! Mon carnet est surchargé de rendez-vous, et puis, Sly a besoin de moi.

— Il a surtout besoin que tu restes en vie.

— Si je mets mon existence entre parenthèses, l'assassin de Danny pourra considérer qu'il a gagné.

David ne répondit pas.

— Je n'étais pas si mauvaise au tir, tout à l'heure. Je garderai cette arme sur moi.

Il soupira.

— Je peux t'accompagner partout où tu le désires, tu sais.

Elle hocha la tête.

— Bonsoir, Spencer, dit-il en se dirigeant vers le sofa.

La semaine s'étira, pénible et monotone. Spencer insista pour se rendre au travail, et David la suivit partout comme son ombre. Il passa la majeure partie de son mercredi à South Beach, à l'écouter disserter devant des messieurs en complet veston sur les beautés architecturales de leur hôtel, et ce qu'il leur en coûterait de le restaurer. Ils arboraient des mines peu réjouies, jusqu'à ce qu'elle les informe que les dalles de l'entrée provenaient d'un château espagnol et valaient presque à elles seules la somme qu'ils avaient déboursée pour l'acquisition de la demeure.

Ils finirent donc par se montrer ravis, non seulement de l'argent qu'ils avaient dépensé, mais encore de celui qu'ils allaient laisser dans les caisses de l'entreprise Montgomery.

Sly, qui les avait accompagnés, demeura silencieux jusqu'à la fin du discours de Spencer. Alors, il s'adossa au mur, près de David.

— Tu es un type en or, lui dit-il. J'aimerais pouvoir te

prouver ma reconnaissance en te rémunérant. Peu de clients réclament une telle faveur, j'imagine.

David haussa les épaules.

— Danny était mon ami.
— Et Spencer ?
— Spencer est aussi mon amie.

Sly renifla légèrement.

— Epouse-la.
— Impossible.
— Pourquoi ?
— Parce qu'elle ne veut pas de moi.
— Secoue-la un peu, David. Force-la à être heureuse si aucun autre moyen ne marche !

David sourit.

— Je dois d'abord mettre la main sur le meurtrier. Aucun de nous ne dormira en paix tant que Danny ne sera pas vengé.

Sly comprenait. En compagnie de David, il rejoignit le groupe.

Ils étaient allés tous ensemble prendre un déjeuner tardif dans un des restaurants de la plage, et ils admiraient les exploits des jeunes, sur leurs patins à roulettes, qui côtoyaient les citadins venus se détendre, les adonis des plages et les femmes à demi nues, exhibant des corps superbes, et d'autres qui l'étaient moins.

David abandonna ses compagnons pour téléphoner à Oppenheim. Ce dernier parut résigné en reconnaissant le son de sa voix.

— Ricky n'est pas resté longtemps parmi nous, annonça-t-il.

— Je m'en doutais. Du nouveau au sujet de l'autopsie de Vickie Vichy ?

— Je vous tiens au courant.

David rejoignit les autres. Ils s'attardèrent encore un moment à discuter, et il était tard quand ils se décidèrent à rentrer.

Dans la voiture, Sly, Spencer et David se taisaient.

— Ton cousin a-t-il fini de te rembourser ? demanda soudain Sly.

Prise au dépourvu, Spencer tressaillit. Elle rencontra le regard de son grand-père dans le rétroviseur.

— Hum, c'est-à-dire...
— T'a-t-il remboursée, oui ou non ?
— Oui. Comment es-tu au courant ?
— De quoi Sly est-il au courant ? interrogea David.
— Oh, Jared a simplement prélevé un peu d'argent sur le compte de Spencer sans l'en avertir, expliqua Sly sur un ton léger. Il se figurait sans doute que je n'y verrais que du feu. Moi, je me suis dit que ça les regardait tous les deux.
— Justement ! s'exclama Spencer.

Elle fronça les sourcils.

— Tu ne vas pas le renvoyer, au moins ?
— Je l'aurais fait s'il ne t'avait pas tout avoué, et ce, bien qu'il appartienne à la sacro-sainte famille !

Sly haussa les épaules.

— Mais il a avoué. Mon point de vue, c'est que tout le monde a droit à l'erreur. A condition de réparer.
— C'est fait, dit Spencer.

Devant l'expression de David, elle se tortilla, mal à l'aise, sur son siège. Elle n'aimait pas ce regard noir, filtrant entre des paupières à demi fermées.

Et cette veine qui palpitait au creux de son cou.

Il paraissait furieux.

David et elle raccompagnèrent Sly jusqu'à sa porte. Durant le reste du trajet, David garda un silence de mauvais augure.

Et, brusquement, parvenu à la maison, il explosa.

— Bon sang, Spencer ! Combien de fois me faudra-t-il répéter que je ne peux pas t'aider si tu refuses de coopérer ! Pourquoi ne m'as-tu pas parlé de cette histoire ?

— Tout simplement parce qu'il n'y avait rien à en dire, répliqua Spencer, se dirigeant vers la cuisine.

— Et au sujet de Willie ?

— Willie ?

— Oui. Celui grâce auquel tu t'es retrouvée au cimetière.

— Tu ne m'as rien demandé à son sujet !

— Pardon ! Je me suis bien enquis de ton informateur, il me semble.

A ce point de la discussion, il s'interrompit, soudain très calme.

— Qu'as-tu ? demanda Spencer.

— Je veux savoir de quoi Jared s'est rendu coupable.

— Il a emprunté de l'argent.

— Beaucoup ?

— Une jolie somme.

— Sans rien demander ?

— Mais puisqu'il l'a restitué ! Et puis, je ne peux croire qu'il ait tué Danny. Ils étaient amis, parents, même. Les gosses de Jared l'appelaient « mon oncle » !

— Certains tueraient leur mère pour de l'argent.

— Pas Jared, insista Spencer.

— A quel moment a eu lieu cet emprunt ?

— Il y a environ huit mois.

David exhala un long soupir. Puis il hocha la tête.

— Dans ce cas, tu as probablement raison. Je vais faire un tour dans le bureau de Danny. Bonsoir.

Spencer le regarda gravir l'escalier. Elle faillit lui crier qu'elle avait, elle aussi, le droit de consulter les notes de Danny, mais se mordit la langue. Après avoir songé à se préparer une tasse de thé, elle abandonna finalement l'idée et monta se coucher.

Le mardi matin, un large sourire aux lèvres, Cecily vint trouver Spencer dans son bureau.

— J'espère que tu n'as pas oublié que mon beau-père organise un barbecue, demain soir?

— Non, bien sûr, répondit Spencer d'un air contraint.

— Qu'as-tu? interrogea Cecily, soudain sur la défensive.

Sa voix baissa d'un ton.

— Tu m'en veux à cause de l'histoire de l'argent emprunté par Jared?

— Mais non. Je suis furieuse parce que tu t'es mêlée de ma vie privée. Tu n'avais pas à mettre David sur la piste, pour des choses qui ne le regardent pas!

— Je ne l'ai pas mis sur la piste, rétorqua Cecily. Je lui ai carrément dit la vérité!

— Cecily...

— J'ai raison, Spencer, n'est-ce pas? Crois-moi, je sais reconnaître une femme enceinte. Je suis passée par là, moi aussi.

— Qu'est-ce qui t'a pris d'en parler à David?

Avec un bruyant soupir, Cecily se laissa tomber sur un siège.

— Je pensais que si tu étais occupée à te disputer avec David, tu n'aurais pas l'idée de fourrer ton nez dans les comptes.

— Cecily!

— Oui, je sais, c'est stupide. Cependant, nous étions dans un tel état de panique, Jared, Jon et moi... Tu comprends, n'est-ce pas? Jared est ton cousin, mais il n'a pas de lien de sang avec Sly.

353

— Oui, bien sûr.
— Tu ferais énormément de peine à Jon si tu ne venais pas demain.
— Je viendrai.
— Merci, Spencer. Et merci aussi de ta compréhension. Jared n'est peut-être pas parfait, mais ce n'est pas un mauvais homme.
— Laisse tomber, Cecily.

Celle-ci ne se décidait cependant pas à partir et considérait sa cousine d'un air interrogateur. Enfin, elle posa la question qui lui brûlait les lèvres.

— Tu ne m'as pas répondu. J'ai raison, oui ou non ?
— Sors, Cecily.

Sur ces entrefaites, Audrey pénétra dans le bureau.
— Sandy, ligne 3, Spencer.
— Merci !

Cecily agita la main en guise d'adieu.
— Je sais que j'ai raison, dit-elle, souriante.

Spencer travailla fort tard ce soir-là. Plongée dans ses recherches, elle avait momentanément oublié ses problèmes quand, levant les yeux, elle surprit David qui l'observait depuis le seuil de la porte.

— Pourquoi faut-il que tu travailles aussi tard ? fit-il remarquer. Songe donc à accorder un peu de repos au bébé.

Spencer sentit ses joues s'embraser.
— Pourrais-tu parler un peu moins fort ?
— Pourquoi ? Il y a belle lurette que tout le monde est parti !

Elle jeta un coup d'œil surpris à sa montre.
— L'enfant a besoin de se nourrir, insista David.
— Ce qui signifie que tu meurs de faim.

— Bien deviné !

Spencer repoussa ses papiers et se leva.

— Sly aurait pu me souhaiter le bonsoir, tout de même.

— Il l'a fait. Mais tu étais tellement absorbée par ton travail que tu n'as rien entendu.

Quelle interminable journée... Longue, beaucoup trop longue. Et tout cet embrouillamini créé par Spencer Huntington et Delgado. Ah, si on l'avait laissé s'occuper de cette affaire depuis le début...

Le téléphone sonna. Il avait à peine décroché qu'il entendait son interlocuteur expliquer :

— Un barbecue est organisé demain soir chez Jon Monteith. J'y serai. Rendez-vous là-bas, et travaillez proprement ; des enfants seront présents. Il faut que ça passe pour un accident, ne l'oubliez pas. Je vous fais confiance.

— J'en ai vraiment marre de cette histoire.

Un rire étonnamment cruel résonna à l'autre bout de la ligne.

— Vous feriez mieux d'assurer. Parce que si vous laissez tomber maintenant, c'est vous-même qui tomberez, et très bas !

L'instant d'après, on avait raccroché.

20.

— Ils préparent ici le meilleur poisson *oreganato* du monde, dit Spencer, regardant David par-dessus le menu.
Elle sourit à la serveuse qui attendait la commande.
— Je prendrai du vin blanc et du poisson.
— Non, intervint David. Apportez-lui plutôt un café. Non, c'est plein de caféine. Une boisson au gingembre et le poisson.
— David...
— Il ne faut pas boire, Spencer... Je t'en prie.
— J'avais oublié. D'accord ?
David l'observait. Il était renversé contre le dossier de sa chaise.
— Ne devrais-tu pas consulter un médecin ?
Elle sourit un peu tristement.
— J'ai passé beaucoup de temps dans les cabinets médicaux, tu sais. Danny et moi nous y sentions comme des enfants perdus dans la jungle. Nous étions tellement persuadés d'être anormaux... Je ne veux pas me montrer pessimiste, mais je préfère m'assurer que je suis bien enceinte avant de me réjouir.
— Tu as vu le test.
— Bien sûr, mais on conseille toujours de ne pas le

faire trop tôt. Bien des fausses couches se produisent spontanément dans les premières semaines.

Il sourit.

— Ainsi, l'idée de porter un bébé pourrait te réjouir ?
— Naturellement.
— Même si c'est le mien et non celui de Danny ?

Spencer marqua un temps de réflexion.

— J'aurais aimé avoir un bébé de Danny, parce que c'était un être merveilleux et que l'enfant l'aurait fait survivre d'une certaine manière.

La main de David se posa sur la sienne.

— Tant que nous serons sur cette Terre, Danny y sera aussi. Ses amis l'évoqueront toujours, lui et ses rêves de bonheur pour l'humanité.

Spencer hocha la tête. Elle retira sa main de celle de David quand la serveuse apporta leurs boissons. Cette dernière lui adressa un clin d'œil.

— Je peux vous glisser un verre de vin en douce, mon petit, suggéra-t-elle.

Spencer rit.

— Je vous remercie, ce sera inutile !

Durant le repas, ils évitèrent les sujets brûlants, comme l'affaire Huntington et leur étrange relation. David parla de sa sœur, et Spencer de ses projets de rénovation pour la vieille maison de Coral Gables.

Quand ils furent rentrés chez elle, David lui souhaita une bonne nuit et se dirigea vers le sofa de la salle de séjour.

Spencer hésita. Dans la pénombre, on distinguait seulement sa silhouette éclairée par les lumignons de la piscine. Ses épaules paraissaient si larges, ses cheveux si noirs...

Elle sentit qu'elle allait commettre l'irréparable. « Ah ! et puis, assez de grands mots ! se morigéna-t-elle. L'irréparable est déjà commis ! »

Elle approcha. Sans la voir, il dut deviner sa présence dans son dos.

— Qu'y a-t-il?

— Je ne veux pas dormir seule, avoua-t-elle.

Il lui fit face. Elle distinguait mal ses traits.

— Tu ne dors pas seule. Danny partage le lit avec toi.

— J'ai une chambre d'ami.

Comme David gardait le silence, Spencer explosa soudain.

— Très bien! Je ne te supplierai pas... Je vais dormir dans cette chambre; fais ce que bon te semblera!

Sur ces mots, elle se hâta vers l'escalier. La chambre d'ami se trouvait à l'arrière de la maison. D'un coup de pied rageur, elle se débarrassa de ses chaussures, avant d'envoyer voler ses vêtements en tous sens. Elle se doucha, se sécha, puis se glissa entre les draps et attendit.

Il ne vint pas.

Comme elle était fatiguée, elle s'assoupit.

Elle dormait. Quel idiot! Lui qui attendait ce moment depuis si longtemps.

Après avoir un instant tergiversé sur le seuil, David pénétra dans la pièce. Dans la semi-obscurité, il remarqua les vêtements qui jonchaient le sol. Il quitta à son tour les siens puis s'assit au bord du lit.

Dans son sommeil, on aurait dit une princesse de conte de fées. Il songea au prince charmant en se penchant pour l'embrasser. Il sourit. Ça marchait! Bien que le baiser ne fût pas particulièrement chaste, il leva le charme. Spencer s'agita, ses mains vinrent se poser sur ses épaules. Lentement, elle sortait des brumes du sommeil. Il s'allongea sur elle de tout son poids, lui écartant délicatement les jambes, puis demeura dans cette position. Son sexe effleurait le sien.

Soudain, Spencer ouvrit tout grands les yeux.

— David ?

— Qui d'autre voudrais-tu que ce soit ? Ai-je l'air d'un fantôme ?

Elle se crispa, blessée par l'ironie de la remarque. Il lui caressa doucement la joue.

— Je voudrais être sûr que tu ne pleureras pas après.

Elle plongea son regard dans le sien.

— Je ne pleurerai pas, promit-elle.

Il l'embrassa et la pressa plus étroitement contre lui. Quand il la pénétra, elle noua ses jambes sur ses reins, tout son corps tendu vers lui.

Il les amena jusqu'à l'extrême limite du plaisir, puis se retira. Des mains, de la bouche, il chercha alors ses seins, puis les lèvres de Spencer glissèrent sur sa peau nue, le long de ses épaules, de son ventre... Crispant les doigts dans les cheveux de Spencer, il laissa échapper un cri rauque.

Puis il fut de nouveau en elle, ardent, passionné. Il la sentait avec délices vibrer sous lui... Et bientôt, le plaisir s'abattit sur eux, les laissant anéantis.

Les minutes passaient. Il craignit de l'avoir blessée et se laissa rouler sur le côté, sa tête reposant sur l'oreiller, contre celle de Spencer. Elle gardait les yeux ouverts. Il lui toucha la joue.

— Je ne pleure pas.

Il sourit.

— C'est un début.

Souriant également, elle se lova contre lui.

Spencer se réveilla, tout étonnée de constater qu'il était si tard. Ensuite, elle remarqua l'absence de David. Il avait déserté non seulement le lit, mais aussi la maison, constata-t-elle encore un peu plus tard, quand elle fut descendue au rez-de-chaussée. Sous le porche, Jimmy lisait un roman policier.

— *L'Inspecteur Tyre et le meurtrier de l'Attique*, déchiffra-t-elle avec un sourire amusé.

Jimmy haussa les épaules.

— Ce bouquin n'est pas si mauvais.

— Peut-être. Mais étant donné votre profession, je trouve amusant que vous vous régaliez de ce genre de littérature ! Savez-vous où se trouve David ?

— Il devait passer à l'agence. Tranquillisez-vous : Juan et moi montons la garde !

— Entrez, si vous voulez. Je prépare du café.

Il refusa, prétextant qu'il devait se montrer encore plus vigilant qu'à l'ordinaire.

La journée s'écoula très rapidement. David appela vers midi, annonçant qu'il avait relevé un détail curieux dans les notes de Danny. Sans en parler davantage, il ajouta :

— Et devine la nouvelle !

— Mmm ?

— Oppenheim a ordonné l'exhumation de Vickie Vichy.

— Non !

— J'appellerai le labo tout à l'heure. On ne sait jamais...

— Tu n'as pas oublié ma petite réunion familiale de ce soir ?

— J'essaierai de m'y rendre. Jimmy et Juan monteront la garde dehors, et Oppenheim a promis de laisser quelques gars en patrouille dans le secteur. Il s'est platement excusé d'avoir dû rappeler Harris l'autre soir.

— Te voilà donc rassuré.

— Toujours pas de larmes ? demanda-t-il doucement.

— Toujours pas.

— A bientôt. J'essaierai de ne pas venir trop tard.

Après avoir raccroché, David considéra pensivement les papiers étalés devant lui. Enfin, il appela Reva.

— J'ai besoin que tu fasses pour moi des recherches d'état civil. Si tu arrives à m'obtenir une date et un lieu de naissance, je serai en mesure de créer quelques ennuis à un de nos amis.

— Explique-toi.

— Si je ne me suis pas trompé, Gene Vichy va devoir repasser l'épreuve de l'interrogatoire.

— Très heureux de te voir, Spencer, dit son oncle, l'attirant immédiatement à part. Nous te sommes si reconnaissants de...

— Oncle Jon! J'ai prié Jared d'oublier toute cette histoire. Fais-en de même.

— Si Sly apprend...

— Il sait.

— Dieu du ciel!

— Tout le monde peut commettre une erreur, il en est le premier conscient.

Jon soupira profondément; puis il sourit.

— Quand tu étais petite, les autres enfants te trouvaient géniale. Eh bien, tu n'as pas changé, chérie.

— S'il te plaît, oncle Jon...

— D'accord, d'accord. N'en parlons plus. Peux-tu venir m'aider à surveiller la cuisson des grillades? Ainsi, nous pourrons bavarder. Tu sais, nous avons été horrifiés en apprenant l'accident de Newport. As-tu découvert quelque chose? L'enquête policière a-t-elle avancé? Et celle de David?

Spencer s'efforça de mettre son oncle au fait des derniers événements. Ensuite, les enfants arrivèrent et se précipitèrent sur eux. Ashley paraissait presque intimidée. Elle étreignait Spencer, lui souriait, puis l'étreignait derechef. La fillette ne la quitta pas jusqu'à ce que Cecily vienne la chercher, ainsi que son frère, pour les emmener échanger leurs vêtements contre des costumes de bain.

Sly, Jared et Jimmy regardaient les sports à la télévision. Juan et Jimmy avaient tiré à la courte paille leurs tours de garde, et c'était à Juan qu'avait échu l'honneur de guetter d'éventuels intrus.

Soudain, on sonna à la porte d'entrée.

— J'y vais. Excuse-moi, Spencer, dit Jon.

Spencer, qui s'attendait à voir arriver David, fut toute surprise de découvrir Audrey sur le seuil. Elle s'apprêtait à aller la saluer quand la jeune femme vint précipitamment à sa rencontre. En chemin, elle s'arrêta pour prendre dans ses bras Ashley qui accourait pour lui dire bonjour. Puis elle déposa la petite fille près de la piscine et s'approcha de Spencer, un classeur sous le bras.

Elle lui sourit.

— Navrée de jouer les trouble-fête, Spencer. Sandy a appelé, et comme je sais combien l'achat de la maison te tient à cœur, j'ai préféré venir te consulter...

Elle s'interrompit, agitant avec désinvolture le classeur sous les yeux de Spencer.

Abasourdie, celle-ci la dévisagea. Sous les papiers, Audrey cachait un revolver dont le canon se trouvait braqué droit sur elle.

Adoptant un ton égal, Audrey reprit :

— Je voudrais te parler, mais pas ici. Suis le chemin qui descend vers la jetée. Immédiatement.

— Mais...

— Pas de discussion. Si tu n'obéis pas, je descends la gosse d'abord. Et je ne plaisante pas. Allons, en route.

— Tu ne me tuerais pas...

— J'ai tué Danny sans l'ombre d'un remords, ma douce ; je n'hésiterai pas davantage à t'abattre. Allons, avance. A moins que tu veuilles qu'Ashley y passe également. Je suis on ne peut plus sérieuse, Spencer. Je n'ai rien à perdre. Quel que soit le nombre de leurs crimes, on n'électrocute les gens qu'une fois.

— Pourquoi ? balbutia Spencer.

— Marche. Je t'expliquerai ensuite.

— Si on me trouve criblée de balles, on cherchera...

— Ne t'inquiète pas ; tu n'auras pas la peau trouée...

Les yeux d'Audrey étincelaient quand elle ajouta avec un sourire mauvais :

— On te trouvera noyée, et personne ne s'en étonnera. Un accident est si vite arrivé...

Peu après 17 heures, Oppenheim appela David pour lui demander de passer avec lui au bureau du coroner. David l'y retrouva donc, et ils attendirent que Cyril Burgess, le médecin légiste, ait fini d'examiner le corps d'un jeune homme, retrouvé noyé dans une rivière.

Bientôt, Burgess venait leur serrer la main. C'était un homme corpulent et chauve, le crâne incroyablement luisant.

— Vous aviez vu juste, dit-il. Vickie Vichy a bien été empoisonnée. Une petite dose chaque jour, pas assez pour que le poison soit décelable dans le sang ou les urines, par exemple. Il ne s'agit pas d'un empoisonnement accidentel. Le coup a été fait par un proche, probablement quelqu'un qui vivait sous le même toit qu'elle.

— Son mari ? suggéra Oppenheim.

— C'est fort probable, répondit Burgess.

— Lancez un mandat d'amener contre Gene Vichy, ordonna Oppenheim à l'officier qui les avait accompagnés.

L'homme sortit immédiatement. Le lieutenant se tourna vers David, l'air penaud.

— Toutes mes excuses, Delgado. Cependant, je ne comprends toujours pas pourquoi il a tué Danny.

— Danny savait, voilà pourquoi.

— Il n'a pourtant fait part d'aucun soupçon à quiconque, et il n'a pas nommé Vichy en mourant.

— Non. Il ne cessait de répéter le nom de Spencer...

David s'interrompit brusquement, l'esprit traversé d'une évidence.

— ... comme pour la prévenir d'un danger.

Un employé avec de grosses lunettes à monture d'écaille approcha.

— L'un de vous est-il M. Delgado ?

— C'est moi.

— Votre secrétaire au téléphone. Par ici, monsieur, s'il vous plaît.

— Reva ?

— David ! Tu ne vas pas me croire, ça paraît fou ! Audrey Betancourt était précédemment connue sous le nom d'Audrey Highland. Encore avant, c'était Audrey Grant ; et elle a fréquenté l'école en tant qu'Audrey Ennis, patronyme emprunté à la famille à laquelle on l'a confiée après qu'elle a été retirée à son père. Et tu sais quoi ? Elle est née Audrey Vichy. Non, je n'arrive pas à y croire. Elle est la fille de Gene Vichy !

— Tu es un amour, Reva ! Je file chez Jon Monteith. Reste au bureau, pour que je puisse te joindre s'il le faut.

David salua en hâte Oppenheim et regagna sa voiture. C'était l'heure de pointe, naturellement. Les voies express seraient encombrées.

David sortait tout juste des embouteillages quand son téléphone de voiture sonna.

— David, c'est Reva.
— Oui.
— J'ai appelé chez Jon Monteith pour demander à Jimmy si tout allait bien. Il a eu juste le temps de me dire « oui », quand la ligne s'est trouvée coupée. J'ai peur qu'il ne se passe quelque chose de grave là-bas.
— J'y fonce.

— J'avoue que j'ai du mal à comprendre, disait Spencer, traversant la pelouse.

Son cœur se serrait à mesure qu'elles s'éloignaient de la maison. Bientôt, elles seraient hors de vue.

— Pourquoi aurais-tu tué Danny? reprit-elle. Il ne t'a jamais rien fait.
— Tu appelles rien le fait de vouloir m'expédier sur la chaise électrique!
— Mais pour quel motif? Erreurs de frappe?
— Marche, Spencer.

Elles atteignaient la jetée. Les nombreux arbres qui la bordaient et la mangrove poussant dans la petite rivière aux eaux saumâtres dérobaient l'endroit aux regards.

— Voyons, Audrey, ça n'a pas de sens.
— Ils disent que je ne suis pas tout à fait normale.

Spencer se retourna.

— Tu sais que je suis bonne nageuse. Personne ne croira que j'aie pu me noyer.
— Je serai moi-même à moitié morte, au bord de la crise de nerfs; et je hurlerai hystériquement que tu m'as sauvée au péril de ta vie!
— Tue-moi tout de suite. Je ne me noierai pas pour toi.
— Oh! mais si.
— Audrey, par pitié. Pourquoi as-tu tué Danny?

— Par amour pour mon père, que j'aime et que j'ai toujours aimé. Pourtant, quand j'étais enfant, ils m'ont arrachée à lui. Plus tard, ils n'ont pas pu empêcher nos retrouvailles. Seulement, nous n'avions pas un sou. Et puis papa a rencontré Vickie — cette vieille chouette !

Audrey frissonna de dégoût.

— Elle était hideuse, reprit-elle. Je grinçais des dents chaque fois que papa devait la retrouver.

— Ton père a connu Vickie ? Vickie Vichy ? s'exclama Spencer, terrassée par une soudaine faiblesse.

— Elle ne s'appelait pas Vichy, alors. Il a fallu qu'il l'épouse. Pour l'argent, évidemment. Et puis, elle est morte. Ça aussi, c'est mon œuvre. Papa essayait de l'empoisonner à petit feu, mais elle refusait de mourir. Ensuite, il a eu peur. Il avait l'impression que, d'interrogatoire en interrogatoire, Danny se rapprochait de la vérité. Il craignait que ton mari ne fasse exhumer la vieille bique. Un jour, Danny a parlé à papa de méthodes utilisées par certains sorciers et qui consistaient à administrer régulièrement de petites quantités de poison, entraînant ainsi une mort « naturelle ». Puis il a évoqué des crimes commis grâce à cette méthode au cours de l'Histoire. Il fallait qu'il meure, il en savait trop. Je me suis débrouillée pour obtenir cette place de secrétaire à ton service. Ça m'a beaucoup aidée. Ainsi, j'en ai appris long sur vos habitudes à Danny et à toi. Et puis, c'était moi qui prenais tes rendez-vous. Cela arrangeait bien les choses. Danny mort, je pensais l'affaire classée ; enfin, papa et moi pouvions vivre heureux. Mais il a fallu que tu reviennes fouiner partout. J'ai dû pénétrer chez toi, car nous craignions que Danny n'ait laissé des papiers compromettants pour nous. Là-dessus, David Delgado est entré dans la danse. Pis, j'ai dû supporter le stupide acolyte de Garcia.

Audrey se mit à rire.

— Dire que tu soupçonnais Jared... Quelle blague ! Plus tu devenais méfiante, et plus je m'amusais !

Spencer se demanda si, en poussant Audrey à parler, elle gagnerait suffisamment de temps pour voir arriver les secours. En tout cas, elle se devait d'essayer. C'était sa vie qui en dépendait.

— Cette poutre qui s'est effondrée et a donné des soupçons à Sly, c'était toi ?

— Bien vu, n'est-ce pas ? Sauf que tu en as réchappé.

— L'accident de voiture dans le Rhode Island ?

— Il faut savoir ce qu'on veut.

— Pourtant, le mécanicien avait travaillé pour Ricky Garcia.

— Avec de l'argent, on obtient n'importe quoi. Et papa est immensément riche, maintenant.

— Pas étonnant que Garcia se soit mis dans un tel état.

— Garcia, c'est une merde. Moi, je suis une actrice de premier plan. Comme toi, Spencer. Voyons, quoi d'autre ? Quand j'ai tenté d'entrer chez toi, ce détective a bien failli m'intercepter. Enfin, tout est tellement plus simple depuis que papa a mis la main sur l'argent de la vieille rombière.

— Le gentil papa qui charge sa petite fille d'accomplir la sale besogne !

A l'instant même, le sourire disparut des lèvres d'Audrey. Elle dévisagea méchamment Spencer.

— Tu ne peux pas comprendre. Nous sommes profondément liés, mon père et moi ; tu ne peux pas savoir à quel point. Il m'aime depuis toujours.

Audrey avait subtilement changé de ton. Comme si, en essayant de convaincre Spencer, elle voulait se convaincre elle-même.

— Je t'interdis de parler de mon père, reprit-elle. Tu

n'es pas capable de comprendre un homme comme lui ! Non, tu ne peux pas nous comprendre !

Effarée, Spencer se rendit compte qu'Audrey décrivait un tout autre genre de relation que celle qui unit habituellement un père à sa fille. Elle revit Vichy, l'homme onctueux et arrogant qu'elle avait rencontré au club, l'homme qui jugeait naturel de sacrifier des vies pour satisfaire ses besoins, quels qu'ils soient.

— Ne me regarde pas comme ça ! s'écria Audrey. Puisque je te dis que tu ne peux pas comprendre...

— Peut-être pas. Pourtant, j'imagine comment cela a commencé. Tu devais être très jeune quand il a abusé de toi.

— Mon père n'a jamais abusé de moi !

— Coucher avec une fillette est un viol, Audrey.

Voilà, c'était dit. « Quelle horreur ! » pensa Spencer. Il l'avait violée, il en avait fait son jouet, sa chose. Sa propre fille...

— Pauvre sotte ! Je répugnais à te tuer parce que je t'aimais bien. Mais je me trompais. Tu es comme les autres : toujours prête à juger sans comprendre. Tu as tort. J'aime mon père, et mon père m'aime. Tu mérites la mort.

Spencer perçut un mouvement par-dessus l'épaule d'Audrey. Quelqu'un approchait entre les buissons.

— Audrey..., commença-t-elle pour faire diversion.

Sa ruse échoua. Audrey se retourna d'un bond. Pourtant, Spencer sentit un fol espoir l'envahir. Jerry Fried ! Le collègue de Danny...

— Jerry ! cria-t-elle d'une voix qui vibrait de soulagement.

Mais à son grand étonnement, Audrey éclata de rire.

— Oh ! Spencer, ce que tu peux être bête quelquefois ! Pourquoi crois-tu que Danny n'ait rien voulu confier à

Fried ? Parce qu'il avait deviné que son collègue était dans le coup. Et maintenant, le pauvre Jerry a intérêt à continuer de s'enfoncer encore et encore. Il n'en est pas ravi, mais sais-tu ? c'est lui qui va te noyer !

Spencer n'eut qu'à lever les yeux sur Jerry pour comprendre qu'Audrey disait vrai. A contrecœur sans doute, mais pour de bon, Jerry Fried se préparait à la tuer.

Jouant le tout pour le tout, elle fit brusquement volte-face et se rua vers l'autre extrémité de la jetée.

— Arrête, espèce de salope ! cria Audrey.

Elle arma son revolver ; la balle frôla la tête de Spencer. Celle-ci poursuivait sa course, ignorant la profondeur de l'eau là où elle s'était engagée ; mais l'heure n'étant plus aux tergiversations, elle risqua un plongeon.

Spencer fendait l'océan quand une main lui agrippa la cheville. Elle se sentit retournée comme une crêpe ; à travers l'eau glauque, elle aperçut le visage de Fried. Elle tenta de remonter d'un coup de reins, mais elle fut inexorablement entraînée vers le fond...

Au même instant, David faisait irruption, tel un forcené, dans la maison.

— Où est Spencer ? gronda-t-il.

Tout le monde regardait le match à la télévision, mais en entendant la peur qui vibrait dans la voix de David, Sly et Jimmy se levèrent d'un bond. Seul, Jon Monteith garda son calme.

— Elle discute dehors avec Audrey...

Avec Audrey... Le sang de David ne fit qu'un tour.

Puis Ashley entra en hurlant.

En se tordant et se tortillant avec toute la vigueur dont elle était capable, Spencer parvint à se libérer. Elle creva la surface et aspira une bonne goulée d'air juste avant que la main ennemie ne referme sur elle son étreinte. Cette fois, Jerry Fried l'attrapa par les cheveux pour l'attirer sous l'eau.

En la heurtant le moins possible. Il ne tenait manifestement pas à laisser des meurtrissures sur sa peau.

Audrey, qui les avait rejoints, hurla :

— Tue-la, mais tue-la donc, qu'on en finisse ! Quelqu'un peut arriver d'une seconde à l'autre...

Se débattant de toutes ses forces, Spencer parvint une fois de plus à se libérer. Elle refit surface et, après avoir pris une nouvelle inspiration, tenta de s'éloigner en nageant. Cependant, la main la rattrapa par l'épaule, l'obligea à s'immerger. Elle se débattit pour remonter. L'air lui manqua, elle avalait de l'eau.

Oh ! Seigneur, elle n'avait plus la force de se battre...

Dans un premier temps, David ne vit rien. Puis quelque chose attira son attention, qu'il identifia bientôt comme une tête émergeant de l'eau.

La tête de Spencer.

Il se précipita comme un fou vers la jetée.

Soudain, Spencer fut libre. Quelqu'un avait empoigné Jerry Fried, le forçant à la lâcher.

A présent, David tenait la tête de Fried sous l'eau.

Brusquement, Audrey bondit sur David avec un cri de furie. Ce dernier bascula dans l'eau et Fried reprit l'avantage. De nouveau, il saisit Spencer, qui inspira une profonde bouffée d'air avant qu'il ne l'attire vers le fond. Elle se débattait furieusement, le martelant de ses poings, quand elle sentit un objet dur. Le revolver de Fried dans son holster. Avec l'énergie du désespoir, Spencer parvint à arracher l'arme de l'étui. Elle ne parvenait cependant pas à se libérer suffisamment de l'étreinte de son adversaire pour utiliser le revolver.

Elle n'en pouvait plus ; ses poumons allaient éclater. Il lui fallait de l'air. Le monde se mit à tournoyer. Elle eut vaguement conscience d'un choc près d'elle et, plus faiblement encore, du corps d'Audrey flottant près du sien. Cette fois, se dit Spencer en se sentant perdre connaissance, elle allait se noyer.

Pourtant, elle ne mourut pas. Une paire de mains empoigna Fried aux épaules, l'écartant d'elle sans ménagement. Elle réapparut à la surface et inspira longuement. Le corps d'Audrey flottait toujours, inanimé, et les deux hommes avaient engagé un combat désespéré. Fried était plus grand, David plus fort. Cependant, Spencer n'avait aucun désir d'ouvrir les paris. Elle braqua le revolver sur la tête de Fried.

— Lâche-le, tu m'entends ? Tu as tué Danny autant que cette folle ! Lâche-le ou je te tue !

Dans une fureur indescriptible, Fried prit David à bras-le-corps et les deux hommes sombrèrent. Spencer nagea jusqu'à eux. Ils étaient comme soudés l'un à l'autre. David fit signe à Spencer de remonter. Fried tourna la tête, prêt à bondir sur elle.

Dans les profondeurs de l'eau, la détonation s'entendit à peine.

21.

— Tu aurais tout de même pu t'abstenir de me tirer dessus, se plaignit David.
— J'ai tiré sur lui, pas sur toi. Il n'est même pas mort, et tu n'es qu'égratigné.
— Ah, oui ? Mon mollet saigne.
— Cesse de te conduire comme un gamin de deux ans !

Ils se trouvaient tous les deux installés dans le jardin de Jon, enveloppés dans de grandes serviettes de bain, des tasses de café bouillant à portée de main. Les hurlements des sirènes s'étaient tus ; Jerry Fried, atteint à l'épaule par la balle de Spencer, et Audrey Vichy Betancourt, à demi noyée conformément à la mise en scène qu'elle avait prévue, avaient été emmenés en ambulance.

Cecily se tenait sur la jetée lorsque Spencer était sortie, toute tremblante, de l'eau. Et Jared également. Et l'oncle Jon, et Sly pour lequel Spencer s'était terriblement inquiétée, craignant qu'il ne fût terrassé par une crise cardiaque. Cependant, solide comme un roc, Sly avait rapidement surmonté le choc et l'avait serrée dans ses bras comme les autres membres de la famille.

Sa famille bien-aimée. Les enfants, Cecily, Jared, Jon, Sly. Tous, d'une manière ou d'une autre, avaient quelque chose à se reprocher. Mais quelle importance puisque tous l'aimaient. C'était si incroyablement bon d'en avoir la preuve.

— Je n'arriverai jamais à comprendre..., murmura Spencer.

— C'est pourtant simple, répondit David. Danny soupçonnait Vichy, mais sans preuve, parce que, en réalité, Vichy avait armé le bras d'Audrey. Cette femme est folle, Spencer. Les psychologues vont sans doute avoir du mal à en tirer quelque chose, mais il paraît d'ores et déjà acquis qu'il a abusé d'elle autrefois. Audrey n'était alors qu'une enfant. Et comme elle ne pouvait se résoudre à haïr son propre père, elle en est tombée amoureuse. Elle aurait fait n'importe quoi pour lui.

— Mais Jerry ?

— L'appât du gain. Vichy lui a offert de l'argent en échange de renseignements sur Danny. Ensuite, Fried s'est trouvé dépassé par les événements. Une fois pris dans l'engrenage, il ne pouvait plus reculer. Je le plaindrais presque. Je ne peux te décrire les sentiments des policiers, quand ils découvrent qu'un de leurs collègues a participé à l'assassinat d'un type comme Danny...

— Je tremblais quand j'ai tiré.

— Tu n'avais pas besoin de le faire ! s'écria David avec un regain d'indignation. J'en serais venu à bout tout seul !

— J'ai déjà perdu Danny. Un mari, c'est assez sacrifié pour un salaud pareil. Je n'ai aucune envie de perdre le deuxième...

David la considéra d'un air entendu.

— Je ne suis pas ton mari.

— Pas encore.

— Oh ?

— Tu vas bien m'épouser, n'est-ce pas ?

Il hésita, puis sourit.

— Plutôt deux fois qu'une ! Une femme qui ne pleure même plus après l'amour, cela ne se refuse pas !

— David..., dit-elle d'un ton menaçant.

Il se pencha et l'embrassa.

— Je t'aime, Spencer. Depuis toujours et pour toujours.

Elle s'appuya contre son épaule.

— Maintenant, Danny repose en paix, non ?

David hocha la tête, le menton enfoui dans la douceur humide de ses cheveux blonds.

— Il a murmuré ton nom quand il est mort... Il craignait que tu ne sois en danger. Et il voulait que je te vienne en aide. Je regrette seulement d'avoir mis si longtemps à comprendre...

— C'est fini.

— Oui, c'est fini.

Il lui caressa les cheveux.

— Nous devrions nous marier très vite, tu sais. Pour laisser à ta mère le temps de se remettre du choc avant la naissance du bébé.

Spencer se mit à rire.

— Tu imagines une « fille de la Révolution » grand-mère d'un bébé cubain !

— Ne sois pas cruelle avec ma belle-mère.

Elle rit de nouveau. C'était bon. Une sensation enivrante. Posant sa tasse, elle ôta la sienne à David, et s'assit sur ses genoux, sa serviette enroulée autour d'eux.

— Je t'aime, David. Si je me suis montrée aussi exécrable, c'est que je t'aimais encore, même mariée à un autre. Maintenant, je sais que je vous aimais tous les deux. Et ce soir, j'ai compris autre chose : que j'avais envie de vivre. Et vivre signifie aimer. C'est toi qui avais raison. Danny comprendrait ma décision, il aurait voulu que je sois heureuse avec toi.

Les yeux de David brillaient d'une lueur profonde, bleu cobalt. Et quand il parla, ce fut d'une voix grave et tendre :

— Répète.
— Tout ce que je viens de dire ?
— Non. Seulement que tu m'aimes.
— Je t'aime. Oh ! je t'aime, David. Pour toute la vie.

Elle l'embrassa, et il la serra fort contre lui.

Ils s'embrassaient toujours lorsque Sly les aperçut. Il changea promptement de direction, mais sans cesser de les observer.

Comme il se sentait bien, ce soir. Vieux, peut-être, mais si bien...

Avec un petit rire heureux, il s'éloigna d'un pas tranquille.

Heather Graham

LA NUIT MASQUÉE

Terrorisme. Complot. Agressions et morts suspectes...
Non, Moira Kelly ne s'attendait pas à cela en rentrant chez ses parents à l'occasion de la Saint-Patrick.
Fille d'Irlandais émigrés aux Etats-Unis, elle se considère avant tout comme une Américaine. Les conflits qui opposent protestants et catholiques, unionistes et nationalistes en Irlande, ne sont pas vraiment ses affaires. Ce qui l'intéresse, elle, c'est son travail et sa famille.
Mais lorsqu'elle découvre qu'un complot se trame dans le pub même de son père, elle ne peut plus se voiler la face. D'autant qu'un de ses proches est sûrement impliqué. Et que tous se conduisent étrangement.
À commencer par Patrick, son frère aîné, qui disparaît sans cesse sous des prétextes fallacieux. Danny, son amour de jeunesse, qui apparaît comme par magie à ses côtés pour la défendre — ou défendre de secrets desseins ? Jeff, l'un des musiciens du groupe Blackbird, qui prétend s'être assagi — mais comment savoir ? Ou même Michael, son nouvel ami, tellement... parfait.
Vers qui se tourner quand les passions d'une communauté se déchaînent, et que même votre famille et vos amis vous semblent brusquement étrangers ? Pire : suspects ?

BEST-SELLERS N°183

À PARAÎTRE LE 1ᴱᴿ NOVEMBRE 2003

Mary Alice Monroe

Le passé *à fleur de peau*

Une mère, une fille. Un lien fragile et précieux.

Quinze ans plus tôt, Cara Rutledge a quitté le vieux Charleston pour aller s'installer plus au Nord, à Chicago. Surtout, échapper au carcan des traditions bourgeoises, aux disputes avec sa mère, à son univers de petite fille...

Mais voilà : à quarante ans, le bilan n'est pas brillant. Cara a misé sur sa carrière et son indépendance, et ce choix se révèle dans toute sa vacuité quand elle est licenciée de son entreprise avant d'être lâchée par son petit ami. Coïncidence ou signe du destin, une lettre un peu énigmatique de sa mère lui parvient au milieu de son désarroi, l'invitant à se rendre dans la maison de son enfance, désertée tant d'années plus tôt. Que se passe-t-il à Charleston ? Le moment est-il bien choisi pour entreprendre un retour aux sources, qui peut aussi bien l'aider à rebondir que la précipiter dans la dépression ?

Cara prend le risque d'aller au-devant du passé. Loin de Chicago, à Primrose Cottage qui attendait patiemment son retour, elle retrouve la brise marine délicieusement parfumée, les tortues de la plage et même un copain d'autrefois qui lui fait entrevoir une nouvelle manière de vivre. Mais surtout, elle se surprend à vouloir rattraper les années perdues avec sa mère, comme si soudain le temps leur était compté...

BEST-SELLERS N°184

À PARAÎTRE LE 1ᴱᴿ NOVEMBRE 2003

CHARLOTTE VALE ALLEN

INTIMES CONFIDENCES

Grace Loring n'est pas mariée depuis longtemps quand elle se voit confrontée à un drame conjugal. Des violences suivies de réconciliations de plus en plus fragiles. Refusant ce destin de victime impuissante, Grace va se réfugier avec sa petite fille chez son frère, dans le Vermont.

Les années passent, sans refermer la blessure. Grace est à présent un auteur célèbre : son best-seller inspiré de son vécu lui vaut nombre de fans, et son site Internet est visité par des centaines de victimes en quête de conseils et de compassion.

Disponible pour tout le monde, Grace est particulièrement bouleversée par le cas de Stephanie Baine. Au fil de leur correspondance, les détails sordides que lui donne la jeune femme la touchent et la révoltent : adolescence abusée, incompréhension des parents, vie conjugale marquée par la violence... A cette mystérieuse correspondante qu'elle perçoit comme son double, elle conseille de fuir l'homme déséquilibré qui fait régner la terreur dans son existence.

Et soudain, plus de message. Grace craint le pire. Comment aider Stephanie ? Comment intervenir dans la vie d'une personne que l'on n'a jamais vue ? Le doute et la culpabilité rongent Grace. Jusqu'au jour où un message lui parvient enfin. Un message qui augmente ses doutes et soulève soudain une nouvelle question : Stephanie Baine lui dit-elle toute la vérité ?

BEST-SELLERS N°185

À PARAÎTRE LE 1ᴱᴿ NOVEMBRE 2003

Gwen Hunter

Médecin aux urgences dans une petite ville de Caroline du Sud, le Dr Rhea Lynch a vu passer bien des cas dans son service. Mais lorsqu'on lui amène un couple battu jusqu'au sang par un groupe mystérieux, elle découvre avec stupeur que les deux patients — lui blanc, elle asiatique — présentent en plus de leurs séquelles des symptômes d'infection pulmonaire galopante. Ils meurent peu après.

Bientôt, d'autres patients sont transportés aux urgences, et le spectre d'une épidémie tient la ville de Dawkins County dans un étau glacial. Tandis que l'étrange infection apporte son lot de morts au fil des heures, Rhea commence à circonscrire la nature de la maladie... et sa connexion probable avec l'armée.

Comment un tel drame a-t-il pu se déclencher dans leur paisible communauté ? L'hécatombe pourra-t-elle être stoppée ? Chaque seconde compte dans cette lutte contre la mort où Rhea tente de rassembler les pièces du puzzle. Jusqu'à ce qu'elle se rende compte que la réalité dépasse de loin tout ce qu'elle avait imaginé et qu'elle n'est pas au bout de l'horreur...

BEST-SELLERS N°186

À PARAÎTRE LE 1ᴱᴿ NOVEMBRE 2003

Réédition

EMMA DARCY

L'insoumise

Se venger... A l'heure où Eleanor Vandelier, mourante, prépare sa succession à la tête des vignobles familiaux qu'elle a toujours dirigés d'une poigne de fer, Tamara n'a qu'une idée : se venger.

Lésée depuis sa naissance par cette femme qui n'a épousé son père que pour sauver son empire viticole, la jeune femme voit dans cette fin de règne une occasion unique de contrarier celle qui lui a toujours tout refusé, y compris l'amour maternel. Tandis que ses demi-frères, nés d'un premier mariage, servent aveuglément les intérêts de leur mère, Tamara s'apprête enfin à gagner sa place au sein de la dynastie. Et elle a désormais des armes qui font cruellement défaut à son ennemie jurée : la jeunesse, une énergie farouche, et surtout cette beauté flamboyante qui lui a valu des liaisons aussi brèves que tapageuses. Autant d'armes utiles dans la partie acharnée qu'elle s'apprête à disputer contre Eleanor Vandelier. Autant d'atouts aussi, dans le jeu de séduction qu'elle compte engager avec le seul homme qu'elle ait jamais aimé, Rory Buchanan, à qui elle a dévolu un rôle majeur dans son scénario savamment élaboré. Mais à ce duel impitoyable contre sa mère, Tamara survivra-t-elle elle-même ?

BEST-SELLERS N°86

À PARAÎTRE LE 1ᴇʀ NOVEMBRE 2003

ABONNEMENT...ABONNEMENT...ABONNEMENT...

ABONNEZ-VOUS!

2 livres gratuits*
+ 1 bijou
+ 1 cadeau surprise

Choisissez parmi les collections suivantes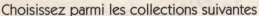

AZUR : La force d'une rencontre, la magie de l'amour.
6 romans de 160 pages par mois. 17,70 €* le colis.

AMOURS D'AUJOURD'HUI : Des histoires vraies, des couples d'aujourd'hui. 3 romans de 288 pages par mois. 13,41 €* le colis.

BLANCHE : Passions et ambitions dans l'univers médical.
3 volumes doubles de 320 pages par mois. 14,55 €* le colis.

LES HISTORIQUES : Le tourbillon de l'Histoire, le souffle de la passion.
2 romans de 352 pages par mois. 9,88 €* le colis.

ROUGE PASSION : Rencontres audacieuses et jeux de séduction.
6 romans de 192 pages par mois. 18,24 €* le colis.

DÉSIRS : Sensualité et passions extrêmes.
2 romans de 192 pages par mois. 6,08 €* le colis.

DÉSIRS/AUDACE : Sexy, impertinent, osé.
2 romans Désirs de 192 pages et 2 romans Audace de 224 pages par mois.
14,26 €* le colis.

HORIZON : Une famille à inventer, un bonheur à construire.
6 romans de 160 pages par mois. 17,79 €* le colis.

BEST-SELLERS : Des grands succès de la fiction féminine.
2 romans de plus de 350 pages tous les mois. 11,40 €* le colis.

BEST-SELLERS/INTRIGUE : Des romans à grands succès, riches en action, émotion et suspense. 2 romans Best-Sellers de plus de 350 pages et 2 romans Intrigue de 256 pages par mois. 19,96 €* le colis.

*Plus 1,80 € par colis pour la participation aux frais de port : .

Vos avantages exclusifs

1. Une totale liberté
Vous n'avez aucune obligation d'achat. Vous avez 10 jours pour consulter les livres tranquillement chez vous et décider ensuite de les garder ou de nous les retourner sans rien nous devoir.

2. Une économie de 5% sur chaque volume
En profitant de nos offres, vous bénéficiez d'une remise de 5% sur le prix de vente public.

Encore un avantage réservé aux abonnées Harlequin.

3. Recevez ces livres en avant-première
Les romans que nous vous envoyons, dès le premier colis, sont des inédits de la collection choisie. Nous vous les expédions avant même leur sortie dans le commerce.

ABONNEMENT...ABONNEMENT...ABONNEMENT...

✂ Oui, je désire profiter de votre offre exceptionnelle. J'ai bien noté que je recevrai d'abord gratuitement un colis de 2 livres* ainsi que 2 cadeaux. Ensuite, je recevrai un colis payant de romans inédits régulièrement.

Je choisis la collection que je souhaite recevoir :
(☑ cochez la case de votre choix)

- ❏ **AZUR** : Z3ZF56
- ❏ **AMOURS D'AUJOURD'HUI** : A3ZF53
- ❏ **BLANCHE** : B3ZF53
- ❏ **LES HISTORIQUES** : H3ZF52
- ❏ **ROUGE PASSION** : R3ZF56
- ❏ **DÉSIRS** : D3ZF52
- ❏ **DÉSIRS/AUDACE** : D3ZF54
- ❏ **HORIZON** : O3ZF56
- ❏ **BEST-SELLERS** : E3ZF52
- ❏ **BEST-SELLERS/INTRIGUE** : E3ZF54

*sauf pour la collection Désirs : 1 livre gratuit

Renvoyez ce bon à : Service Lectrices HARLEQUIN
CÉDAP / BP 77 - 94232 CACHAN CEDEX.

Mme ❏ Mlle ❏ NOM _____

Prénom _____

Adresse _____

Code Postal ⎵⎵⎵⎵⎵ Ville _____

Tél. : ⎵⎵⎵⎵⎵⎵⎵⎵⎵⎵

Date d'anniversaire ⎵⎵⎵⎵⎵⎵⎵⎵

Le **Service Lectrices** est à votre écoute au **01.45.82.44.26**
du lundi au jeudi de 9h à 17h et le vendredi de 9h à 15h.

Conformément à la loi Informatique et Libertés du 6 janvier 1978, vous disposez d'un droit d'accès et de rectification aux données personnelles vous concernant. Vos réponses sont indispensables pour mieux vous servir. Par notre intermédiaire, vous pouvez être amené à recevoir des propositions d'autres entreprises. Si vous ne le souhaitez pas, il vous suffit de nous écrire en nous indiquant vos nom, prénom, adresse et si possible votre référence client. Vous recevrez votre commande environ 20 jours après réception de ce bon. Date limite : 31 décembre 2003.

Offre réservée à la France métropolitaine, sousmise à acceptation et limitée à 2 collections par foyer.

Composé et édité
par les Éditions Harlequin
Achevé d'imprimer en août 2003

BUSSIÈRE
GROUPE CPI

à Saint-Amand-Montrond (Cher)
Dépôt légal : septembre 2003
N° d'imprimeur : 34261 — N° d'éditeur : 10130

Imprimé en France